Logistics
Management

现代物流管理系列教材

丛书主编　谢家平

运输管理

（第二版）

许淑君　尹　君　主编

復旦大學 出版社

总 序

工业革命以来,决定企业产品竞争力的因素主要经历了由基于"价格、质量、品种"的传统竞争向基于"货期、服务和环保"的现代竞争转变,这些因素在不同历史时期对企业竞争力的影响是不同的。在工业化发展初期,居民消费水平较低,产品只要便宜、可用,就有市场,决定竞争力的主要因素是价格,竞争策略主要集中在降低生产过程和流通过程的成本方面。于是,大规模生产成为主流的生产方式,推动式物流运作模式开始采用。后来,随着技术进步和经济发展,人们的消费水平日益提高,质量和品种成了影响产品竞争力的关键因素,日本企业的全面质量管理和精细生产方式成为这一时期的竞争典范,拉动式物流的运作模式应运而生。自20世纪90年代以来,随着世界范围内全球市场的形成,人们的消费观念发生了深刻的变化,多样化和个性化的市场需求成为主流,企业经营环境的不确定性增加,竞争优势逐渐转移到了交货时间和客户服务上,谁能迅速适应市场环境的变化,谁就能赢得市场,敏捷化的物流运作成为这一时期的主要模式。进入21世纪,环保和低碳成为社会主流,物流运作模式向绿色物流和回收物流转变。正是在需求拉动、技术推动和竞争驱动综合作用下,企业经营理念和竞争策略不断调整,生产方式随之变革,最终带来了物流运作模式相应的不断更新。

经济全球化条件下,中国作为"世界制造中心"的地位进一步确立,企业单纯考虑内部资源的重新组合已经不能适应全球化竞争的需要,必须充分利用和虚拟整合外部资源,既要关注企业内部所有职能部门之间的密切联系,又要强调构建企业之间的战略联盟。也就是说,企业取得竞争优势不仅取决于企业内部的资源利用效率,还取决于该企业与上下游企业和客户构成的供应链体系的资源利用效率。企业竞争的组织模式由企业之间的竞争转变为企业供应链之间的竞争。构建一条高效的供应链,将为企业在市场竞争中占据主动地位提供保障,而有效的物流运作,被认为是供应链高效运行的基础。国际跨国公司的成功实践充分说明了这一点。沃尔玛正是成功构建了一条以高效的信息系统支撑的先进物流运作模式,才使其整条供应链的资源利用率大大提高,进而提高了其竞争力。

正是由于物流职能在供应链竞争中的主导作用,物流作为企业新的利润源泉和取得核心竞争优势的手段越来越受到重视,物流业在社会经济中的作用也越来越重要。以企业物流为对象,以发挥企业的核心竞争力为立足点,研究供应物流、生产物流、分销物流和回收物流的协调组织管理就变成了现代物流管理的主要侧重点,以求快速响应客户的需求并降低物流总成本。物流业作为现代服务经济的重要支柱,必将成为中国经济一个重要的发展引擎和增长点。

经过 20 多年的发展,物流热潮持续升温:国内许多企业都已开始介入物流行业;各地政府也支持建立了物流园区;众多运输仓储公司纷纷转向现代物流公司;各类院校也开始设立与物流相关的专业,并投入大量的科研力量开展物流理论和实践应用方面的研究。这都推动了我国的物流产业迅速崛起,物联网络不断壮大。随着网购等网络商业模式的发展,对快递物流子领域的需求也越来越旺盛。物流不论在学术层面还是在实践层面都欣欣向荣。

但是,我国的物流人才资源结构不合理却成了物流行业发展的"短板",低端的物流操作人员过剩,中高端的物流管理人才严重不足。这种物流人力资源结构的不合理,急切需要提高我国物流教育水平,为企业提供具有全球化视野,同时掌握国际先进物流理念的中高端人才。物流管理专业知识作为现代管理理论的前沿内容,在物流管理和工商管理专业学员的学习中具有重要的地位。

这套现代物流管理系列教材正是为了培养中高端物流人才而设的。教材中没有堆砌复杂的理论模型,而是基于对现代物流管理直觉的经验判断,结合形象的图形和案例分析,以适合的深度和广度全面生动地描摹了物流管理的理论和方法；在关注对大专生基本理论知识培养的同时，积极探索"重视基础，拓展视野"的创新特色；力图实现教材体系完整，内容丰富新颖，每章设有教学要点、导引案例、教学内容、本章小结、复习思考题和案例分析；重点建设"多媒体课件演示""网上习题解答""网上案例讨论""网上试题测验""前沿文献共享"等在线功能。因此，无论从内容还是结构上，更具系统性和逻辑性，在普及理论知识的同时突出了实践性，从内容广度和深度而言，相比国内同类教材更具有商科类的应用性特色。

系统的理论和逻辑构架、完整翔实的知识点、深入浅出的表达方式、简洁流畅的行文风格，使这套现代物流管理系列教材受众面较广，既可以作为物流管理专业的大专生教材，也可以作为工商管理、市场营销、国际贸易、财务管理等各商科专业学生的参考书，还可以供理工科大专生自学使用。我愿意向商科的物流管理和工商管理类相关大专学生的教学推荐这套系列教材。

上海财经大学物流管理博士生导师　谢家平
2011 年元月于上海财经大学

前　言

　　自物物交换起就伴随着人类发展的运输管理问题,在迈入 21 世纪后,已然发生了巨大变化,并处于加速更迭中。世界经济格局的变化导致了运输发展的不平衡以及对运输管理的更高要求。我国政府顺应这一变化,自 2013 年 9 月起陆续创立多个自由贸易区,放眼全球战略性地提出了“一带一路”(“丝绸之路经济带”和“21 世纪海上丝绸之路”),旨在与沿线国家共同打造政治互信、经济融合、文化包容的利益共同体、命运共同体和责任共同体;并联合 57 个国家,主导并创建了亚洲基础设施投资银行,以促进亚洲区域的建设互联互通和经济一体化。

　　就我国运输业而言,不仅运输总量激增,而且运输工具得以不断升级;不仅运输范围伴随经济全球化日益扩大,而且面临运输个性化的强劲挑战,如海淘产生了不计其数的小包裹跨国运输等。截至 2014 年年底,已经基本形成了以动车和高铁为代表的陆上高速运输网络,而运输的技术、工具、速度和协作水平已经完全不可同日而语:城市轨道交通呈几何级数的增长,22 个城市开通轨道交通,轨道交通站点达到 1 829个;集装箱箱位达 231.87 万 TEU,世界十大港口吞吐量中,中国港口已经包揽八席,占 2014 年全球总吞吐量的 81.51%。与此同时,运输管理水平的提高不仅要以开放姿态整合社会资源实施联合运输,而且要从客户角度把握运输质量,以更多直达运输实现提高效率和节省费用之目的。运输管理日益突显综合性趋势,整合了流通加工、保税区运营等更多功能;全球化组织内运输更趋复杂,分区产销平衡要求更高。全球定位系统(GPS)等新技术新工具的不断引入,对特殊货物运输质量的监管等,又不断推动运输管理的精细化。滴滴、快的发展过程中的规制问题显示出我国运输管理在宏观与微观两个管理层面上日益突出的监管冲突。

正是在上述宏大背景和深远变化下,本书修订再版以适应运输管理发展的人才需要。在秉持第一版"案例引导、激发兴趣""联系实际、注重基础""目的明确、便于教学""点面结合、体系完整"的特点后,此版重在更新相关数据,全书所有的数据更新到 2014 年年底(少数无法收集的数据,更新到 2013 年);本书加强案例引导部分,每章的案例增加简短的案例引导,适应学生阅读思考的需要;为反映发展趋势,本书增加了运输管理中出现的新技术、新工具、新规制以及新的鲜活事件(如天津港危险品大爆炸等)。

同时,基于篇幅限制和运输管理的规律,对结构进行重大调整。第一,按照内容的相关性,将"国际货运运输管理"拆分并入各章;第二,将运输计划与调度加以合并,并适应我国自贸区创立的要求,增加国际货物交接的内容;第三,在运输组织中除了合并国际多式联运的内容外,还增加了海淘的运输组织这一新问题;第四,将运输费用作为运输价格管理的基础,合并加以阐述;第五,运输信息管理和法规管理方面,保持原有结构的基础上进行大量的内容更新。

更新后的结构如下:第一章在概述了运输的内涵和分类的基础上,分析运输管理的作用和特点。继而从实际出发,点明实际运输管理过程中的不合理运输现象以及可能的合理化措施,并借助统计数据对我国运输行业近年来的发展形势与趋势进行阐述;第二章介绍各种运输方式的组成要素、技术经济特征以及组织管理特征,理论联系实际,由浅入深,通过典型案例引导学生掌握运输方式的选择;第三章分析运输组织管理的基本原则,不同运输组织方式的基本要求,突出特种货物的运输组织问题,增加了快递运输的组织管理;第四章从业务流程、计划与调度、国际货物交接等方面,详述了运输作业管理,并增加了我国自贸区货运作业的最新内容;第五章围绕着运输商务管理,论述了合同管理、单据管理、保险、价格管理的理论和实践;第六章论述了运输管理中的信息管理问题,在明确信息内涵、信息标准化的基础上,介绍了先进的运输信息技术和各种现实的运输信息系统,最后以运满满和顺丰快递启发学生思考"互联网+"时代的运输信息管理问题;第七章从铁路、公路、水运、航空和危险品五个方面,分别从国内和国际两个视角,以及国际多式联运方面,介绍了运输法规要求。

本次修订由上海财经大学国际工商管理学院运营管理系许淑君博士主持,在尹君老师的协助下,经与各位老师多次研讨后,确定修订框架。具体章节由下述老师分工协作完成:第一章由尹君老师编写;第二章和第六章由章涵老师编写;第三章和第七章由张珉老师编写;第四章由孔詠炜老师编写;第五章由卢山红老师编写。最后由许淑君老师和尹君老师统稿完成。本书的修订过程中,各位老师都克服了重重困难,高效率高质量地完成了数据搜集、结构更新和修订编撰。

本书在编撰修订过程中,阅读并借鉴了国内外诸多学术论著和统计信息,它们是本书最为鲜活的部分。尽管我们秉持严谨态度和一丝不苟的精神,但不可避免还存在一些遗漏。对此,我们一并表示最为诚挚的谢意!

编　者
2015 年 10 月于上海财经大学

目录

Contents

第一章

运输管理导论

学习目标

◇ 掌握运输的概念,能明确运输的范畴

◇ 理解运输的"空间效用",能分析其在具体运输活动中的表现

◇ 了解不同运输类别的特点,能够分析具体运输活动

◇ 掌握运输系统的构成与特点,能分析实践中的运输系统

◇ 理解影响运输合理化的因素,能分析具体运输中的活动不合理现象,并针对性地给出对策

◇ 了解我国运输业的发展

引导案例

韩国三星公司运输合理化之路

韩国三星公司长期以来都致力于运输合理化的不断革新。三星根据其产品特性,将配送中心划分为产地配送中心和销地配送中心。前者用于原材料的补充,后者用于存货的调整。在此基础上,对每个职能部门确定了最优工序,从而使得配送中心的数量减少、规模优化,便于向客户提供最佳的服务。

三星公司还通过全球性物流链使产品的供应路线最优化,并设立全球物流网络上的集成订货—交货系统,从原材料采购到交货给最终客户的整个路径都实现物流和信息流一体化,提供给客户最低的价格、

高质量的服务。

为了提高了运输装载效率,三星公司将重货和泡货组装在一起;对一些体大笨重、容易致损的货物进行解体运输,使之易于装卸和搬运;根据不同货物的包装形状,采取各种有效的堆码方法。

最终,三星公司在运输合理化方面的不断努力,使其运输效率不断提高,也提升了三星在客户心目中的形象。

（案例改编自：http://wenku.baidu.com/view/
4d9667bbfd0a79563c1e7253.html）

通过三星公司的案例,请大家思考：哪些途径有利于提高运输的合理化程度?

案例分析要点：

1. 优化运输线路与网络(配送中心的合理规划、供应路线的优化、订货交货系统的集成)。

2. 提高实载率,充分利用运输能力(重货、泡货组合运输、解体运输、合理堆码)。

社会文明的发展与运输的发展密切相关。水运的强大成就了古埃及的强大,而罗马帝国的成功部分是由于运输网络把遥远的地方连接起来,使通信、贸易和军事战争成为可能。温斯顿·丘吉尔爵士曾经写道："胜利是美丽、鲜艳的花。运输是花的茎,没有它,花就不会开放。"

运输是生产在流通中的继续(产品转变为商品)。它涉及我们生活的方方面面。现在运输系统如此发达,使得大部分人几乎熟视无睹。人们每天都在利用各种运输形式来运送产品。很难想象没有运输的生活将会怎样。生活越复杂,运输系统就越繁复。运输业毫无疑问是世界上最重要的产业之一。

第一节　运输的内涵与分类

一、运输的概念

（一）运输的定义

根据《中华人民共和国国家标准物流术语》GB/T18354－2001 的定义,运输(Transportation)是指"用设备和工具,将物品从一地点向另一地点运送的物流活动。其中包括集货、分配、搬运、中转、装入、卸下、分散等一系列操作"。运输是在不同的地域范围间(如两座城市、两个工厂间,或一个企业内两个车间之间),以改变"物"的空间位置为目的的活动,是对"物"进行的空间位移。

（二）运输的特点

运输不同于其他的产业,作为一种特殊的物质生产,有其自身的特点。

1. 运输不生产有形的产品

运输作为一种特殊的物质生产,并不生产有形的产品,只提供无形的服务。作为运输的抽象劳动,其创造的新价值会追加到所运输货物的原有使用价值中。

2. 运输对自然的依赖性很大

运输不同于工业生产,它对自然有较强的依赖性。大部分的运输活动在露天进行,风险较大。运输的场所、设施设备分布分散,流动性强,具有点多、线长、面广的特点,受自然条件的影响较为明显。

3. 运输是资本密集型产业

由于运输不生产有形产品,它不需要为原材料或零部件预付一个原始价值,运输成本仅涉及运输设施设备与运输运营成本两部分。因此,在运输成本中,固定成本所占比例相对较大,运输需要大量的投资,为资本密集型产业。

4. 运输是"第三利润"的主要源泉

运输费用在整个物流费用中占有最高的比例。运输的实现需要借助大量的动力消耗,一般社会物流费用中运输费用占接近50%的比例,甚至有些产品的运输费用会高于产品的生产制造费用。

运输活动承担的是大跨度的空间位移任务,具有时间长、距离长、消耗大等特点,通过体制改革、技术革新、运输合理化可以减少运输的吨公里数,从而成为"第三利润"的主要源泉。

(三) 物流中的运输

运输是对使用者提供的一种服务,服务的质量依靠速度、可靠性、服务频率等指标来衡量。运输在整个物流系统中,需要与其他环节紧密配合、相互合作。

1. 运输与装卸

运输活动与装卸作业是密不可分的。一次运输往往伴随着运输前、后至少两次装卸作业。货物在运输前的装车、装船等活动是完成运输的前提条件。装卸质量的好坏对运输会产生较大影响。而装卸作业的组织将会直接影响到运输活动的开展。当货物运输到目的地后,装卸成为最终完成运输任务的补充。此外,装卸还是运输方式变更的必要衔接环节,当一种运输方式与另一种运输方式实现必要变更时,如航空运输变更为公路运输、铁路运输变更为公路运输时,都离不开装卸作业。

2. 运输与储存

储存是货物在流通过程中暂时"静止"的状态,体现的是货物的时间价值。货物的储存量虽然取决于库存管理水平,但货物的运输活动也会影响到储存作业。当仓库中储存一定数量的货物而市场又急需该货时,运输就成了关键。如果运输活动组织不善或运输工具不得力,那么就会延长货物在仓库中的储存时间,影响货物流通,增加储存费用,还要承担由于丧失市场机会而造成的机会成本。

3. 运输与配送

在物流系统中,通常将货物大批量、长距离地从生产工厂直接送达客户或配送中心的活动称为运输(干线运输),强调货物在地区间的移动,具有单次向单一地点单独运送的特点。将货物从配送中心就近发送到客户手中的活动称为配送(末端运输),强调是短距离、少量货物的运输,单次向多处客户运送。

4. 运输与包装

在物流系统中,运输与包装活动互相影响、密不可分。货物包装的材料、规格、方法等都不同程度地影响着运输,而不同的运输方式、运输环境对货物的包装也有相应的要求。运输与包装活动的良好配合,在保证货物的安全、提高运输实载率、降低运输成本等方面有着重要的意义。

二、运输的效用

运输作为物流的基本、核心模块,是使用者以一定的成本从供应商那里购买的"一揽子服务"(Bundle of Services),通过集货、分配、搬运、中转、装入、卸下、分散等一系列操作,将物品从一地点运送到另一地点的运输服务。在运输过程中,需要注意运输速度、运输包装、运输环境等因素,保证物品完好无损地出现在效用价值高的时刻。由于运输需要时间,具有临时储存的功能,创造了时间效用。而运输最基本、最重要的功能是实现物品的空间位移,创造了空间效用。

(一) 空间效用

1. 空间效用的概念

空间效用(Place Utility),又称"场所效用",是指通过运输实现"物"的物理性位移,消除"物"生产与消费的位置背离,使"物"的使用价值得以实现。

对于同种"物",由于所处空间场所不同,其使用价值的实现程度会有所差别,其效益的实现也不同。通过运输活动,将物品从效用价值低的地方转移到效用价值高的地方,充分发挥"物"的潜力,使物品的使用价值得到更好的实现,实现物品的最佳效用价值。

2. 空间效用的原理

运输成本的下降创造了空间效用。如果通过运输系统的优化而降低了运输成本,则可以将市场拓展到更远的地方,而生产地不变,获得规模化的效益;同样,市场也可以出售来自更远地方生产的产品。而随着运输批量增大,长途运输比短途运输成本的降低更明显,从而激励了更长距离的运输。运输距离的增加意味着产品市场范围会以更大比例的增加。因此,更高效率的运输方式、更低的运输成本创造了新的空间效应。

3. 空间效用的意义

运输的空间效用使地域分工专业化、大规模生产、竞争的加剧得以实现最好的效果。

（1）地域分工专业化。

任何一个地方都不可能生产所有的产品,每个地域都依据当地的资本、劳动力和原材料情况所能提供可以发挥它最大优势的产品和服务,这种生产的地域分工专业化将带来双赢的局面。在我国,地域分工的专业化也很明显,例如:石油工业是新疆的第一大支柱产业,原油加工业和人造原油生产业是陕西的比较优势所在,以兰州为基地的石化工业是甘肃的传统优势产业;在东北,原油加工业和人造原油加工业是辽宁最具比较优势的产业;在华北,内蒙古自治区是甜菜种植和食糖生产的重要产区,金属冶炼业也比较发达(有色金属矿产丰富);在西北,宁夏和青海的铁合金冶炼业、轻有色金属冶炼业也是竞争力很强的产业。

地域分工专业化假设大规模地生产发生在生产地,而对产品的需求分布于或近或远的其他地方。原材料需要被运输到生产地,成品也需要依赖运输系统运送到需要该产品的其他地方。因此,地域分工专业化得以充分发挥的必要条件是通过运输系统实现物资的空间位移,将在 A 地(最有效生产)的产品运输到 B 地,而将 B 地(最有效生产)的产品运输到 A 地。如果没有高效的运输网络,则规模经济的优势、生产效率和低价生产设施的效用都会受到影响。

（2）加剧市场竞争。

有效的运输也使得市场竞争加剧,有助于形成充分竞争的市场环境。假设没有运输,地方企业就可以生产质量不好的产品,并且垄断市场、高价销售。运输的空间效用将会扩大产品的市场范围,迫使当地产品必须不断发展、以最有效的方式生产,否则外地的竞争者就会进入并且占领当地市场。

（3）提高土地价值。

运输的空间效用可以将一定距离的地域变得更容易到达,从而提高该地区的土地价值、促进地区经济的发展。例如,有效的运输系统使得郊区与市中心的"距离缩短",郊区也因为更加容易到达而增加了价值。郊区的人们可以在城市中心工作和娱乐,然后通过有效的公共交通网络回到郊区,远离拥挤的城市。

(二) 时间效用

运输将"物"从发货人送至收货人的过程中存在时间差,时间效用(Time Utility)是指通过改变这一时间差所创造的效用。

时间效用通过改变时间创造效用。通过缩短运输时间,获得减少货损、加速物资周转、及时响应市场等多方面的好处;某些情况下,还可以通过延长时间差创造时间效用。

三、运输的分类

(一) 按运输工具不同分类

不同运输方式适合于不同的运输情况。合理地选择运输方式可以提高运输效率,降低运输成本,优化物流系统和合理组织物流活动。根据运输工具的不同,可以分为公路运输、铁路运输、水路运输、航空运输和管道运输五大类。

公路运输具有灵活性,主要是承担近距离、小批量的货运和水运、铁路运输难以到达地区的长途、大批量货运。铁路运输速度快,不太受自然条件限制,载运量大,单位运输成本较低,主要承担长距离、大数量的货运,是干线运输中主要运输形式。水运的主要优点是成本低,主要承担大批量、长距离的运输,也在干线运输中起主力作用,内河及沿海水运可以补充及衔接大批量干线运输。航空运输的单位成本很高,主要适合运载价值高、运费承担能力很强的货物与紧急需要的物资。管道运输的设备静止不动,适合于批量大且连续不断运送的物资,如自来水、煤气和原油等。

(二) 按运输路线不同分类

1. 干线运输

干线运输是指利用铁路、公路的干线,大型船舶、货运飞机的固定航线,进行的长距离、大批量的运输。它是进行远距离空间位置转移的重要运输形式。干线运输一般速度较同种工具的其他运输路线要快,成本也较低。

2. 支线运输

支线运输是在干线运输的基础上,对干线运输起辅助作用的运输形式。支线运输是干线运输与收、发货地点之间的补充性运输形式,路程较短,运输量相对较小。

3. 城市内运输

城市内运输是一种补充性的运输形式,路程较短。干线、支线运输到站后,站与用户仓库或指定接货地点之间的运输。在互联经济下,近年来城市内运输发展迅速。

4. 厂内运输

厂内运输是指在工业企业范围内直接为生产过程服务的运输。一般在车间与车间之间、车间与仓库之间进行。在小企业或大企业车间内部、仓库内部通常不称"运输",而称"搬运"。

(三) 按运输协作程度分类

1. 一般运输

孤立地采用不同运输工具或同类运输工具,而没有形成有机协作关系的运输方式为一般运输。如汽车运输、铁路运输等。

2. 联合运输

简称联运,是使用同一运送凭证,由不同运输方式或不同运输企业进行有机衔接来接运货物,利用每种运输手段的优势,充分发挥不同运输工具效率的一种运输形式。采用联合运输,对用户来讲,可以简化托运手续、加速运输速度,也有利于节省运费。常用的联运形式有:铁海联运、公铁联运、公海联运等。

第二节　运输管理及其特点

一、运输管理的界定

运输管理是基于运输系统进行的一种综合管理,而运输系统作为物流系统的最基本系统,是指由与运输活动相关的各种因素(如运输方式及其组合)组成的一个整体。

(一) 运输系统的构成要素

1. 运输线路

运输线路是运输的基础设施,是构成运输系统最重要的因素。国家一直以来将加快交通运输发展作为优先发展的战略目标,实现了交通基础设施规模总量的快速增长。据2013年发布的《中国公路水路交通运输发展报告》统计,1978年到2012年期间,经过30多年发展,我国公路水路交通运输网络的规模和能力迅速扩大,结构不断优化,高速公路覆盖了全国90%以上的中等城市,普通干线公路基本实现了对县级及以上行政区的连接和覆盖,农村公路通达几乎所有的乡镇和建制村。我国公路总里程、港口吞吐能力、内河通航里程等多项指标均居世界第一。

2. 运输装备

运输装备是货物从某地运往其他地区的载体。近年来,我国交通运输装备有较明显的发展。2014年年末,全国铁路机车拥有量为2.11万台,电力机车占55.0%,内燃机车占45.0%。铁路客车拥有量为6.06万辆,其中"和谐号"动车组1 411组、13 696辆;铁路货车拥有量为71.01万辆。公路营运汽车1 537.93万辆,载客汽车84.58万辆、载货汽车1 453.36万辆、10 292.47万吨位。城市及县城拥有公共汽电车52.88万辆,22个城市开通了轨道交通,共计1 829个轨道交通车站。水上运输船舶17.20万艘,集装箱箱位231.87万TEU。

3. 运输参与者

(1) 货主。

货主是货物的所有者,包括托运人(或称委托人)和收货人,有时托运人与收货人是同一主体。托运人和收货人的共同目的是要在规定的时间内以最低的成本将物品从起始地转移到目的地,他们一般对收发货时间、地点、转移时间、有无丢失、损坏和有关信息等方面都有要求。

(2) 承运人。

承运人是运输活动的承担者(可能是运输公司、储运公司、物流公司以及个体运输业者）。承运人是受托运人或收货人的委托，按委托人的意愿来完成运输任务的，同时获得运输收入。承运人根据委托人的要求或在不影响委托人要求的前提下合理地组织运输和配送，包括选择运输方式、确定运输线路、进行配货配载等，以降低运输成本，尽可能多地获得利润。

（3）货运代理人。

货运代理人与承运人不同。首先，他把从各种顾客手中揽取的小批量货物装运整合成大批量装载，利用专业承运人运输到目的地，然后再把大批量装载的货物拆成原来较小的装运量，送往收货人。货运代理人与承运人相比，其主要优势在于因大批量装运可以实现较低的费率，故此可从中获取较高的利润。

（4）政府。

政府是运输服务的一个协调者。由于运输是国民经济的基础性行业，所以政府期望形成稳定而有效率的运输环境，促使经济持续增长。为此，政府通过规章管制、政策促进、拥有承运人（铁路运输等国有运输组织）等形式来干预承运人的活动，保持一个自由竞争的市场环境。如，政府通过限制承运人所能服务的市场或确定他们所能收取的价格来规范他们的行为。在英、德等国家，某些承运人为政府所拥有，政府对市场、服务和费用保持绝对的控制。这种控制权使政府对地区、行业或厂商的经济活动具有举足轻重的影响。另一方面，运输系统的建设和维护也需要依赖政府。政府在设计可行的线路、出资建设公共公路以及发展海港和水道方面进行干涉是必要的。

（5）公众。

公众是最后的运输参与者。一方面，公众按合理的价格产生购买商品的需求并最终确定运输需求；另一方面，公众关注运输的可达性、费用和效果以及环境和安全上的标准，并对政府的决策产生影响。

显然，各方面的参与使运输关系变得很复杂，这种复杂性要求运输管理需要考虑多方面的因素，顾及各个方面的利益。他们之间的关系如图1-1所示。

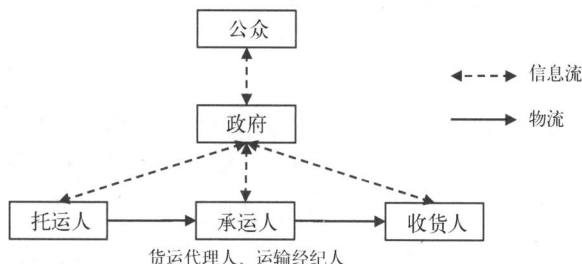

图 1-1　运输参与者之间的关系

(二) 运输管理的定义

运输管理就是基于运输系统的特征,进行综合的管理。在流通经济活动中,运输涵盖两方面的内容:一是经营,以满足客户需求为目标,在此基础上,追求效率更高、成本最低和服务质量好,实现货物空间效用和时间效用,这是运输经济活动的中心。二是管理,在一定技术水平下,为实现运输经营目标提供技术保障,即根据运输经营目标使运输各功能要素形成高效运输系统,并使各功能活动遵照一定的作业标准。

运输管理是指在一定的环境下,按照现代化的管理思想,运用科学方法,对物流运输活动进行计划、组织、领导、控制,实现运输经营目标的过程。运输管理强调的是在公司取得物流服务的过程中,对这种移动服务的购买和控制。

作为物流系统优化的关键环节,实现运输资源价值最大化,运输合理化一直被人们广泛关注。因此,在进行物流系统设计和组织物流活动时,一项最基本的任务就是实现合理化运输。

二、运输合理化管理

(一) 不合理运输的表现形式

判断运输的合理与不合理,需要在满足客户需求的基础上,站在社会运输资源能否发挥最大作用的角度进行分析。不合理运输是在现有条件下可以达到的运输水平而未达到,从而造成了运力浪费、运输时间增加、运费超支等问题的运输。目前,我国存在的不合理运输形式主要有以下几种。

1. 返程或起程空驶

空车无货载行驶,可以说是不合理运输的最严重的形式。造成空驶的不合理运输主要有以下几种原因:第一,能利用社会化的运输体系而不利用,却依靠自备车送货提货,这往往会出现单程重车、单程空驶的不合理运输。第二,由于工作失误或计划不周,造成货源不实,车辆空去空回,形成双程空驶。第三,由于车辆过分专用,无法搭运回程货,只能单程实车,单程回空周转。

2. 对流运输

对流运输亦称"相向运输""交错运输",它是指同类的或可以互相代替的货物的相向运输,它是不合理运输中最突出、最普遍的一种,但不同品牌或具有差异性的产品除外。具有两种表现形式:第一,明显对流运输,即同类的(或可以互相代替的)货物沿着同一线路相向运输。第二,隐藏对流运输,即当同类的(或可以互相代替的)货物在不同运输方式的平行路线上或不同时间进行相向运输。倒流运输是隐藏对流运输派生出的一种特殊形式,是指同一批货物或同批中的一部分货物,由发运站至目的站后,又从目的站往发运站方向运输。

3. 迂回运输

由于物流网的纵横交错及车辆的机动、灵活性,在同一发站和到站之间,往往有不同的运输路径可供选择。凡不经过最短路径的绕道运输,皆称为迂回运输,即平常所说的"近路不走,走远路"。只有因计划不周、地理不熟、组织不当而发生的迂回,才属于不合理运输。如果最短距离有交通阻塞,道路情况不好,或有对噪声、排气等特殊限制而不选用时发生的迂回,不属于不合理运输的范畴。

4. 重复运输

重复运输是指同一批货物由产地运抵目的地,没经任何加工和必要的作业,也不是为联运及中转需要,又重新装运到别处的现象。它是物资流通过程中多余的中转、倒装,虚耗装卸费用,造成车船非生产性停留,增加车船、货物的作业量,延缓了流通速度,增大了货损,也增加了费用。

5. 过远运输

过远运输是指一种舍近求远的商品运输。它不是就地或就近获取某种物资,而舍近求远从外地或远处运来同种物资,从而拉长了运输距离,造成运力浪费。

6. 无效运输

无效运输是指被运输的货物杂质(如煤炭中的矿石、原泊中的水分等)或边角废料较多,使运力浪费于不必要的物资运输。

7. 运力选择不当

运力选择不当是指由于没有利用各种运输工具的优势,选择不恰当的运输工具而造成的不合理现象。常见的有以下形式:

(1) 铁路、大型船舶的过近运输。

是指不是铁路及大型船舶的经济运行里程,却利用这些运力进行近距运输的不合理做法。主要不合理之处在于火车及大型船舶起运及到达目的地的准备、装卸时间长,且机动灵活性不足,在过近距离中利用,发挥不了运速快的优势。相反,由于装卸时间长,反而会延长运输时间。另外,和小型运输设备比较,火车及大型船舶装卸难度大、费用也较高。

(2) 运输工具承载能力选择不当。

不根据承运货物数量及重量选择,而盲目决定运输工具,造成过分超载、损坏车辆及货物不满载、浪费运力的现象。尤其是"大马拉小车"的现象发生较多。由于装货量小,单位货物运输成本必然增加。

8. 托运方式选择不当

对于货主而言,可以选择最好托运方式而未选择,最终造成运力浪费及费用支出加大的不合理运输即为托运方式选择不当。例如,应选择整车而未选择,反而采取零担托运。应当直达而选择了中转运输,应当中转运输而选择了直达运输等,都属于这一类型的不合理运输。值得注意的是,上述的各种不合理运输形式都是在特定条件下表现出来的,在进行判断时必须从系统角度来考虑。

（二）影响运输合理化的主要因素

1. 影响运输合理化的环境因素

（1）政府。

稳定而有效率的商品经济,需要有竞争力的运输服务向市场充分提供商品。因此,与其他商品企业相比,许多政府更多地干预了运输活动。在我国,政府主要在客观上对运输活动进行调节和干预,以保证运输市场协调稳定发展。

（2）资源分布状况。

资源的分布状况也对运输活动产生较大的影响。我国地大物博,资源丰富,但分布不平衡。如能源工作中的煤炭和石油,目前探明储量都集于东北、西南、西北地区,而我国东部的储量很小,但工业用量却很大,这在很大程度上影响了运输布局的合理性,形成了我国"北煤南运""西煤东运""北泊南运""西油东运"的运输格局。

（3）国民经济结构的变化。

运输的对象是工农业产品,因此工农业生产结构的变动然会引起运输分布的变化。不仅工农业产品的增长速度成正比例地影响着货运量及其增长速度,而且工农业生产结构的变动也会引起货物运输结构及其增长速度的变化。如当运输系数较大的产品比重提高时,运输量也会以较快的速度增长,反之亦然。

2. 影响运输合理化的可控因素

（1）运输网布局的变化。

交通运输网络的线路及其运输能力、港站的地区分布,直接影响运输网络的货物吸引范围,从而影响货运量在地区上的分布与变化。

（2）运输决策的参与者。

运输决策的参与者主要有托运人、收货人、承运人、收货人及公众,他们的活动及决策直接影响着某一具体运输作业的合理性。

（三）运输合理化的维度

1. 运输距离

在运输过程中,运输时间、运量、运费、车辆或船舶周转等运输的若干技术经济指标,都与运输距离有一定的比例关系。因此,运距长短是运输是否合理的一个最基本因素。缩短运距既具有宏观的社会效益，也具有微观的企业效益。

2. 运输环节

每增加一次运输，不但会增加起运的运费和总运费，而且必然要增加与运输相关的其他物流活动，如装卸、包装等，各项技术经济指标也会因此下降。所以，减少运输环节，尤其是同类运输工具的环节，对合理运输有促进作用。

3. 运输工具

各种运输工具都有使用的优势领域，对运输工具进行优化选择，按运输工具特点进行装卸运输作业，最大限度地发挥所用运输工具的作用，是运输合理化的重要一环。

4. 运输时间

运输是物流过程中需要花费较多时间的环节。尤其是远程运输，在全部物流时间中，运输时间占绝大部分，因而运输时间的缩短对整个流通时间的缩短有决定性的作用。此外，运输时间短，有利于运输工具的加速周转，可充分发挥运力的作用：有利于货主资金的周转，有利于运输线路通过能力的提高，对运输合理化有很大贡献。

5. 运输费用

运费在全部物流成本中占很大比例，运费高低很大程度上决定了整个物流系统的竞争能力。实际上，运输费用的降低，无论对货主企业来讲，还是对物流经营企业来讲，都是运输合理化的一个重要目标。运费的判断，也是各种合理化实施是否行之有效的最终判断依据之一。

（四）运输合理化的有效措施

1. 提高运输工具实载率

提高运输工具实载率是指充分利用运输工具的额定能力，减少车船空驶和不满载行驶的状况，减少浪费，从而实现运输合理化。

2. 发展社会化的运输体系

实行运输社会化，可以统一安排运输工具，避免一家一户的小生产运输产生的对流、倒流、空驶、运力不当等多种不合理形式。不但可以追求组织效益，而且可以追求规模效益。所以，发展社会化的运输体系是运输合理化的非常重要的措施。当前,铁路运输的社会化运输体系已经较完善,而在公路运输中由于一家一户的小生产运输方式还非常普遍,因此,公路运输是建立社会化运输体系的重点。

3. 开展中短距离"以公代铁"

这种运输的合理性主要表现为两点:一是对于比较紧张的铁路运输,用公路分流后,可以得到一定程度的缓解,从而加大这一区段的运输通过能力。二是充分利用公路从门到门和在中途运输中速度快且灵活机动的优势,实现铁路运输服务难以达到的水平。我国"以公代铁",目前在杂货、日用百货运输及煤炭运输中较为普遍。一般控制在200 公里以内,有时可达 700～1 000 公里。

4. 发展直达运输

直达运输是指越过商业资仓库环节或铁路交通中转环节,把货物从产地或起运地直接运到销地或客户手中,减少中间环节的一种运输方式。直达运输强调通过减少中转换载,提高运输速度,省却装卸费用,降低中转货损。

直达运输虽然减少了中间环节,节省了运输时间与费用,灵活度较大。但相对而言对企业各部门分工协作程度的要求较高。与其他合理化措施一样,直达运输的合理性也是在一定条件下才会有所表现。直达方式通常适用于某些体积大、笨重的生产资料运输,如矿石等。对于出口货物也多采用直达运输方式。

5. 引入新技术新工具

引入新技术新工具是实现运输合理化的重要途径之一。例如:全球定位系统 GPS 实现了运输工具定位、导航与跟踪调度;专用散装车、罐车解决了粉状、液体物运输损耗大、安全性差等问题;专用运输车辆解决了大型设备整体运输问题;集装箱船比一般船能容纳更多的箱体等。

6. 选择适当的流通加工

某些产品由于本身形态及特性很难实现运输的合理化。如果进行适当流通加工,就能够有效地解决合理运输问题。例如,将造纸材料在产地预先加工成干纸浆,然后压缩体积运输,就能解决造纸材料运输不满载的问题。轻泡产品预先捆紧包装成规定尺寸,装车就容易提高装载量。水产品及肉类预先冷冻,就可提高车辆装载率并降低运输损耗。

7. 分区产销平衡合理运输

分区产销平衡合理运输方式是指在物流活动中,有计划地对某种货物在合适的区域内生产,并配送到一定的消费区域。在产销平衡的基础上,按照近产近销的原则,选择货物运输里程最短的路线。分区产销平衡合理运输方式将加强产、供、运、销的计划性,消除过远、迂回、对流等不合理运输,降低物流费用、节约运输成本及运输耗费。在实践中,这种方式适用于品种单一、规格简单、生产集中、消费分散,或生产分散、消费集中且调动量大的货物,如煤炭、木材、水泥、粮食、矿建材料等。

第三节　我国运输业的发展

一、交通运输的基础设施建设

改革开放初期,我国交通运输基础薄弱,总量不足。1978 年,全国运输路线总里程只有 123.5 万公里,其中,铁路 5.2 万公里,公路 89.0万公里,内河航道 13.6 万公里,民用航空航线 14.9 万公里,管道运输0.8 万公里。全国铁路复线里程 7 630 公里,电气化里程只有 1 030 公里;铁路机车拥有量 10 179 台,其中蒸汽机车 8 039 台,占机车比重近80%。公路中高级和次高级公路占的比重很小,仅为 14.7%,等外公路占 40% 以上,没有高速公路;汽车缺重少轻,性能差,油耗高。内河航道大都处于自然状态,通航里程逐渐萎缩,沿海港口深水泊位仅有133 个,港口机械设备落后,运输船舶少。民用机场只有 30 多个,机场设施落后,飞机陈旧。

1978 年,全社会完成交通运输固定资产投资只有 63.6 亿元,2014年铁路公路水路方面的固定资产投资达 25 259.51 亿元,比 2013 年增长 12.6%,占全社会固定资产投资的 4.9%,是 1978 年的 397 倍。改革开放 30 年来投资规模的不断扩大,交通运输基础设施规模总量的快速增长,交通运输网络覆盖面持续扩大,通达度进一步提高,形成了具有相当规模的综合交通体系,综合运输能力明显增强。2008—2013年,中国各种运输方式总货运量持续增长,年均增长速度为 11.7%,如表 1-1 所示。

表 1-1　2008—2013 年各种运输方式货运量比较(单位:亿吨,万吨)[①]

年　份	铁　路	公　路	水　路	民航(万吨)	管　道
2008 年	33.04	191.68	29.45	408	4.54
2009 年	33.33	212.78	31.90	446	4.46
2010 年	36.43	244.81	37.89	563	5.00
2011 年	39.33	282.01	42.60	557	5.71
2012 年	39.00	322.10	45.60	541.6	5.30
2013 年	39.7	355.00	49.30	557.6	6.6

交通运输业的基础设施建设实现了跨越式发展,具体表现在:铁路网络规模扩大、结构优化,为经济发展提供了基本保障;公路通车里程迅猛增长,高速公路建设飞速发展,农村公路覆盖面明显扩大;港口基础设施规模明显扩大,专业化码头建设取得突破性进展;航空运输发展迅速,基本建设投资规模不断扩大;长输管道建设初具规模。

(一) 铁路的基础设施建设

2014 年在铁路上的固定资产投资达 8 088 亿元,投产新线 8 427公里,其中高速铁路 5 491 公里。截至 2014 年年末,中国铁路营业里程达到 11.2 万公里,比 2013 年年末增长 8.4%,其中,高铁营业里程达到 1.6 万公里;复线里程 5.7 万公里,复线率 50.8%;电气化里程6.5 万公里、增长 16.9%,电化率 58.3%,见图 1-2[①]。

---

① 中国管道运输行业发展报告,中经未来产业研究中心编纂,2014。

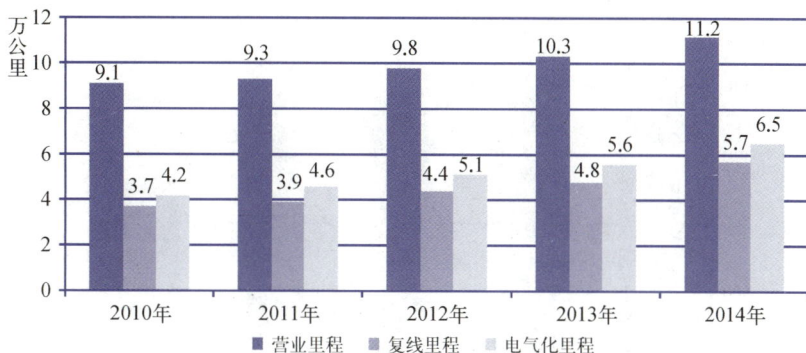

图 1-2　2010—2014 年全国铁路营业里程

经过持续大规模的新线建设和既有线改造,中国铁路无论是数量还是装备水平都上了一个新台阶,铁路网规模进一步扩大,路网结构得到优化,主要运输通道能力紧张状况大为缓解,基本打破了长期以来铁路对国民经济发展的"瓶颈"制约。

(二) 公路的基础设施建设

改革开放 30 年来,国家不断加强公路网的建设,仅 2014 年就完成公路建设投资 15 460.94 亿元。公路基础设施建设迅速发展,在完善国道、省道干线公路的同时,加快高速公路和农村公路建设的步伐,整个运输网络功能日趋完善,整体效率不断提高。2014 年年末,中国公路总里程达到 446.39 万公里,公路密度 46.50 公里/百平方公里。

根据《公路工程技术标准》(JTJ001 - 1997),我国公路按使用任务、功能和适应的交通量分为高速公路、一级公路、二级公路、三级公路、四级公路五个等级:高速公路为专供汽车分向分车道行驶并应全部控制出入的多车道公路;一级公路为供汽车分向分车道行驶并可根据需要控制出入的多车道公路;二级公路为供汽车行驶的双车道公路,一般能适应每昼夜 3 000~7500 辆中型载重汽车交通量;三级公路为主要供汽车行驶的双车道公路,一般能适应每昼夜 1 000~4 000 辆中型载重汽车交通量;四级公路为主要供汽车行驶的双车道或单车道公路,其中,双车道四级公路能适应每昼夜中型载重汽车交通量 1 500 辆以下,

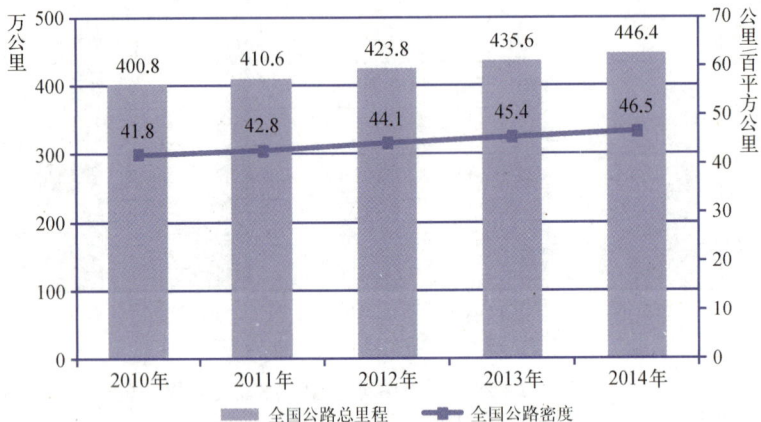

图 1－3 2010—2014 年全国公路总里程及公路密度

单车道能适应每昼夜中型载重汽车交通量 200 辆以下①。

至 2014 年年末,我国等级公路里程达 390.08 万公里,占公路总里程 87.4%。其中,二级及以上公路里程 54.56 万公里,占公路总里程 12.2%。如图 1－3 所示,各行政等级公路里程分别为:国道 17.92 万公里(其中普通国道 10.61 万公里)、省道 32.28 万公里、县道 55.20 万公里、乡道 110.51 万公里、专用公路 8.03 万公里。

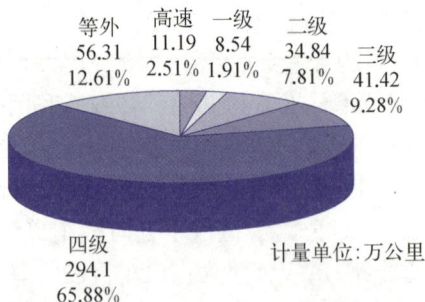

图 1－4 2014 年全国各技术等级公路总里程构成

---

① 中华人民共和国行业标准——公路工程技术标准,JTJ001－97,中华人民共和国交通部发布,1997.11.26

高速公路的飞速发展,改变了我国的路网结构和通行条件。从1988 年我国第一条高速公路——沪嘉公路建成通车,到 1999 年高速公路突破 1 万公里,到 2002 年突破 2 万公里,2014 年年底,全国高速公路里程已达到 11.19 万公里,全国公路桥梁 75.71 万座、4 257.89 万米,全国公路隧道为 12 404 处、1 075.67 万米。

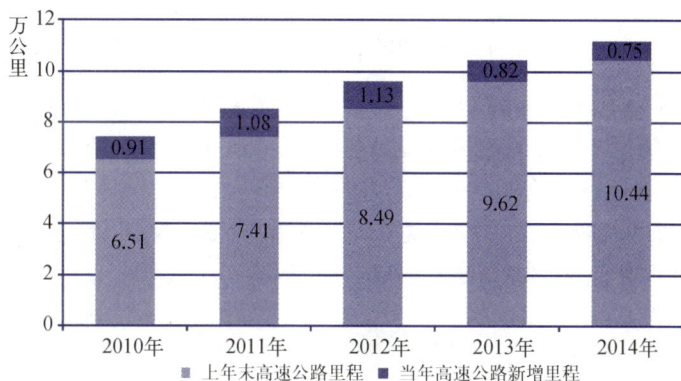

图 1-5　2010—2014 年全国高速公路里程

(三) 水路的基础设施建设

1. 内河航道

根据《内河通航标准》的规定,我国航道等级由高到低分Ⅰ、Ⅱ、Ⅲ、Ⅳ、Ⅴ、Ⅵ、Ⅶ级航道,这 7 级航道均可称为等级航道。通航标准低于Ⅶ级的航道可称为等外级航道[①]。

2014 年年末,全国内河航道通航里程 12.63 万公里,等级航道 6.54 万公里,占总里程 51.8%。其中,Ⅰ级航道 1 341 公里,Ⅱ级航道 3 443 公里,Ⅲ级航道 6 069 公里,Ⅳ级航道 9 301 公里,Ⅴ级航道 8 298 公里,Ⅵ级航道 18 997 公里,Ⅶ级航道 17 913 公里,等外航道 6.09 万公里。

各水系内河航道通航里程分别为:长江水系 64 374 公里,珠江水系 16 444 公里,黄河水系 3 488 公里,黑龙江水系 8 211 公里,京杭运

---

　① 中华人民共和国国家标准——内河通航标准,GBJ139-90,中华人民共和国交通部主编,1991.8.1

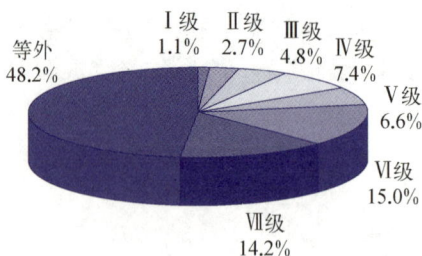

图 1-6　2014 年全国内河航道通航里程构成

河 1 438 公里,闽江水系 1 973 公里,淮河水系 17 338 公里。以长江干
线航道为例,2014 年日平均标准船舶流量的平均值为 655.2 艘次。其
中,上游航道日平均标准船舶流量的平均值为 203.0 艘次;中游航道日
平均标准船舶流量的平均值为 254.1 艘次;下游航道日平均标准船舶
流量的平均值为 872.8 艘次。

2. 港口

　　1978—2014 年,全国主要港口生产用码头泊位数从 735 个增加到
31 705 个,其中,沿海港口生产用码头泊位 5 834 个,内河港口生产用码头
泊位 25 871 个。全国港口拥有万吨级及以上泊位 2 110 个,其中,沿海港
口万吨级及以上泊位 1 704 个;内河港口万吨级及以上泊位 406 个。

表 1-2　2014 年全国港口万吨级及以上泊位(计量单位:个)

泊 位 吨 级	全国港口	比上年年末增加	沿海港口	比上年年末增加	内河港口	比上年年末增加
1 万~3 万吨级(不含 3 万)	755	19	586	19	169	—
3 万~5 万吨级(不含 5 万)	365	9	261	7	104	2
5 万~10 万吨级(不含 10 万)	684	36	558	26	126	10
10 万吨级及以上	306	45	299	45	7	—
合　计	2 110	109	1 704	97	406	12

20 世纪 90 年代以来,在加快港口建设的同时,一批大型原油、铁矿石、煤炭、集装箱等专业化码头和深水航道工程相继建成。截至 2014 年年末,全国万吨级及以上泊位中,专业化泊位 1 114 个,通用散货泊位 441 个,通用件杂货泊位 360 个,港口专业化泊位比重达到 58%。

表 1-3　全国港口万吨级及以上泊位构成(按主要用途分,计量单位:个)

泊 位 用 途	2014 年	2013 年	比上年增加
专业化泊位	1 114	1 062	52
集装箱泊位	322	321	1
煤炭泊位	219	206	13
金属矿石泊位	64	61	3
原油泊位	72	68	4
成品油泊位	130	124	6
液体化工泊位	172	157	15
散装粮食泊位	36	36	—
通用散货泊位	441	414	27
通用件杂货泊位	360	345	15

（四）航空运输发展迅速

改革开放以来,航空运输业基本建设投资规模不断扩大。1978 年,我国民航仅有 162 条短程航线,70 个机场。经过 37 年的建设,2014 年共有颁证民用航空机场 202 个,比上年年末增加 9 个,其中定期航班通航机场 200 个,定期航班通航城市 198 个。2014 年,年货邮吞吐量 1 万吨以上的运输机场 50 个,其中北京、上海和广州三大城市机场货邮吞吐量占全部机场货邮吞吐量的 51.3%。2014 年,上海浦东机场完成货邮吞吐量 318.2 万吨,连续七年位居世界第三。

航空运输在综合交通运输体系中的地位不断提高,构筑了规模适当、结构合理、功能完善的北方(华北、东北)、华东、中南、西南、西北五大区域机场群,机场群整体功能实现枢纽、干线和支线有机衔接,客、货航空运输全面协调,大、中、小规模合理的发展格局,并与铁路、公路、水运以及相关城市交通相衔接,构成现代综合交通运输体系。

(五) 长输管道建设初具规模

长输管道是指产地、储存库、使用单位间,用于输送商品介质(油、气等),并跨省、市,穿、跨越江河、道路等,中间有加压泵站的长距离管道。管道运输是用管道作为运输工具的一种长距离输送液体和气体物资的运输方式,是统一运输网中干线运输的特殊组成部分。管道运输广泛用于石油、天然气的长距离运输,还可运输矿石、煤炭、建材、化学品和粮食等。

2013 年年末,中国的长输油气管道里程已达 10 万余公里,首次超过在役运行的铁路里程,成为继铁路、公路、水路、航空运输之后的第五大运输行业。1959 年中国第一条长输管道——新疆克拉玛依油田至独山子炼油厂原油外输管道投产以来,管道运输业伴随着中国油气工业发展,主要经历了东北管网、华东管网、西北管网以及西气东输建设等几次阶段性的跨越式增长发展。近十余年来,中国管道运输货运量稳步增长,2013 年,管道运输货运量达到 6.6 亿吨,同比增长 7.8%。

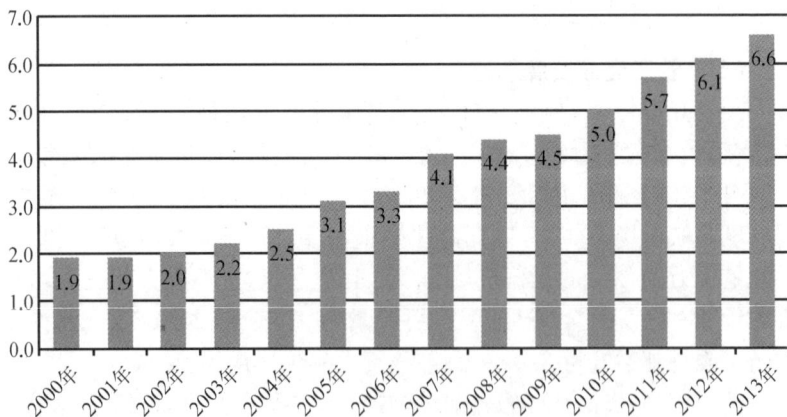

图 1-7 2000—2013 年中国管道运输货运量变化趋势(单位:亿吨)

我国目前油气管道网络已形成纵贯南北、横跨东西、联通海外的庞大格局,"西气东输、海气登陆、就近外供"的计划目标已经初步成为现实,其中特别是在环渤海湾、长江三角洲、珠江三角洲等经济发达地区形成了成熟的油气输送管道。另外在中国西部和北部等油气田聚集地区也形成了完备的区域油气工业输送管道网,全国"西油东运、北油南下"计划格局业已形成。"十二五"期间计划准备新建油气管道约4万公里,其中包括重点建设西气东输二线管道工程约3万公里。在跨国管道项目上,中俄油气管道、中缅油气管道,还有中哈石油管道二线工程的建设。

二、交通运输服务的发展

2014年,全社会完成客运量220.94亿人、旅客周转量30 097.39亿人公里,货运量431.30亿吨、货物周转量181 509.19亿吨公里,比2013年分别增长4.1%、9.2%、6.9%和10.3%。

(一)铁路运输

2014年全国铁路完成旅客周转量11 604.75亿人公里,比2013年增长9.5%。

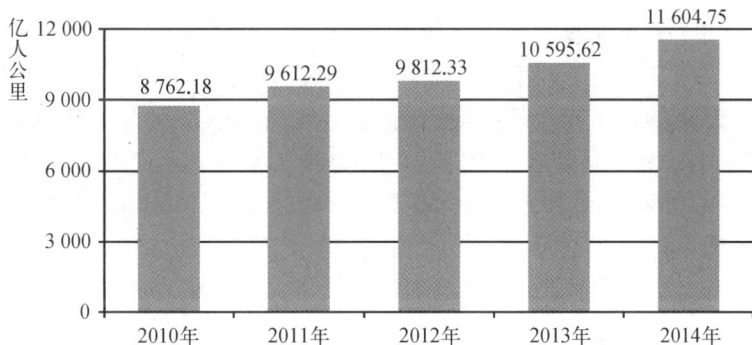

图1-8　2010—2014年全国铁路旅客周转量

2014年,全国铁路完成货运总周转量27 530.19亿吨公里,比2013年分别下降5.6%。

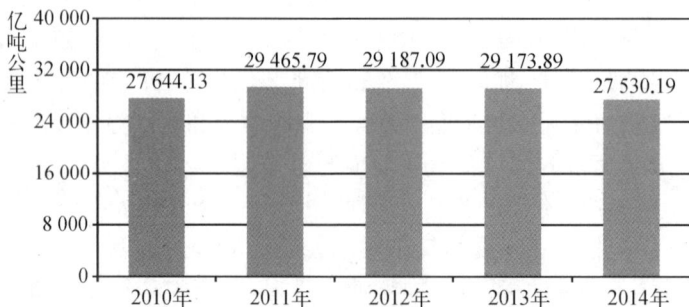

图 1-9　2010—2014 年全国铁路货运总周转量

(二) 公路运输

2014 年全国营业性客运车辆完成公路客运量 190.82 亿人、旅客周转量 12 084.10 亿人公里,平均运距 63.33 公里。全国营业性货运车辆完成货运量 333.28 亿吨、货物周转量 61 016.62 亿吨公里,平均运距 183.08 公里。

截至 2014 年年末,全国有 98.95% 的乡镇开通了客运线路,93.32% 的建制村开通了客运线路。北京、河北、辽宁、吉林、黑龙江和上海 6 省市已全面实现"村村通客车"。

(三) 城市客运

2014 年年末,全国拥有公共汽电车运营线路 45 052 条,运营线路总长度 81.78 万公里;轨道交通运营线路 92 条,运营线路总长度 2 816.1 公里;城市客运轮渡运营航线 126 条,运营航线总长度 497.6 公里。城市客运系统运送旅客 1 315.66 亿人,其中,公共汽电车完成 781.88 亿人,占 59.4%;轨道交通完成 126.66 亿人,占 9.6%;出租汽车完成 406.06 亿人,占 30.9%;客运轮渡完成 1.07 亿人,占 0.1%。

(四) 水路运输

2014 年,水路客运量 2.63 亿人、旅客周转量 74.34 亿人公里;水路货运量 59.83 亿吨、货物周转量 92 774.56 亿吨公里,平均运距 1 550.68 公里,其中,内河运输完成货运量 33.43 亿吨、货物周转量

12 784.90 亿吨公里;沿海运输完成货运量 18.92 亿吨、货物周转量 24 054.59亿吨公里;远洋运输完成货运量 7.47 亿吨、货物周转量 55 935.06 亿吨公里。

2014 年,两岸间海上运输完成客运量 177.9 万人,货运量 5 459 万吨,集装箱运量 225 万 TEU。

(五) 港口生产

2014 年全国港口完成货物吞吐量 124.52 亿吨,比 2013 年增长 5.8%。其中,沿海港口完成 80.33 亿吨,内河港口完成 44.19 亿吨,分别增长 6.2% 和 5.1%。

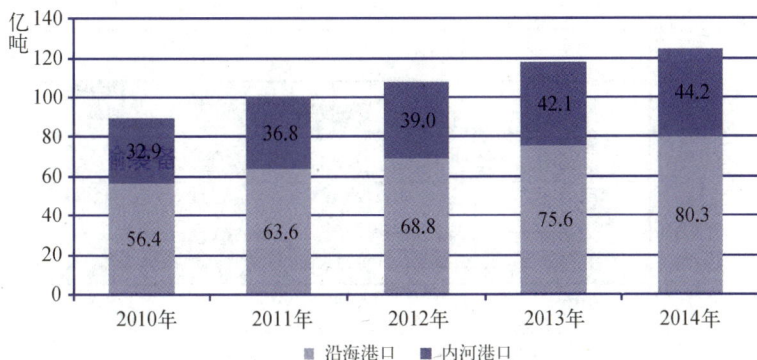

图 1 - 10 2010—2014 年全国港口货物吞吐量

全国港口完成旅客吞吐量 1.83 亿人,比上年下降 0.9%。其中,沿海港口完成 0.81 亿人,内河港口完成 1.02 亿人,分别增长 3.6% 和下降 4.2%。

全国港口完成外贸货物吞吐量 35.90 亿吨,比上年增长 6.9%。其中,沿海港口完成 32.67 亿吨,内河港口完成 3.23 亿吨,分别增长 6.9% 和 6.8%。

全国港口完成集装箱吞吐量 2.02 亿 TEU,比上年增长 6.4%。其中,沿海港口完成 1.82 亿 TEU,内河港口完成 2 066 万 TEU,比上年分别增长 7.1% 和 0.6%。

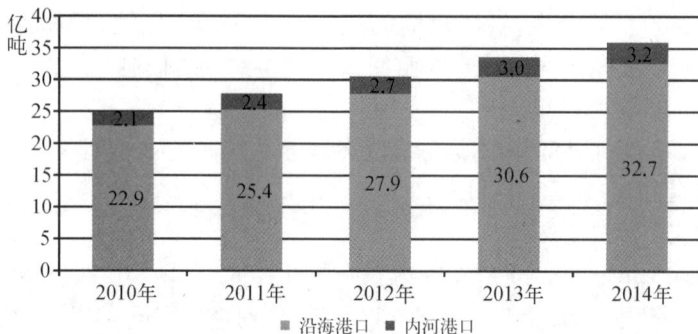

图 1‒10   2010—2014 年全国港口外贸货物吞吐量

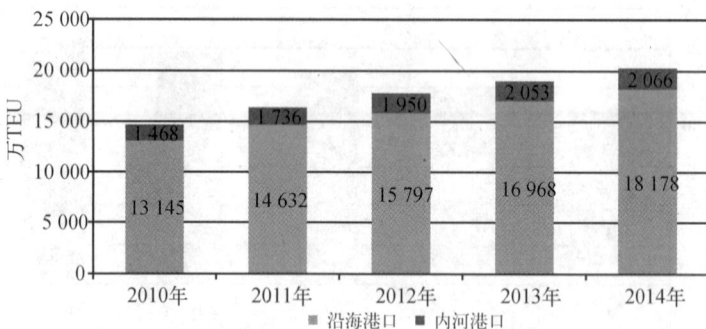

图 1‒11   2010—2014 年全国港口集装箱吞吐量

全国港口完成液体散货吞吐量 9.97 亿吨,干散货吞吐量 72.46 亿吨,件杂货吞吐量 12.52 亿吨,集装箱吞吐量(按重量计算)23.49 亿吨,滚装汽车吞吐量(按重量计算)6.09 亿吨。

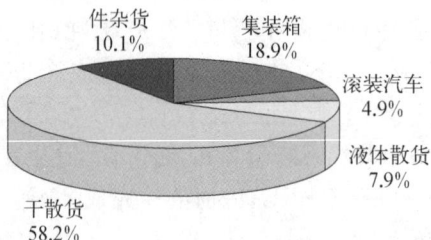

图 1‒12   2014 年各形态货种吞吐量构成

全国规模以上港口 2014 年货物吞吐量为 111.88 亿吨,比 2013 年增长 5.1%。其中,完成煤炭及制品吞吐量 21.89 亿吨,石油、天然气及制品吞吐量 7.86 亿吨,金属矿石吞吐量 17.97 亿吨,分别增长 0.7%、3.7% 和 7.6%。

表 1-4 2014 年规模以上港口各货类吞吐量及增长速度

货 类 名 称	吞吐量 (亿吨)	比上年增长 (%)	外贸吞吐量 (亿吨)	比上年增加 (%)
煤炭及制品	21.89	0.7	2.81	−10.4
石油、天然气及制品	7.86	3.7	3.89	7.6
♯原油	4.29	5.8	2.95	8.4
金属矿石	17.97	7.6	11.04	8.0
♯铁矿石	16.28	11.1	10.05	13.0
钢铁	4.69	3.7	0.96	34.2
矿建材料	16.53	1.3	0.35	8.3
水泥	3.09	8.0	0.14	4.5
木材	0.81	13.6	0.65	11.2
非金属矿石	2.48	5.8	0.50	−20.4
化学肥料及农药	0.52	33.9	0.33	54.6
盐	0.17	7.0	0.08	0.8
粮食	2.41	7.1	0.95	17.0
机械、设备、电器	2.18	11.3	1.35	13.6
化工原料及制品	2.36	9.0	0.88	−0.1
有色金属	0.16	−2.4	0.12	−8.4
轻工、医药产品	1.15	3.6	0.47	−2.1
农林牧渔业产品	0.49	18.2	0.23	10.1
其他	27.11	8.0	10.55	6.6
总计	111.88	5.1	35.29	6.2

（六）民航运输

2014 年民航完成运输总周转量 748.12 亿吨公里,其中旅客周转量 560.34 亿吨公里;货邮周转量 187.77 亿吨公里。2014 年,国内航线完成运输周转量 508.00 亿吨公里;国际航线完成运输周转量 240.11 亿吨公里,如图 1－13。

图 1－13 2010—2014 民航运输总周转量

2014 年完成货邮运输量 594.1 万吨,货邮周转量 187.8 亿吨公里,比 2014 年分别增长 5.9％和 10.3％。国内航线完成货邮运输量 425.7 万吨,比上年增长 4.7％,其中港澳台航线完成 22.3 万吨,比上年增长 12.5％;国际航线完成货邮运输量 168.4 万吨,比上年增长 9.0％,如图 1－14。

2014 年全国运输机场完成货邮吞吐量 1 356.08 万吨,比 2013 年增长 7.8％。其中:2014 年东部地区完成货邮吞吐量 1 028.60 万吨,东北地区完成货邮吞吐量 46.70 万吨,中部地区完成货邮吞吐量 80.77 万吨,西部地区完成货邮吞吐量 200.01 万吨。2014 年,全国运输机场完成起降架次 793.31 万架次,比上年增长 8.4％,如图 1－15。

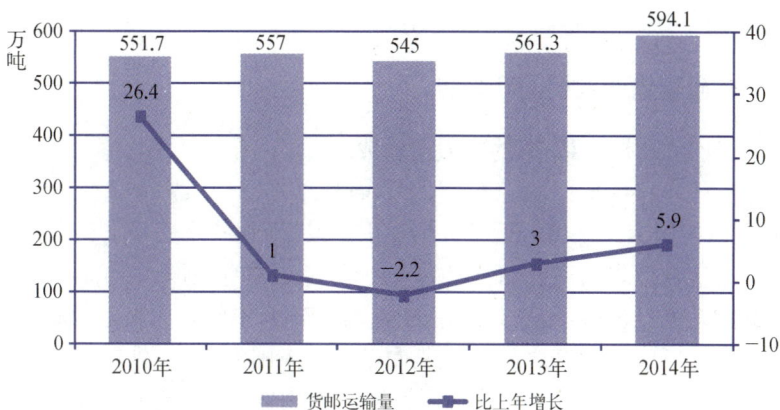

图 1-14　2010—2014 民航货邮吞吐量

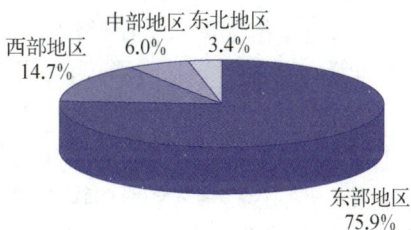

图 1-15　机场货运吞吐量(按地区分配)

(七) 邮政服务

近年来,电子商务与快递物流在我国呈现出爆发式增长的态势,跨境电商业务蓬勃发展,拉动了国际快递快速增长。以中国邮政为例,其速递物流的出口业务量已达到日均约 100 万件。顺丰、圆通等民营快递企业也积极投入这一领域,加紧在海外布点。2014 年邮政行业业务总量完成 3 696.1 亿元,比 2013 年增长 35.6%。

邮政普遍服务完成函件业务 56.1 亿件,比上年下降 11.5%;包裹业务完成 6 024.0 万件,下降 13.0%;报纸业务完成 191.2 亿份,下降 1.6%;杂志业务完成 10.8 亿份,下降 5.4%;汇兑业务完成 1.3 亿笔,下降 32.4%。

快递业务量完成 139.6 亿件,比上年增长 51.9%。快递服务企业业务收入完成 2 045.4 亿元,增长 41.9%,快递业务收入占邮政行业业务收入的 63.9%,提高 7.3 个百分点。

三、交通运输业发展的新趋势

(一)"一带一路"下的交通运输业

一带一路(One Belt One Road,简称"OBOR")是 2013 年 9 月和 10 月由中国国家主席习近平分别提出建设"新丝绸之路经济带"和"21 世纪海上丝绸之路"的战略构想。"一带一路"贯穿亚欧非大陆,一头是活跃的东亚经济圈,一头是发达的欧洲经济圈,中间广大腹地国家经济发展潜力巨大。丝绸之路经济带重点畅通中国经中亚、俄罗斯至欧洲(波罗的海);中国经中亚、西亚至波斯湾、地中海;中国至东南亚、南亚、印度洋。

海上丝绸之路重点方向是从中国沿海港口过南海到印度洋,延伸至欧洲;从中国沿海港口过南海到南太平洋,努力实现区域基础设施更加完善,安全高效的陆海空通道网络基本形成,互联互通达到新水平。抓住交通基础设施的关键通道、关键节点和重点工程,优先打通缺失路段,畅通瓶颈路段,配套完善道路安全防护设施和交通管理设施设备,提升道路通达水平。推进建立统一的全程运输协调机制,促进国际通关、换装、多式联运有机衔接,逐步形成兼容规范的运输规则,实现国际运输便利化。推动口岸基础设施建设,畅通陆水联运通道,推进港口合作建设,增加海上航线和班次,加强海上物流信息化合作。拓展建立民航全面合作的平台和机制,加快提升航空基础设施水平。加强能源基础设施互联互通合作,共同维护输油、输气管道等运输通道安全,推进跨境电力与输电通道建设,积极开展区域电网升级改造合作。

陆上丝绸之路东起我国陕西省西安市,向西出新疆、经东亚、西亚、俄罗斯首都莫斯科,最后到达欧洲的鹿特丹港,以铁路运输为主。发挥内蒙古联通俄蒙的区位优势,完善黑龙江对俄铁路通道和区域铁路网,以及黑龙江、吉林、辽宁与俄远东地区陆海联运合作,推进构建北京—莫斯科欧亚高速运输走廊,建设向北开放的重要窗口。

交通运输作为经济社会发展的基础性、先导性和服务性行业,是"一带一路"形成和发展的基础条件和主要载体,也是"一带一路"建设的优先领域,有利于加快提升我国与周边国家交通基础设施的互联互通水平,并形成区域交通运输一体化。建设初期重点在于加强中亚、东南亚地区交通运输互联互通水平。主要是我国与中亚国家(上海合作组织框架下)、东南亚国家(中国—东盟自由贸易区框架下)的特殊地缘关系和良好的合作基础。新欧亚大陆桥的国际陆路运输骨干作用有望得到优化。该线路是目前亚欧大陆东西最为便捷的通道。连云港作为起点,其在沿海港口中的地位有望得到加强;"中欧铁路班列"其分散经营的状态有望得到整体优化。中国与东盟地区的海陆空综合交通方式有望继续加强。海上,将中国和东南亚国家临海港口城市串联起来。其中北部湾港口和深圳港口有天然的地域优势。内河方面,打造澜沧江—湄公河黄金水道;公路方面,东南亚正在形成两横两纵的公路通道,连接接广西和云南出发;铁路方面,计划以昆明和南宁为起点,建设泛东南亚铁路联系东南亚陆路国家;航空方面,中国与东南亚航空网络不断加密。

(二)"互联网＋"时代的交通运输业

第十二届全国人民代表大会第三次会议上,李克强总理提出制定"互联网＋"行动计划,推动移动互联网、云计算、大数据、物联网等与现代制造业结合,促进电子商务、工业互联网和互联网金融健康发展,引导互联网企业拓展国际市场。通俗来说,"互联网＋"就是"互联网＋各个传统行业",但这并不是简单的两者相加,而是利用信息通信技术以及互联网平台,让互联网与传统行业进行深度融合,创造新的发展生态。

"互联网＋交通运输"引领智能交通运输的发展,通过互联网思维与传统交通运输业的各项联姻,推动了以服务为核心的,交通运输管理方式的创新和业务流程的再造,智能交通(Intelligent Transportation System,ITS)是将先进的信息技术、数据通讯传输技术、电子传感技术、控制技术及计算机技术等技术,有效地集成运用于整个交通系统而建立的一种在大范围内、全方位发挥作用的,实时、准确、高效的综合交通运输管理系统。智能交通有利于支撑我国规模庞大的交通基础设施的运行,有利于更好地服务于公众的便捷出行和物流的畅通运输。

在交通运输领域,引入移动互联网以后,一方面促进了智能交通运输的发展,比如:智能终端和移动互联网的发展,使出行信息服务越来越关注于用户的个性化需求与体验;电子支付与智能交通的结合,使得出行服务与消费体验更加紧密结合在一起;汽车全面融入信息网络中,成为信息网络中的传送单元,自动驾驶技术正在走向成熟。另一方面,过去的交通监管方法受到很大的挑战。从国外的 Uber、Lyft 到国内的滴滴,移动互联网催生了一批打车、拼车、专车软件,虽然它们在全世界不同的地方仍存在不同的争议,但它们通过把移动互联网和传统的交通出行相结合,改善了人们出行的方式,增加了车辆的使用率,推动了互联网共享经济的发展,提高了效率、减少了排放,对环境保护也做出了贡献。

本章小结

运输是用设备和工具,将物品从一地点向另一地点运送的物流活动,包括集货、分配、搬运、中转、装入、卸下、分散等一系列操作。运输最基本、最重要的功能就是实现了物品的空间位移,创造了空间效用。运输按线路不同,可以分为干线运输、支线运输、城市内运输和厂内运输;按协作程度不同,可以分为一般运输和联合运输。

运输系统的主要构成要素包括运输线路、运输工具与运输参与者等。运输管理是指在一定的环境下,按照现代化的管理思想,运用科学方法,对物流运输活动进行计划、组织、领导、控制,实现运输经营目标的过程。运输的合理化会受到政府、资源分布状况、国民经济结构、运输网布局、运输决策参与者等外部因素以及运输距离、运输环节、运输工具、运输时间、运输费用等内部因素的影响。运输合理化的有效措施包括:提高运输工具实载率;发展社会化的运输体系;开展中短距离"以公代铁";引入新技术新工具;选择适当的流通加工;分区产销平衡合理运输等。

我国交通运输业实现了全面快速发展,新时代下,"一带一路""互联网＋"的提出给交通运输业的发展带来了新的机遇与挑战,展现出一些新的发展运行与服务趋势。

本章思考题

1. 什么是运输？运输具有哪些特点？
2. 什么是空间效用？它具有什么意义？
3. 运输管理的概念是什么？
4. 影响运输合理化的因素有哪些？
5. 新时代下的运输管理会有哪些新变化？

案 例 分 析

鲜花的运输

2015 年，昆明国际花卉拍卖中心的数据显示，玫瑰整体拍卖均价为 1.4 元/枝，而在上海市场，非节假日玫瑰花一般是 5 元/枝。在市场的作用下，玫瑰等花卉会从昆明主产地涌入上海市场。这时，就需要运输服务来实现鲜花的空间位移。

玫瑰从昆明到外地(以上海为例)，主要有三个途径：一是航空，昆明至上海的鲜花空运价为 9.7 元/公斤(不足 100 公斤的单价)；二是铁路，昆明运花到上海的铁路运价为 2.5 元/公斤；三是邮政，昆明到上海的运输费用折合每公斤接近 2 元。按 15 枝玫瑰 1 公斤折合，每枝玫瑰从昆明到上海的航空运价为 0.64 元，铁路运价为 0.17 元，邮政运价为 0.13 元。可见，运输成本占的比重比较大。另外，鲜花的损耗、包装等也会产生一定的成本。

在上海市场上，非节假日零售的玫瑰花一般是 5 元/枝，而扎好的花束价格更高，以一束中等的 9 朵普通红玫瑰来算成本，大约花朵的进价为 13 元，配花情人草 8 元，而包装纸及相关配件大约 10 元。成本最多不超过 31 元，在情人节这样的花束每束可卖到 128 元，价格翻了好几倍。

案例思考题：

1. 对于拍卖价只有 1.4 元/枝的玫瑰花，为什么花商愿意支付 0.64 元/枝的航空费用呢？

2. 在鲜花的运输活动中，如何体现运输的"空间效用"的？

3. 为什么在昆明国际花卉拍卖中心价值 1.4 元/枝的玫瑰，在上海市场上会以 5 元/枝的价格销售呢？鲜花本身没有变化，还有可能发生损耗。

4. 如果航空运费提升一倍，会对鲜花市场带来怎样的影响？

案例分析要点：

1. 花商通过支付航空费用，可以在上海市场上以更高的价格将鲜花出售，并获得收益。

2. 在鲜花的运输活动中，空间效用体现在：通过运输实现"鲜花"的物理性位移，由产地昆明到达消费市场上海，消除了产地与消费市场的位置背离，使"鲜花"的使用价值得以实现。

3. 上海本地鲜花种植有限，却是鲜花的主要消费市场之一。鲜花的售价受到成本以及市场需求等因素的影响。

4. 航空运费提升，一方面会提高鲜花在消费市场的价格，另一方面会限制鲜花消费的辐射范围。

第二章

运输方式选择

📖 **学习目标**

◇ 了解五种运输方式的技术经济特征和生产组织、经营管理特征
◇ 理解五种运输方式的固定设备和移动设备，能够鉴别各种设备的特点
◇ 了解各种运输方式在综合运输系统中的作用和地位
◇ 掌握影响运输方式选择的标准

引导案例

"中海环球"开启中国航运新时代

2014 年世界最大、最先进的集装箱船 19 100 TEU 型"中海环球"轮(图 2-1)首航上海。首航仪式于 2014 年 12 月 8 日在上海洋山深水港区举行。

最新交付的"中海环球"轮是中国海运集团旗下中海集装箱运输股份有限公司(中海集运)向韩国现代船厂订造的 5 艘 19 100 TEU 型集装箱船舶中的首制船。该船全长 400 米、宽近 60 米，设计吃水 14.5 米，服务航速 23 节，集成了当今世界主要的先进航海技术，被誉为"航运业的 A380"。其载箱能力超过丹麦马士基航运公司 2013 年服役的 3E 级 1.8 万 TEU 船，一次最大可装载近 2 亿个平板电脑。据直观的形容：如果将满载的 19 100 个标准集装箱首尾相接，长度约相当于全

图 2-1 "中海环球"号首航上海洋山深水港

长 32.5 公里的东海大桥的 4 倍；如果将这些集装箱相叠，那么高度是世界第一高峰——珠穆朗玛峰的 5 倍有余。

这艘集装箱船舶中的超级巨无霸，在节能减排方面的表现也很突出。与普通的 1 万箱级集装箱船相比，油耗可节省约 20%，每年减少近 3 万吨碳排放，对环保的贡献相当于植树 160 万棵以上。

中国海运集团相关负责人表示，将以此次巨轮成功首航洋山港为契机，继续推进船队转型升级步伐，进一步加深与上海港合作，借助上海自贸区优势，不断优化供应链服务，打造航运"低碳、环保"与多元产业"链"优势，为广大国际贸易货主提供优质的物流运输服务，为促进海运业健康发展，提升上海国际航运中心的国际影响力贡献正能量。

（案例改编自：http://www.chinanews.com/cj/2014/12-08/6855386.shtml）

问：你知道海洋运输方式对于国际贸易的重要性吗？发展大规模集装箱运输对于国际物流有何重要意义？

案例分析思路和要点：

海洋运输较其他运输方式，具有运量大、运距长、成本低和低碳环保等优点,是国际贸易往来最主要的运输方式。我国海洋运输业也是我国参与国际分工,形成国际竞争优势的重要组成部分。海洋运输的发展水平和便利程度,已经成为影响"中国制造"在国际竞争中成本优势的重要因素,成为我国参与国际分工,形成国际竞争优势的重要组成部分。

集装箱运输是国际货物运输的主要方式之一,全球经济一体化的趋势决定集装箱运输已经涉及企业的核心利益乃至国家的经济命脉,开展集装箱运输有着深远的战略意义。

第一节　水路货物运输

我国幅员辽阔,大陆海岸线 18 000 多公里,岛屿海岸线 14 000 多公里,流域 100 公里以上的天然河流 5 000 多条,大小湖泊 900 多个,具有发展水路运输的优越条件,而且是世界上水路运输发展较早的国家之一。15 世纪初至 30 年代,明朝航海家郑和率领庞大的船队七次下西洋途经亚洲、非洲的 30 多个国家和地区。

新中国成立 60 多年以来,水路运输的客货运输量,船舶总载重吨位和在全国各种运输方式的总货运周转量中,水运的比重都大幅度提高。目前,我国的商船已航行于世界 100 多个国家和地区的 400 多个港口,并已基本形成具有一定规模的水运体系。

一、水路运输的特点

(一) 技术经济特征

1. 运输能力强

在海洋运输中,目前世界上最大的超巨型油船载重量达 55 万吨以上,集装箱船载箱量已达 14 000～19 000 TEU,矿石船载质量达 35 万吨。海上运输利用天然航道,若条件许可,可随时改造为最有利的航线。

在内河运输中,美国最大的顶推船队运载能力达到 5 万～6 万吨。我国顶推船队的运载能力已达 3 万吨,相当于铁路列车的 6～10 倍。在运输条件良好的航道,通过能力几乎不受限制。例如长江干流的上游航道,其单向年通过能力为 3 300 万吨,而在宜昌以下的长江中下游,其通过能力则为上游的 10 倍以上。

2. 能源消耗低

在相同距离的条件下,运输 1 吨货物,水运(尤其是海运)所消耗的能源最少。内河航运的能源消耗仅为铁路运输的 1/2,公路运输的 1/10。

3. 单位运输成本低

水运的运输成本约为铁路运输的 1/25~1/20,公路运输的 1/100。因此,水运(尤其是海运)是成本最低廉的运输方式,适于运输费用负担能力较弱的原材料及大宗物资的运输。

4. 续航能力强

一艘商船出航,所携带的燃料、粮食及淡水,可历时数十日,绝非其他任何运输工具可比。商船还具有独立生活的种种设备,如发电、制造淡水、储藏大量粮食的粮舱、油槽等。

5. 受气候和商港限制,且可及性低

气候对水路运输的限制较多,如商船航行海上,遇暴风需及时躲避;遇大雾需按避碰章程办理,以防损害。另外,港湾水深或装卸设备的缺乏,可能限制商船的入港、作业。再者,水路运输的可及性不高,往往需要地面运输系统的配合才能完成客、货运输过程。

6. 劳动生产率高

由于船舶运载量大,配备船员少,因而其劳动生产率较高。一艘 30 万吨的原油船一般只需配备 30 名船员,平均每人运送货物 10 000 吨。

7. 航速低

由于大型船舶体积大,水流阻力也大,因此航速一般较低。低速行驶所需克服的阻力小,能够节约燃料,而航速增大所需克服的阻力将直线上升。例如船舶航速(航速单位为节,1 节=1.852 千米/小时)从 2 节增加到 16 节,所受的阻力将增大 35 倍。散货船速为 14 节左右,集装箱船可达 18~30 节。

(二) 经营管理特征

水路运输的经营具有国际性,易受国际政治、经济、法律及外汇的影响,其经营特征如下:

1. 投资额巨大且回收期长

海运企业订造或购买船舶需巨额资金,如新造一艘超大型集装箱船,若运能为 19 000 TEU,其造价一般为 1.3 亿～1.5 亿美元。船舶是固定资产,折旧期一般长达 20 年。就投资分析而言,用于固定资产之比例较其他企业高,且船舶没有移作其他用途的可能。

2. 国际化经营且竞争激烈

海洋运输经营具有国际性,船舶航行于公海,需争取各国货载的运送。目前世界船舶吨位严重过剩,同行业间竞争激烈。同时,还面临与其他运输方式的竞争。

3. 兴衰循环,运费收入不稳

海运市场的周期性循环对运费高低的影响很大。如世界经济景气,货物运输需求增加,则运费上扬,进而刺激造船业发展;一旦船舶吨位增加,又逢世界经济趋于低迷,则立即作用于海运市场,运费必定趋于下跌,使得造船业萎缩,海运公司甚至不得不将船舶拆解以期吨位减少,运费回升。如此变化的结果,致使运费收入很不稳定。

4. 舱位无法储存

海运企业的运输服务,难以像一般企业那样随意减产或增产,即海上运输无法将货物及旅客的舱位储存,如定期班轮开航而客货运量不能满载,剩余舱位即是损失;反之如超过客货载量,也无法预储舱位的超载容量。

5. 须尊重国际法律

海运企业经营属世界性的商务活动。除各国的海运法规外,对于国际公约与国际惯例须予以尊重,以适应国际海运市场。主要包括:国内法,如我国对外国籍船舶的管理规则,美国的《海上货物运送条例》《海运法》等;国际公约,如《联合国海上货物运送公约》等;国际惯例,如《国际商会联运单证统一规则》。

二、水路运输的设施设备

水路运输的主要技术设施设备包括：船舶、航道、港口及通讯、导航等。

（一）船舶

船舶可按用途、航行区域、航行状态、推进方式、动力装置和船体材料及船体数目等进行分类。按用途分类：军舰、民用船舶。在民用船舶中，运送货物或旅客的船舶称为运输船，以载运货物为主要业务的称为货船。在当今世界商队船中有 95％ 以上为货船。

由于造船技术的进步，使得货船在性能、设备方面得以日益改进，并因各种特殊货物而制造出各种专用船舶。现代货船因所载货物种类不同，行驶航线不同，其构造、性能、速率、设备也有较大不同，可分为下列几种：

1. 杂货船

货船有干货船和液货船之分。杂货船属于干货船的一种，它是装载一般包装、袋装、箱装或桶装货物的普通货船。杂货船一般都是双层甲板，有 4～6 个货舱，每个货舱的甲板上有货舱口，多数杂货船的货舱口上装有起重设备。近年来发展了一种多用途的干货船，它既可运载一般的包装杂货，又可装运散货或集装箱等。

这种货船比装运单一货物的一般杂货船适应性大、运输效率高。如中远集运在 2012 年新造的 27 000 吨新型多用途船"牡丹松"号（图 2-2）。全船长 179.5 米、型宽 27.2 米、型深 14.5 米、航速 15.1 节、重吊 180 吨，设三层装货甲板，舱内配有两层吊离式流动甲板，具有舱容利用率高、适货能力强、节能环保等特点，是承运国际大型机械设备、工程机械的主力船型。

2. 散货船

凡专供装运无包装货物的船舶称为散货船（图 2-3），为不定期航运业的主要船舶。运输的货物品种单一，多为无须特别设备的农产品或工业原料，如谷物、矿砂、煤炭、水泥、糖、盐等。散货船的货源充足，货物的装载量大且价值低廉，运费负担能力较低，通常有定向性或季节

图 2-2　"牡丹松"号多用途船在上海港装货

图 2-3　好望角型散货船准备进入澳大利亚纽卡斯尔港

性流动。这类船舶舱口大,舱内无中层甲板,有永久性或半永久性的隔舱板,船上一般有抓斗或升降斗或真空传送机之类的装卸设备。

　　根据散货船的船型尺度可以分为以下几类:

灵便型散货船(Handysize bulk carrier)：指载重量在 2 万～5 万吨的散货船,其中 4 万～5 万吨的船舶又被称为"大灵便型散货船"(Handymax bulk carrier)。

超大灵便型(Supramax bulk carrier)：指载重量在 5 万～6 万吨的散货船,该型船吃水一般在 11 米左右,符合大部分较大港口满载进出的需要,一般 5 舱 5 口。承运货物以谷物、煤炭、焦炭为主。

大湖型散货船(Lake bulk carrier)：是指经由圣劳伦斯水道航行于美国、加拿大交界处五大湖区的散货船,以承运煤炭、铁矿石和粮食为主。该型船尺度上要满足圣劳伦斯水道的通航要求,船舶总长不超过 222.50 米,型宽不超过 23.16 米,该型船一般在 3 万吨左右,大多配有起卸货设备。

巴拿马型散货船(Panamax bulk carrier)：顾名思义,该型船是指在满载情况下可以通过巴拿马运河的最大型散货船,即主要满足船舶总长不超过 274.32 米,型宽不超过 32.30 米的运河通航有关规定。该型船载重量一般在 6 万～7.5 万吨。

卡姆萨尔型散货船(Kamsarmax bulk carrier)：因为这类船是按照能进入几内亚的卡姆萨尔港(Kamsar)的最大散货船设计,因此称之为卡姆萨尔型。该型船的主要技术参数为：载重吨 82 000 MT 以上,长 229 米,宽 32.36 米,型深 19.9 米,结构吃水 14.35 米,航速 14.5 节。

超巴拿马型散货船(Post Panamax bulk carrier)：载重吨约 93 000 吨,船宽 38 米,是按照巴拿马运河扩建工程设计的船型,但目前该类型船尚不能通过巴拿马运河。

好望角型散货船(Capesize bulk carrier)：指载重量在 15 万吨左右的散货船,该船型以运输铁矿石为主,由于尺度限制不可能通过巴拿马运河和苏伊士运河,需绕行好望角和合恩角,台湾省称之为"海岬"型。

20 万吨以上超大型散货船 VLOC(Very Large Ore Carrier)：仅用于煤炭和铁矿石的远距离运输,煤炭主要为北美、澳大利亚、远东航线运输服务。铁矿石主要为南美、澳大利亚、远东、地中海和欧洲地区运输服务,由于油轮双壳化的趋势,很多 VLCC(Very Large Crude Oil Carrier)改造成 VLOC,运输铁矿石。

3. 集装箱船

集装箱船是用于载运集装箱的专用货运船舶。集装箱船具有装卸效率高、航行速度快、经济效益好等优点,因而得以迅速发展。随着市场的发展,科技的进步,集装箱船的尺度和载箱量也不断变大,图 2-4 列举了从 1968 至 2015 年的年度最大集装箱船舶。从图中可以看到中国中海集团的"中海环球"号为 2014 年世界最大集装箱船舶。预计在 2018 年,载箱量超过 22 000 TEU 的超巨型集装箱船也将问世。

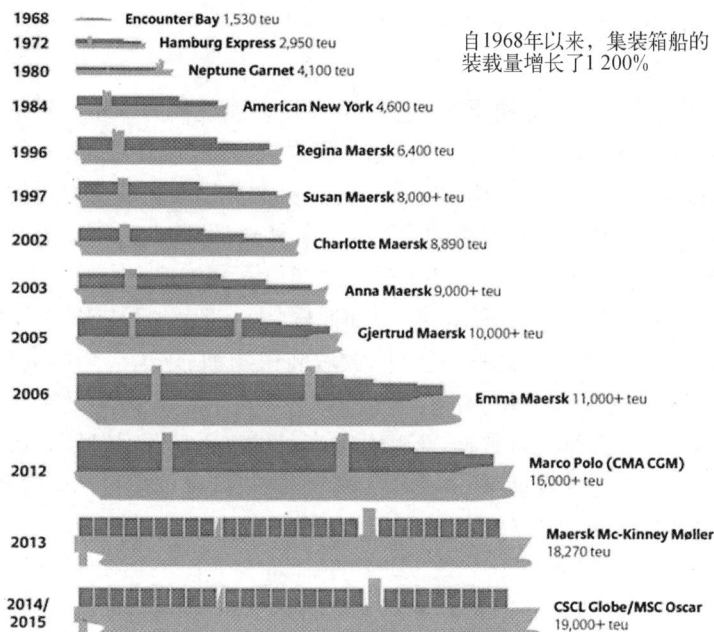

图 2-4 集装箱船 50 年来的发展变化

集装箱船在结构与船型上与杂货船明显不同,船型尖瘦,航速高,一般在 20～30 节;舱口尺寸大,舱口宽度约占船宽的 70%～80%,便于装卸;机舱及上层建筑位于船尾,以便有更多的甲板和货舱面积用于堆放集装箱,主甲板之下的船舱内一般可堆码 3～9 层集装箱,而主甲板之上则可堆码 3～9 层集装箱;船上一般不设装卸设备,而由码头上的专用机械设备操作,以提高装卸效率;集装箱的船舷是双层船壳,用以平衡大舱口对抗扭强度的不利影响,以及通过压载调整船舶的重心高度以确保船舶具有足够的稳性。

集装箱船可分为全集装箱船和半集装箱船两种,它的结构和形状与常规货船有明显不同。集装箱船装卸速度高,停港时间短,大多采用高航速,通常航速为 20～23 节。近年来由于运力投放量较大,船公司考虑到节能,一般采用经济航速 18 节左右。在沿海短途航行的集装箱船,航速仅 12～14 节。近年来,美国,英国,日本等国进出口的杂货约有 70%～90%使用集装箱运输。

4. 油轮

凡以散装方式运输原油或燃料的专用船舶统称为油轮。它是近年货船专业发展最快的船舶。油船上层建筑和机舱设在尾部,上甲板纵中部位布置纵通全船的输油管和步桥。石油分别装在各个密封的油舱内,油船在装卸石油时是用油泵和输油管输送的,因此它不需要起货吊杆和起货机,甲板上也不需要大的货舱开口。油轮都不直接靠港口,而是在港外利用管道等系统卸油,装卸速度快,一般 20 万吨原油可在 24 小时内装毕或卸毕。此外,还有少数散装植物油、化工液货等的船舶,这些船和油船一起统称为液体货船。

根据 2015 年 4 月数据,全球石油产量约 9 395 万桶/日,同比增长 2.1%。据克拉克森截至 2015 年 4 月 1 日统计,全球现役油轮船队(万吨以上)共 5 951 艘、5.121 亿 DWT(DWT 为船舶载重吨),同比增长 1.8%。其中,VLCC 为 1.952 亿 DWT,同比增长 1.9%;阿芙拉型油轮(包含 LR2 型成品油轮)和 1 万～6 万 DWT 型油轮同比分别增长 1.4%和 4.1%;苏伊士型和巴拿马型油轮(包含 LR1 型成品油轮)同比分别萎缩 0.3%和 1.7%。

世界最大的油轮是 1975 年由日本住友重工业为香港船主董浩云建造的 42 万吨的油轮"海上巨人"号,这艘船于 1979 年启用,1980 年它的中部被延长了 80 米,成为 56.4 万吨。1991 年它被改名为"Jahre Viking"号,至今它依然是世界上最大的油轮,长 458.45 米,宽 68.9 米,吃水 24.5 米。

图 2-5　世界最大油轮"Jahre Viking"号

5. 滚装船

滚装船是专门装运以车辆为货物单元的运输船舶。车辆从岸上通过滚装船的跳板开到船上,到港后再从船上经跳板开到岸上。

滚装船具有纵通全船的主甲板和多层车辆甲板,不设舱口和装卸设备,主甲板下通常是纵通的无横舱壁的甲板间舱,甲板间舱高度较大,适用于装车;各层甲板之间用斜坡道或升降平台连通,便于车辆在多层甲板间行驶;上层建筑位于船首或船尾,且首尾设有跳板,供车辆上下船用。

滚装船的最大优点是船和码头都不需要设置装卸设备,汽车可以自行上船或下船进行装卸,速度快、效率高。另外,滚装船对货种的适应性强,除可装运各种车辆外,还可装运集装箱、钢材、管材和重型机械设备等长大件货物,其载重量一般为 6 000~26 000 吨。

这种船适用于装卸繁忙的短程航线,也有向远洋运输发展的趋势。目前在中国航线上投放的大型汽车滚装船,每艘船舶可以装载 4 000～8 000 台轿车(如图 2 - 6,载运能力达 8 000 个车位的图兰号)。2014 年中国通过滚装船累计运输进口汽车 1 425 925 台,出口汽车 947 909 台。

图 2 - 6 "图兰"号靠泊上海外高桥滚装船码头

6. 冷藏船

冷藏船是专门运输鲜活易腐货物的船舶。例如装运新鲜的鸡、鸭、鱼、肉、蛋、水果、蔬菜和冷冻食品等。冷冻船一般在其货舱内装有调节空气温度与湿度的冷藏机器及设备,货舱舱壁及甲板、舱盖等均加装隔热材料以保持舱内温度。专用的冷藏船航速较高,船的吨位不大,通常在数百吨到数千吨。

7. 驳船

驳船是一种专供沿海、内河、港内驳载和转运物资的吨位不大的船舶,船上设备比较简单,本身不设起货设备,其载重量从几十吨到几百吨,大型的货驳也有万吨级的。

驳船一般为非机动型,本身没有推进装置(少数有推进器的驳船称为机械驳),移动或航行时需要用拖船拖带或推船顶推。

　　驳船用于驳运大型货船上装卸的货物,或者组成驳船船队运输货物。驳船船队可以航行于狭窄的水道和浅水航道,并可按运输货物的品类随机编组,适应内河各港口货物运输的需要。驳船的优点是:船的结构和设备简单、造价低、管理维修费用低、船的利用率高等,驳船在内河运输中占有重要地位。1993 年 4 月 16 日,四排五列,宽 50 米、长 240 米,相当于两个足球场——"长江 26004"轮顶推 20 艘 2 000 吨分节驳重载 4 万吨,上水驶过九江大桥(见图 2-7),浩浩荡荡开往武汉,创 4 413 KW(6 000 匹)推轮载量最好水平,同时把长江中下游轮驳拖带运输方式推向顶峰。但随着三峡大坝工程的竣工,万吨巨轮可以直抵重庆。长江航道条件变好,目前这种超大型驳船队已经彻底退出了历史舞台,取而代之的是中大型散货船队。

图 2-7　"长江 26004"轮顶推 20 艘 2 000 吨分节驳重载 4 万吨

8. 拖船和推船

　　拖船和推船是专门用于拖曳或顶推其他船舶、驳船队、木排或浮动建筑物的机动船。其本身不载旅客和货物,是一种多用途的工作船,被称为水上的"火车头"。

拖船多为单甲板船,且尺度较小,船型短而宽。船上除了有一般的航行设备外,在拖船的后部还装有专门的拖曳设备。衡量拖船能力大小是以主机的功率和拖力来表示,功率越大,拖船的拖曳能力越强。

推船也称推轮,一般呈方形,装有顶推架,用缆绳或机械钩合装置连接驳船,顶推设备和连接装置装于推船首部。为便于驾驶,推船驾驶台较高。目前,在上海洋山深水港区,还经常能看到推船作业的低速集装箱水水转运作业船只。

(二) 航道及港口

1. 航道

航道是以组织水路运输为目的所规定或设置的船舶航行通道。航道包括天然航道、人工运河、进出港航道以及保证航行安全的航行标志系统和现代通讯导航设备系统。海上航道的地理、水文情况都反映在海图上,海图是船舶航行依据。

内河航道大部分是利用天然水道加上引航的航标设施构成的。内河航道与海上航道相比,其通行条件是有很大差别的,反映出不同的通航水深(如各航区水深不同)、不同的通行时间(如有的区段不能夜行)和不同的通行方式(如单向或双向过船)等。

人工航道是指由人工开凿、主要用于船舶通航的河流,又称运河。著名的国际通航运河主要有苏伊士运河、巴拿马运河和基尔运河。

苏伊士运河具有 145 年历史,全长 163 公里,连接欧亚两大洲的南北双向航道,为世界上最繁忙的海上贸易交通要道。2015 年 8 月,耗资 80 亿美元的新苏伊士运河开通,船舶通过运河的时间将从现在的 22 小时缩短为 11 小时。

巴拿马运河连接太平洋和大西洋,是重要的航运要道,行驶于美国东西海岸之间的船只,原先不得不绕道南美洲的合恩角(Cape Horn),使用巴拿马运河后可缩短航程约 15 000 公里(8 000 海里)。而在 2016 年巴拿马运河拓宽项目完成后,可以供船舶长度 366 米、宽度 49 米、吃水 15.2 米的大型集装箱船舶(14 000 TEU)安全通过,这将对亚洲至美东航线产生根本性影响,通过巴拿马运河的亚洲至美东东向航线和绕经马六甲海峡、印度洋和大西洋的亚洲至美东西向航线可能合并成一条适应性绝佳的环赤道全球航线。

我国有世界上最古老、最长的人工运河——京杭大运河,全长1 794千米,流经北京、天津、河北、山东、江苏、浙江等省市,从内陆将海河、黄河、淮河、长江、钱塘江五大水系沟通,是我国南北水运的大动脉。

2. 港口

港口是水运生产的重要环节。船舶的装卸、补给、修理工作和船员的休整等都要在港口进行。港口既是水运货物的集散地,又是水陆运输的衔接点,它由水域和陆域两大部分组成。

水域是供船舶进、出港以及在港内运转、锚泊和装卸作业使用的,码头前沿水域必须有足够的深度和宽度,以使船舶能方便地靠离和进行装卸作业。泊位是供船舶停泊的位置,一个泊位可供一艘船舶停泊,不同船型的长度不一样,泊位的长度需依船型的大小而异,同时还要留出两船之间的距离。

陆域是供旅客上、下船以及货物的装卸、堆存和转运使用的,必须有适当的高程、岸线长度和纵深,以便在这里安置装卸设备、仓库和堆场、铁路、公路以及各种必要的生产、生活设施等。按用途,港口可分为供旅客上下和货物装卸转运的商港、专为渔船服务的渔港、固定为某一工业企业服务的工业港、专供军舰泊用的军港、供大风情况下船舶临时避风的避风港。按地理位置,港口可分为具有海洋性质、为海船服务的海港,位于沿河两岸、具有河流水文特性的河港(如武汉港),位于湖泊和水库岸边的湖港与水库港。海港又可细分为:海湾港(位于海湾内,常有岛屿等天然屏障作保护,不需要或只需要较少的人工防护即可防御风浪的侵袭,如旅顺港)、海峡港(处于大陆与岛屿或岛屿与岛屿之间的海峡地段上的港口,如湛江港)、河口港(位于入海河流河口地段的港口,如上海港)等。

另外,还有按潮汐的影响划分的开敞港、闭合港;按港口作用划分的国际港、地区港等不同类型。

第二节 公路货物运输

一、公路运输的特点

(一) 技术经济特征

1. 技术经营性能指标好

由于工业发达国家不断采用新技术和改进汽车结构,汽车技术经济水平有很大提高,主要表现在动力性能的提高和燃料消耗的降低。为降低运输费用,目前世界各国普遍采用燃料经济性较好的柴油机作动力,货运运行能耗为 3.4 升/100 吨千米,而汽油消耗则高达 6.5 升/100 吨千米。

2. 货损货差小

随着货物结构中高价值生活用品的比重增加,汽车运输能保证质量、及时送达的特性日益凸显。对于高价货物而言,汽车运价虽高,但在总成本中所占的比重小,并可以从减少货损货差、及时供应市场中得到补偿。

随着公路网的发展和建设,公路等级不断提高,混合行驶的车道越来越少,而且汽车的技术性能与安全装置也大为改善。

3. 送达快

由于公路运输灵活方便,可以实现"门到门"的直达运输,一般不需中途倒装,因而其送达快,有利于保持货物的质量和提高货物的时间价值,加速流动资金的周转。

4. 原始投资少,资金周转快

汽车购置费低,原始投资回收期短。美国有关资料表明:公路货运企业每收入 1 美元仅需投资 0.72 美元,而铁路则需 2.7 美元。公路运输的资本每年周转 3 次,铁路则需 3~4 年才周转一次。

5. 单位成本高,污染环境

公路运输,尤其是长途运输,单位运输成本要比铁路运输和水路运输高,相对而言对环境的污染更为严重。

（二）经营管理特征

1. 车路分离

世界各国公路的建设与养护,通常都由政府列入预算,汽车运输企业一般不直接负担其资本支出。

2. 高度灵活性

汽车行驶不受轨道限制,一般以车为基本输送单元,灵活性较高,具体表现在:空间上的灵活性;运营时间上的灵活性;载运量的灵活性;运行条件的灵活性;服务上的灵活性;运输组织方式的灵活性;企业规模的灵活性;汽车运输场站服务对象的灵活性。

3. "门到门"运输

汽车可进入市区、进入场库,既可承担全程运输任务,实现"门到门"运输,也可以辅助其他运输方式,实现"门到门"运输。

4. 经营简易

若私人经营汽车运输业,可采用小规模方式,甚至一人一车也可以经营,即使经营失利,也可以转往他处或将车辆出卖。

二、公路运输的设施设备

公路运输的基础设施设备主要包括汽车、公路和车站。

（一）汽车

公路运输是伴随着汽车的出现和发展而发展起来的。汽车按用途一般可分为轿车、客车、载货汽车、牵引车、专用运输车和特种车6类。

载货汽车俗称卡车,主要用于运输货物;牵引车专门用于牵引挂车或半挂车;专用运输车按运输货物的特殊要求设计,有专用车厢并装有相应附属设备的运输车,如自卸汽车、液罐汽车、冷藏汽车、散装水泥汽车、集装箱汽车等;特种车为主要用于完成其他任务的汽车,如救护车、消防车、垃圾车、洒水车及各种工程车等。

（二）公路

公路是指连接城市、乡村等,主要供汽车行驶的、具备一定技术条件和设施的道路。

在我国,根据公路的作用及使用性质,划分为:国家干线公路(国道)、省级干线公路(省道)、县级干线公路(县道)、乡级公路(乡道)及专用公路。

根据所适应的交通量水平则分为五个等级：高速、一级、二级、三级交通控制设备和四级公路。公路上设有交通标志、路面标线和路标、交通信号等交通控制设备。

(三) 汽车站

汽车站既是公路运输系统的基本设施,又是汽车运输企业组织公路客货运输的基层单位。根据经营的业务,汽车站可分为客运站、货运站和客货兼营站。货运站是专门办理货物运输业务的汽车站,一般设在公路货物集散点,主要工作是组织货源、受理托运、理货、编制货车运行作业计划,以及车辆的调度、检查、加油、维修等。

三、现代公路运输的发展方向

(一) 大力发展柴油车

柴油机比汽油机可靠性好、使用寿命长、经济性显著。发达国家的柴油车已占汽车总数的 60%。随着汽车载货吨位的加大,柴油发动机在经济性能、环保性能上的优势更加突出,我国也在大力发展大功率柴油机及柴油汽车。

(二) 公路物流运输车重型化

与中型车相比,大吨位重型车运输具有运输成本低、高速、安全的优势。燃油税的实施将促进重型载货车大型化、大吨位化。据测算,装载质量 16 吨以上的货车要比装载质量 4~5 吨货车的单位运输效率高 3~4 倍,油耗降低 25% 左右,运输成本降低 80% 以上。我国高速公路的飞速发展也为重型汽车的广泛应用创造了得天独厚的条件。

(三) 发展专用汽车运输

发展可以满足货物运输特殊要求的各类专用货车是货车运输的方向,也是提高运输效率、降低成本的重要途径。目前国内各种大型、大吨位的变形车、专用车已成为需求的热点。常见的专用车有厢式车、槽罐车、集装箱运输车(图 2-8)、自卸车、搅拌车以及按各行各业特殊需

图 2-8 集装箱卡车

要设计的自用汽车等。

(四）发展集装箱运输

集装箱运输可简化装卸作业、易于实现装卸机械化。近年来,我国公路集装箱运输以年平均10％以上的速度递增,为大型和大吨位集装箱运输车提供了市场。发展集装箱运输还应设立汽车集装箱运输中转站,并对集装箱运输的各个环节进行合理布局和系统配套。

(五）推广装卸作业机械化

提高汽车货运装卸作业机械化水平是汽车物流运输系统化的重要组成部分,包括：发展集装箱装卸机械；发展成组运输装卸机械化托盘和叉车；采用与装载机配套作业的自卸车、随车起重设备、可升降装卸平台、可翻转与可升降式的栏板以及可传送液状或粒状的气压或液压装置等。

(六）组织联合运输

建设货物中转站,组织联合运输。汽车货物中转站可以将货物的集散、运输、中转、储存、发送等功能结合起来,形成公路运输的货物流通集散中心,提高车辆的里程利用率。

（七）计算机信息技术的应用

计算机信息技术的广泛应用优化了公路运输的货源组织,实现计算机联网,并与之配合的无线电通讯技术,可大大提高管理效率。

（八）运输管理的系统化、合理化

从行业的角度,对企业的经营规模和经营内容进行调整,通过行业内和跨行业的强强联合,优化企业结构,推进集约化,实现规模经营,造就若干个有实力的大型运输企业,使公路运输有一个实力雄厚、高效、稳定的发展平台。

第三节　铁路货物运输

一、铁路运输的特点

（一）技术经济特征

1. 适应性强

铁路几乎可在任何需要的地方修建,可全年全天候不停地运营,受地理和气候条件的限制少,具有较好的连续性,且适合于长短途旅客和各类不同重量与体积货物的双向运输。

2. 运输能力强

铁路的运输能力一般指一年内某一线路所能通过的最大货运量(万吨/年)。大秦铁路上运行的万吨级重载单元列车,平均每 14 分钟开行一列。运输繁忙时,一天开行 90 多对,最多达 108 对列车。每天运送煤炭超过百万吨,高峰时每秒煤炭流量近 12 吨,年运量 3 亿吨。

3. 安全性好

随着先进技术的发展和应用,铁路运输的安全程度越来越高。特别是近 20 年,许多国家的铁路广泛采用电子计算机和自动控制等高新技术,有效地防止了列车冲突事故,降低了行车事故的损害程度。在各种运输方式中,铁路运输的单位客、货周转量发生的事故率最低。

4. 能耗小

铁路运输轮轨之间的摩擦阻力小于汽车车辆和地面之间的摩擦阻

力,铁路机车车辆单位功率所能牵引的质量约比汽车高 10 倍。因而,铁路单位运量能耗要比汽车运输少得多,约为公路的 1/10 左右、民航的 1/13 左右。

5. 环境污染小

考虑到社会经济与自然环境之间的平衡,对空气和地表的污染较为明显的是汽车运输,而喷气式飞机、超音速飞机的噪声污染严重。相比之下,铁路运输对环境和生态平衡的影响程度较小,特别是电气化铁路的影响更小。

6. 运输成本较低

一般来说,铁路的单位运输成本比公路运输和航空运输低得多,有的甚至比内河航运还低。而且运距愈长、运量愈大,其单位运输成本愈低。

7. 资本密集且固定资产庞大

铁路投资大都属于固定设备的沉没成本,其固定资产比例较其他运输方式高,投资风险也就比较高。而一般高风险的事业需有高回报率才能吸引业者投资。

8. 设备庞大不易维修,且战时容易遭致破坏

铁路运输必须依赖所有设施协同配合。由于整个运输体系十分庞大,不易达到完善的维修,且战时极易遭致破坏。

9. 有效使用土地

铁路运输以由客、货车组成的列车为基本运输单元,可占用少量的土地进行大量的运输。在相同运量下,高速铁路的用地只有 4 车道的高速公路用地的 1/6～1/4。

(二) 经营管理特征

1. 车路一体

一般来说,铁路的线路与车辆同属铁路运输企业。因此,铁路建设投资相当庞大,须自行购地、铺设铁路线路和站场,购置机车车辆与车站设备,远比其他运输方式复杂,而且铁路设施的保养与维护费用也相当巨大。

2. 以列车为基本输送单元

铁路运输组织的基本输送单元为由若干客车或货车连挂而成的车列及机车组成的旅客列车或货物列车。因此,可大大提高铁路的运输能力,可构成大运输量的运输通道。

3. 铁路具有优越的外部导引技术

铁路运输最初采用凸出的钢轨与轮缘,这种外部导引技术有两方面的优点:一是自然控制。铁路因钢轨而享有专用路权,钢轨的导引技术使列车可自然而然地进行控制。二是自动操作。对铁路来说,车轮之导向,只有一个变数(方向),而公路有两个变数(方向及转弯),航空有三个变数(方向、上下及转弯)。因此,导引技术促进了铁路运输自动化的发展。

4. 铁路运输设备不能移转

铁路运输设备不仅用途专一,而且不能移转。一旦停业,其所耗资金,均不能转让或回收,从而成为巨大的沉没成本。

5. 营运缺乏弹性

铁路运输很难随货源或客源所在地的变化而变更营运路线,在营运上缺乏弹性,容易产生空车回送现象,从而造成营运成本的增加。

二、铁路运输系统的设施设备

铁路运输系统的主要设备和基础设施包括铁路车站、线路、信号设备、机车车辆、计算机及信息系统设备。

(一) 铁路车站分类

车站是铁路运输的基本生产单位,集中了运输有关的各项技术设备,并参与整个运输过程的各个作业环节。

1. 按技术作业性质划分

车站按照技术作业性质,可分为中间站、区段站、编组站。

中间站是为提高铁路区段通过能力,保证行车安全而设的车站,其主要任务是办理列车会让和越行等行车业务。

区段站多设在中等城市或铁路网上牵引区段的分界处,其主要任务是办理货物列车的中转作业,进行机车的更换或机车乘务组的换班,以及解体、编组区段列车和摘挂列车。

编组站(图2-9)是铁路网上办理大量货物列车解体和编组作业，设有比较完善的调车设备的车站，有"列车工厂"之称。编组站的主要任务是解编各类货物列车，组织和取送本地区车流，供应列车动力，整备检修机车，货车的日常技术保养等。郑州北站是亚洲作业量最大的列车编组站，它连接华北、华东、华南、西北和西南铁路，是我国铁路交通的重要枢纽。

图2-9 我国第一个综合自动化编组站——郑州北站(亚洲最大)

2. 按业务性质划分

按业务性质可分为客运站、货运站、客货运站。

客运站是办理旅客售票、候车、乘降、行李包裹运输的场所。

货运站是铁路货物运输的起点、终点和中转场所，也是大量货物的集散地。货运站集中了大量的装卸和搬运机械、仓库和雨棚等物流设备。

客货运站是兼办客运和货运业务的车站。

3. 按等级划分

车站按照等级划分，可以分为特等站、一等站、二等站、三等站、四等站和五等站。

（二）线路与信号设备

1. 线路

线路是机车车辆和列车运行的基础。线路由路基、桥梁、隧道和轨道组成。

2. 铁路信号设备

信号设备是信号、连锁、闭塞等设备的总称，用于向行车人员传达有关机车车辆运行条件、行车设备状态以及行车有关指示和命令等信息。它的主要功能是保证列车运行安全与调车工作安全。信号技术发展和先进设备的广泛应用，提高了铁路运输能力，降低了运输成本并促进了铁路现代化。

（三）机车车辆

1. 机车

铁路车辆本身没有动力装置，必须编组成列车，由机车牵引才能运行。铁路机车种类很多，按照原动力，机车可分为蒸汽机车、内燃机车（图 2－10）和电力机车（图 2－11）三种。

图 2－10　内燃机车（台湾省阿里山小火车）

图 2-11 CRH 高铁列车

内燃机车是以内燃机为原动力的机车。与蒸汽机车相比,它的热效率高,一般可以达到 $20\%\sim30\%$,持续工作时间长。机车利用效率高,特别适用于在缺水或水质不良的地区运行。缺点是机车构造复杂,制造、维修和运营费用都较大,对环境有较大的污染。

电力机车是从铁路沿线的接触网获取电能产生牵引动力的机车,是非自带能源的机车。它的热效率比蒸汽机车高一倍以上,起动快、速度高、善于爬坡;运输能力大、运营费用低;电力机车不污染空气、运行噪声小,便于多机牵引,在运营上有良好的经济效果。但电气化铁路需要建设一套完整的供电系统,基建投资大。

目前我国大力推进高铁项目建设,2013 年 4 月,CRH380D 电力动车组在宁杭甬高铁的试验中,跑出最高时速 420 千米。目前新开行运营时速 300 千米的"G"字头高铁列车,宁波北上往杭州、上海方向的"D"字头动车也将全部改走杭甬高铁以提升车速。届时,"D"字头动车跑宁波东到杭州南全程将缩短到 1 个小时以内,而"G"字头列车则在40 分钟以内。宁波除了将开通至杭州、上海、南京的"G"字头列车外,很有可能还将开通到北京、天津、合肥、青岛的"G"字头列车,宁波到北京最快将达到 5 个半小时以内,到合肥 2 个半小时。

2. 车辆

铁路车辆可分为客车和货车。货车按照用途或车型分为通用货车和专用货车。

(1) 通用货车。

通用货车包括棚车、敞车和平车。1) 棚车车体由端壁、侧壁、棚顶、地板、门窗等部分组成,用于运送比较贵重和怕潮湿的货物;2) 敞车仅有端壁、侧壁和地板,主要装运不怕湿损的散装或包装货物,也可以加盖篷布装运怕潮湿的货物。其通用性、灵活性较好;3) 平车一般只有一层平底板,部分平车装有很低的侧壁和端壁,并且能够翻倒,适合于装载重量、体积或长度较大的货物。也有将车体做成下弯的凹底平车或一部分不装地板的落下孔车,供装运特殊长大重型货物,因而也称作长大货物车。

(2) 专用货车。

专用货车是专供装运某些指定种类货物的车辆,它包括:1) 冷藏车。车体与棚车相似,但其墙板由两层壁板构成,壁板间用绝缘材料填充,以减少外界气温的影响。冷藏车有冰盐冷藏车和机械冷藏车之分,目前我国以成列或成组使用的机械冷藏车为多。2) 罐车。车体为圆筒形,罐体上设有装卸口,并有空气包和安全阀等设备,主要用于运送原油、成品油或其他化工产品等液体货物。3) 家畜车。主要用于运送活家禽、家畜等的专用车。车内有给水、饲料的储存装置,还有押运人乘坐的设施。专用车还有煤车、矿石车、矿砂车等。

3. 车辆标记

为了表示车辆的类型及其特征,便于使用和运行管理,在每一辆铁路车辆车体外侧都应具备规定的标记。一般常见的标记有:路徽、车号、配属标记、标记载重、自重、容积、车辆全长及换长、特殊标记等。

第四节　航空货物运输

航空运输是指使用航空器运送人员、行李、货物和邮件的一种运输方式。航空运输是科技含量高而密集的运输产业,它的发展加快了世界经济全球化、一体化的进程,也使得国际物流活动越来越便捷。

一、航空运输的特点

由于航空运输具有快速、机动的特点,可为旅客节省大量时间,为货主加速资金周转。因此,在客运和进出口贸易中,尤其在贵重物品、精密仪器、鲜活物资等运输方面,起着越来越大的作用。

(一) 技术经济特征

1. 高科技性

航空运输系统的每个部门都涉及高科技领域,航空运输的主要工具——飞机,更是先进科学技术的结晶。航空运输的发展反映了一个国家科学技术和国民经济的总体水平。

2. 高速性

高速性是航空运输最显著的特征。现代喷气式飞机的速度一般在900千米/小时左右,比火车快5～10倍,比海轮快20～25倍。

3. 高机动灵活性

航空运输不受地形地貌、山川河流的限制,只要有机场并有航路设施保证,即可开辟航线。直升机的机动性更大。

4. 安全可靠性

随着科学技术的发展,空中飞机不如地面交通安全的错误认识正在被逐渐消除。空难事故大大下降,货物安全、旅客安全和舒适性都大大提高。

5. 建设周期短

一般来说,修建机场比修建铁路和公路的周期短、投资少,若经营好,投资回收也快。

6. 运输成本高

在各种交通运输方式中,航空的单位货物运输成本最高。

(二) 经营管理特征

1. 飞行距离远

现代飞机已实现了超音速,适于超长距离的快速运输。飞机的飞行距离(即"航程")是衡量飞机续航性能的重要指标。航程是指飞机起飞后在不进行空中加油的情况下,耗尽其本身携带的可用燃料时,所能飞行的最远距离。远程飞机的航程为 11 000 千米左右。

2. 航空公司与机场分离

航空公司购置飞机进行航空运输的运营。机场向航空公司收取起降费、停场费、服务保障费等费用并由地方政府管理。我国民用航空局履行交通运输部确定的监管职责。

3. 适用范围广

飞机,尤其是直升机,不但可为客、货运输提供服务,而且还可为邮政、农业、渔业、林业、救援、工程、警务、气象、旅游及军事等方面提供方便。

4. 国际性

航空运输具有跨国服务的特征,须考虑提供国际化服务与合作关系。国际民航组织制定了各种法规、条例、公约来统一和协调各国航空公司的飞行活动和运营活动。

二、航空运输的设施设备

(一) 飞机

飞机是航空运输系统的载运工具,它的特点是由推进装置提供推力(或拉力),主要由机翼产生升力,由操纵面控制飞行方向。由于它的用途很多,其分类方法也很多。

飞机的性能、构造和外形基本上是由用途来确定的,按用途可以将飞机分为军用机、民用机以及专门用于科研和试验的研究机。常见的民用机有:

1. 客机

客机主要用于运载旅客和邮件,联络国内各城市与地区或国际间的城市。客机可按大小和航程进一步分为洲际航线使用的远程(大型)客机(图 2-12)、国内干线使用的中程(中型)客机、地方航线(支线)使用的近程(轻型)客机。

2. 货机

货机(图 2-13)主要用于运送货物,一般载重量较大,有较大的舱门或机身可转折,便于装卸货物;货机修理维护简易,可在复杂的气候条件下飞行。

图 2-12　新加坡航空 A380 超级巨无霸飞机

图 2-13　中国国际货运航空 747 机队

3. 其他

常见的民用机还有用于训练民航飞行人员的教练机(民用);用于农业喷药、播种、森林巡逻、灭火的农业机、林业机、消防机;用于发展体育运动(如运动跳伞等)的体育运动机;用于地质勘探、航空摄影、空中游览、紧急救护、短途运输等的多用途轻型飞机。

（二）机场

机场是供飞机起飞、着陆、停驻、维护、补充给养及组织飞行保障活动所用的场所。机场是航空运输系统中机场、航空公司、用户三大部分的相互作用点。民航运输机场是空中运输和地面运输的转接点，一方面要面向空中，送走起飞的飞机、迎来着陆的飞机；另一方面要面向陆地，供客、货和邮件进出。

1. 机场的分类与等级划分

按服务对象划分，可分为军用机场、民用机场和军民合用机场。

按航线性质划分，可分为国际航线机场（国际机场）和国内航线机场。

按机场在民航运输网络系统中所起的作用划分，可分为枢纽机场、干线机场和支线机场。

按机场所在城市性质、地位划分，可分为Ⅰ类机场、Ⅱ类机场、Ⅲ类机场和Ⅳ类机场。

按旅客乘机目的划分，可分为始发/终程机场、经停（过境）机场和中转（转机）机场。

2. 机场的构成

机场主要由飞行区、航站区（图 2-14）及进出机场的地面交通系统三部分构成。

航站楼将机场分为空侧和陆侧。空侧是受机场当局控制的区域，包括飞行区、站坪及相邻地区和建筑物，进入该区域是受控制的。陆侧是为航空运输提供各种服务的区域，是公众能自由进出的场所和建筑物。

（1）飞行区。

飞行区是机场内用于飞机起飞、着陆和滑行的区域，通常还包括用于飞机起降的空域在内。飞行区主要包括跑道、滑行道和停机坪等。

（2）航站区。

航站区是飞行区与机场其他部分的交接部。航站区设备包括航站楼、助航设施、地面活动引导和管制系统、地面特种车辆和场务设备等。

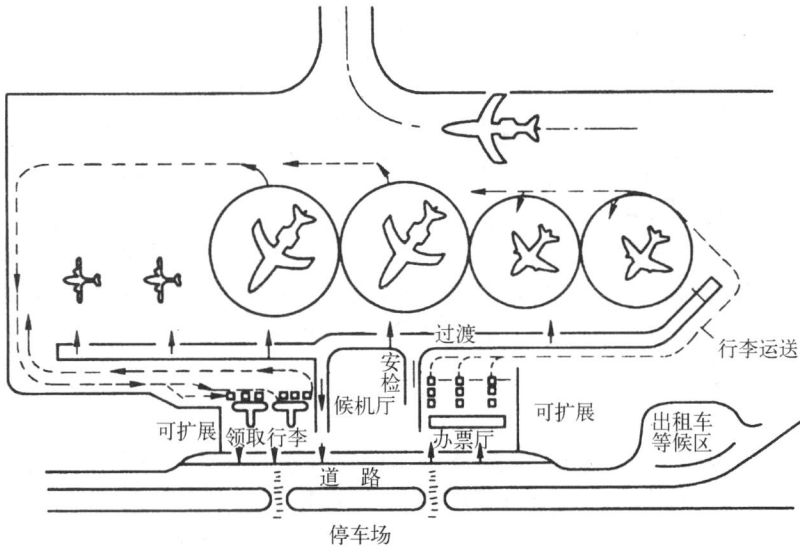

图 2 - 14 小型机场航站区平面布置图

航站区系统包括旅客航站系统、机坪门位系统、机场维护与管理系统等。

（3）地面交通系统。

进出机场的地面交通系统通常是公路，也包括铁路、地铁（或轻轨）和水运码头等。其功能是把机场和附近城市连接起来，将旅客和货邮及时运进或运出航站楼。

第五节 管 道 运 输

一、管道运输的特性

用车、船、飞机等运输货物是驱动装运货物的运输工具将货物运送至目的地，而用管道运输货物时，管道是静止的，它通过输送设备（如泵、压缩机等）驱动货物，使之通过管道流向目的地。因此，管道运输具有以下特征：

(一) 技术经济特征

1. 运量大

一条管径为 720 毫米的管道每年可以运送易凝高粘原油 2 000 多万吨,一条管径 1 200 毫米的原油管道年输油量可达一亿吨。

2. 占用土地少

管道埋于地下,除泵站、首末站占用一些土地外,占地很少。管道可从河流、湖泊、铁路、公路下部穿过,也可以翻越高山,横穿沙漠,一般不受地形与坡度的限制,易取捷径,因而既可缩短运输里程,也节省了大量土地。

3. 运营费用低

管道输送流体能源,主要依靠间隔为 60～70 千米设置的增压站提供压力能量,设备比较简单,易于就地自动化和进行集中遥控,运营费用较低。沿线不产生噪声,漏失污染少,有利于环境保护。

4. 运输费用低,安全可靠

管道输送每吨千米轻质原油的能耗只有铁路的 $1/17 \sim 1/12$,成品油运费仅为铁路的 $1/6 \sim 1/3$,接近于海运,且无须装卸、包装,无空车回程问题。易燃的油、气密闭于管道内,既可减少挥发损耗,又较其他运输方式安全,且系统机械故障率低。

(二) 经营管理特征

1. 生产与运输一体化

管道运输属专用运输,其生产与运销融为一体。如炼油厂的生产产品可经管道直接运送到消费者手中。

2. 上门服务

管道运输的导管可从工厂经干线、支线,直接运到用户,中间不需要任何间接的搬运,可做到上门服务。

3. 便于管理

管道运输是在液体类货物运输中最具高度专业化的运输类型,需要装设专门的管道及相关设施。管道运输便于管理,易于远程监控,维修量小,劳动生产率高。

4. 作业自动化

管道运输的要素是利用引力及机械力,因此其作业过程的操作均需实现自动化。

5. 运营灵活性较差

管道运输不如其他运输方式灵活,承运的货物比较单一,货源减少时不能改变路线,当输送量降低较多并超出合理运行范围时,优越性就难以发挥。

二、管道运输系统的分类

(一) 按输送物品分类

运输管道按所输送的物品不同而分为:原油管道、成品油管道、天然气管道和固体料浆管道(前两类常统称为油品管道或输油管道)。

1. 原油管道

我国于 1958 年在新疆建成从克拉玛依到独山子的第一条原油管道,全长 147 千米。原油运输管道自油田将原油输送给炼油厂,或输送给转运原油的港口或铁路车站,具有输送量大、运距长、收油点和交油点少的运输特点。世界上 85% 以上的原油采用管道输送。

原油一般采用分离管道输送方法,即同一管道固定运输一种原油。分离管道输送适用于运量大、运距长、流向固定的单种原油。

2. 成品油管道

成品油管道输送汽油、煤油、柴油、航空煤油和燃料油,以及从油气中分离出来的液化石油气等成品油(油品)。成品油管道负责将炼油厂生产的大宗成品油输送到各大城镇附近的成品油库,然后用油罐汽车转运给城镇的加油站或用户,具有批量多、交油点多的运输特点。因此,起点段管径大,输油量大,经多处交油分输以后,输油量减少,管径也随之变小,从而形成成品油管道多级变径的特点。

每种成品油在商业上有多种牌号,常采用"顺序管道输送",即在同一条管道中按一定顺序输送多种油品,相互之间采用一定的方式进行隔离,到终端后再采用一定方式进行分离。

3. 天然气管道

天然气管道是输送天然气和油田伴生气的管道,包括集气管道、输气干线和供配气管道。就长距离运输而言,输气管道指高压、大口径的输气干线,这种输气管道约占全世界管道总长的一半。

2004 年 10 月完工的西气东输工程一线西起新疆塔里木轮南油田,东至上海市青浦区白鹤镇,该工程管线全长约 4 000 千米。2008 年 2 月 22 日,西气东输工程二线开工建设,于 2011 年年底全线投产。管道主干线和 8 条支干线全长 8 700 多千米,与中亚天然气管道实现对接,总长度超过 1 万千米,成为世界上距离最长、等级最高的天然气输送管道。

"西气东输三线工程"于 2012 年 10 月 16 日开工,将中亚天然气和新疆煤制天然气输往沿线中西部、长三角和东南沿海地区,进一步构建完善中国西北能源战略通道和天然气骨干管网,建成后每年可向沿线市场输送 300 亿立方米天然气,可使天然气在中国一次能源中的消费比重提高 1‰,每年可替代煤炭 7 680 万吨,减少二氧化碳排放 1.3 亿吨、二氧化硫 144 万吨、粉尘 66 万吨,对改善大气环境,提高人民生活质量具有重要意义。

4. 固体料浆管道

固体料浆管道是从 20 世纪 50 年代中期发展起来的,到 70 年代初已建成能输送大量煤炭的料浆管道。其输送方法是将固体粉碎,掺水制成浆液,再用泵按液体管道输送工艺进行输送。固体料浆管道需要消耗大量的水资源,而且运输终端又要将水进行分离和净化,提高了管道运输的成本和技术难度。

(二) 按用途分类

1. 集输管道

集输管道(或集气管道)是指从油(气)田井口装置经集油(气)站到起点压力站的管道。主要用于收集从地层中开采出来的未经处理的原油(天然气)。

2. 输油(气)管道

以输气管道为例,它是指从气源的气体处理厂或起点压气站到各大城市的配气中心、大型用户或储气库的管道,以及气源之间相互连通的管道,输送经过处理符合管道输送质量标准的天然气,是整个输气系统的主体部分。

3. 配油(气)管道

对于油品管道来说,它是指在炼油厂、油库和用户之间的管道;对于输气管道来说,是指从城市调压计量站到用户支线的管道,压力低、分支多、管网稠密、管径小,除大量使用钢管外,低压配气管道也可用塑料管或其他材质的管道。

三、管道运输系统的设施设备

管道运输系统与其他运输系统最主要的区别在于:在管道运输系统中,运输工具固定,不需要凭借运输工具的移动来完成运输任务。管道运输系统的基本设施包括管道、储存库、压力站(泵站)和控制中心。

（一）管道

管道是管道运输系统中最主要的部分,它的制造材料可以是金属、混凝土或塑胶,完全依靠输送的货物种类及在输送过程中所要承受的压力大小而决定。

（二）储存库

管道两端须建造足够容纳其所承载货物的储存库。如果运输距离很长,有必要在整条线路上加设若干个储存库,以保证运输的弹性,加强对运量的控制和管理。

（三）压力站

货物在管道中必须靠压力来推动,压力站就是管道运输动力的来源。通常气体的输送动力来源靠压缩机来提供,这类压力站的设置距离一般为80～160千米。液体的输送动力来源则是靠泵提供,这类压力站的设置距离一般为30～160千米。

（四）控制系统中心

控制系统中心指对管道运输的过程进行控制和管理的机构和设备设施,任务就是控制运量、调整泵站压力、货物计量、运输过程的协调等。管道运输高度自动化,良好的控制中心配合现代的监测器及熟练的管理与维护人员,随时检测、监视管道运输设备的运转情况,防止意外事故发生所造成的漏损及危害。

第六节　运输方式的选择

综合运输系统是在运输过程中,按照各种运输方式的技术经济特点,形成分工协作、有机结合、布局合理、联结贯通的交通运输综合体。交通运输业是五种运输方式的简单总和,体现运输业的"全";综合运输体系体现的则是各种运输方式的"协"——运输过程的协作、运输发展的协调和运输管理的协同,它立足于各种运输方式的有机联系,选择适当的运输方式,协作配合,联结贯通。

(一) 各种运输方式的技术经济特性

各种运输方式都有各自的优势、适用范围和社会需求,不能片面强调某一种方式的重要性。在综合交通运输系统内部,应充分考虑运输结构的合理性,使各种交通运输方式都能协调均衡发展。

各种运输方式的优缺点比较如表 2-1 所示:

表 2-1　各种运输方式的优缺点比较

运输方式 ＼ 特点	优　点	缺　点
铁　路	运输量大,连续性强,速度较快,受天气影响小,运费较低	投资高,建设周期长,短途运输成本高
公　路	速度较快,比较灵活,受自然条件限制较小	投资较高,运输量小,运费高
水　路	运量大,运费低,投资低	速度较慢,连续性差,受自然条件限制大
航　空	速度快,机动灵活	运输量小,运费高,受天气影响较大
管　道	运输量大,运费低,连续性强	投资较高,运货种类少

1. 公路运输方式

公路运输是一种末端运输的方式，可以提供水路、铁路、航空运输所无法做到的"门到门"服务，因而在综合运输体系中，公路运输主要充当为水路、铁路和航空运输进行货物集疏运的角色。高速公路的迅速发展，充分发挥了公路运输便捷、灵活、覆盖面大的优势，从而使其在综合运输体系中发挥越来越重要的作用。公路运输适合小批量、多批次、中短距离、灵活性及机动性较高的客货运。

公路运输是运输市场的重要组成部分，自改革开放以来，公路运输方式在综合运输体系中的发展速度尤为明显，基本上由传统的"卖方市场"转变为现在的"买方市场"。公路运输和其他运输方式相比，其优势主要体现在以下几方面：第一，公路运输具有机动、灵活、可以实现门到门运输的特点。公路运输不但可以进行直达运输，而且在运输时间上具有非常强的机动性和灵活性，也能为铁路运输、航空运输和水路运输集散货物，对货运量和客运量的大小都有很强的适应性。第二，建设投资少，资金周转较快，回收期较短。据有关资料显示，美国公路运输企业每收入 1 美元，只需要投资 0.72 美元，而铁路运输则需要投资 2.7 美元。公路运输投入的资金每年可以运转 3 次，而铁路运输 3 到 4 年才可以运转 1 次。第三，送达的速度快。由于公路运输具有机动、灵活、门到门运输的特点，在运输过程中可以不必转载，所以在中短途运输中具有较快的送达速度。第四，公路运输的运输工具和一些相关基础设施的技术改造相对容易。

公路运输与铁路和水路运输相比，其缺点主要是能耗和单位运输成本较高，一般不适用于大宗、长距离货物的运输。公路运输的安全性和舒适性较差，对环境的污染较大。

2. 铁路运输方式

我国的国情和铁路运输的特性决定了铁路运输在国民经济中的支柱作用和在综合运输体系中的骨干地位。铁路在综合运输网络中的骨干作用，不仅反映在其本身，也反映在对其他运输方式的影响。铁路运输紧张，将造成其他运输也相对紧张，如铁路不能及时疏港，将造成港口积压，公路疏港任务加重；铁路客运紧张，航空客运也随之紧张。我国交通运输紧张与否,首先所指的就是铁路,只有铁路运输紧张状况缓解了,全国交通运输的紧张局面才有可能真正缓解。铁路运输适合大批量、长距离、较低运价、低风险的客货运。

铁路运输方式的技术经济优势主要体现在以下几方面:第一,运输量大。铁路运输的运量远远大于公路和航空运输,它是大宗、通运的运输方式,既可以运货也可以运客。目前,铁路运输是我国交通运输的主干。第二,速度快。我国一般铁路列车的速度可达每小时80~120千米,我国高铁客运时速可达每小时210~300千米。第三,可靠性强。由于铁路运输受气候等自然条件的限制较小,对环境的适应性强,所以具有较强的可靠性。第四,对环境的污染小。由于我国铁路大都是以电力作为动力源,排放的有害气体较少,因此对环境的污染也少。与公路和航空运输方式相比,铁路运输对环境和生态平衡的影响较小。第五,运输成本较低。由于铁路运输成本没有原料支出,固定资产折旧费所占的比例较大,而且铁路运输一般都是长距离、大运量运输,因此铁路运输比公路运输和航空运输的单位运输成本低,在有些情况下甚至比水运的单位运输成本还低。

铁路运输的缺点是基础设施建设投资比较大,金属的消耗量比较大。铁路运输的速度比较慢,从而导致货物的在途时间较长,受自然条件的影响较大,因此在运输布局中受到一定的限制。

3. 水路运输方式

水路运输的运量大、能耗低,是大宗货物运输的主力。远洋运输主要承担我国国际贸易货物运输的繁重任务,沿海和内河航运也是我国综合运输体系的重要组成部分。水路运输适合远洋或超长距离运输、定期货物运输、内河及沿海各种距离的定期客货运输。

与其他运输方式相比,水路运输具有以下技术经济特性:第一,运量大。据有关数据显示,在远洋运输中,目前世界上最大的超巨型油船的载重量可达55万吨,集装箱船的载箱量可达近20 000 TEU,巨型客船可达8万多吨。在内河运输中,我国的大型顶推船队的运载能力已达3万吨。第二,运营成本低。由于运输船舶的运输量大,运输的里程较远,运输费用较低,所以与其他运输方式相比,水路运输的单位运输成本较低。第三,投资少。由于水路运输大多利用天然航道,所以投资较低。在远洋运输中,对运输航道的开发几乎不需要支付费用,因为利用的基本都是天然航道,而在内河运输中,对航道的开发支出也远远小于修建铁路或公路的费用支出。

4. 航空运输方式

航空运输的高速和安全性及较高的运输成本,使其特别适合于鲜活易腐货物等季节性强的商品运输以及众多贵重物品和高附加值商品的运输。随着我国经济的飞速发展和经济全球化进程的加快,航空运输对经济的影响不断扩大。在经济发达地区,以大型枢纽机场为核心,以航空产业为主体,相关产业在周边地区聚集辐射,形成空间上圈层结构的临空经济区。航空运输必将与其他快速运输系统共同构成综合运输体系中的快速运输网络。航空运输适合小批量、超长距离、时效性强、高运价的客货运输。

航空运输是近几十年来发展速度最快的运输方式,与其他运输方式相比,航空运输具有的经济技术优势主要体现在以下几方面:第一,速度最快的运输方式(针对静态技术经济特征而言)。目前,有些喷气式飞机的速度可达每小时 900 千米左右,是火车的 5～10 倍,海轮的 20～25 倍。第二,机动性强、通达性好。由于航空运输不受地形的限制,可以到达其他运输方式难以到达的地方,只要有相关的基础设施作为保证,就可以开辟航线,因此具有较强的机动性和灵活性。第三,安全性和舒适性较好。第四,建设周期短,投资较低,投资回收快。

在不考虑具体运输环境和运输条件的情况下,航空是速度最快的运输方式,能够适应一些对运输时间有较高要求的运输对象。因为飞机的造价非常高,运输成本高,能耗量很大,相对运输能力小,对技术的要求较为严格,且在运输过程中受自然条件的限制比较大,所以航空运输在货物运输方面一般适合运送轻、小、贵重的物品,如药品、报刊、邮件及一些鲜活货物等。

5. 管道运输方式

管道运输近年来在我国发展的速度是比较快的,它主要适合运送一些气体或是流体状的物品,是一种专用的运输方式,所以其局限性体现在只能运送一些特定的货物,不能运送旅客或其他货物,而且管道运输基础设施建设投资较高，对金属的消耗量也大。

对管道运输，我国采取谨慎、有效的原则，充分发挥管道运输在综合运输体系中应有的作用。对于供应和流向稳定、需求充分的原油、成品油和天然气等货物积极采用管道运输方式，而对煤炭等货物的浆体管道运输则进行积极谨慎的探索。管道运输适合固定货种、固定路线，持续性好的货物运输。与其他运输方式相比，管道运输的优势体现在以下几方面：第一，连续性强，通达性好。第二，所占的土地资源较少。由于管道埋于地下，所以对土地的占用较少。第三，运输量大。第四，能耗低，运输成本低。第五，对环境的污染较小。由于管道埋于地下，如不发生管道泄漏，几乎不会对环境造成污染。

（二）运输方式的选择标准

成本、速度和可靠性，是影响运输方式选择的基本标准。从物流系统的观点看，下列三个因素对运输十分重要。

1. 运输成本

运输成本是指为两个地理位置间的运输所支付的款项以及与行政管理和维持运输中的存货有关的费用。物流系统的设计应该利用系统总成本最低的运输，这意味着最低费用的运输并不总是导致最低的运输总成本。

2. 运输速度

运输速度是指完成特定运输所需的时间。运输速度和成本的关系主要表现在以下两方面：能够提供更快速服务的运输商往往要收取更高的运费；而运输服务越快，运输中的存货越少，无法利用的货物运输时间就越短。因此在选择最期望的运输方式时，如何平衡运输服务的速度与成本至关重要。

3. 运输的可靠性

运输的可靠性是指在若干次运输活动中履行某一特定的运输所需的时间与原定时间或与前几次运输所需时间的一致性。这种一致性影响着买卖双方承担的存货义务和有关风险。例如，当运输缺乏可靠性时，就需要安全库存及提高库存成本，以防缺货发生。因此多年来，运输的可靠性被看作是高质量运输的最重要特征。

此外,各种运输方式的可得性也是一个重要的影响因素。

(三) 运输方式选择的案例

1. A 公司有 40 吨精密仪器需要运输,运输路线为上海至重庆。现有四种运输方式可以选择。公路运输:700 元/吨,运输时间 22 小时;航空运输:4 000 元/吨,运输时间 2 小时;铁路运输:246 元/吨,运输时间 40 小时;水路集装箱运输:3 000 元/箱 20 尺箱(最多可装 20 吨货物),运输时间 8 天。以上四种运输方式的报价,除了公路运输为门到门价格,其他均只包括两端的运输费用。航空、铁路、水路都需要通过公路运输来进行衔接。请同学们思考 A 公司应该选用哪种运输方式?

案例分析思路与要点:从运费上看,水路集装箱运输的价格优势明显,但是时间较长,且内河航运的始发和终到的作业费用占内河总货运成本的 40%~45%,实际支出可能要达到 6 000 元。在实际决策中,必须考虑交货期。水路运输的时间远远大于公路,要从实际的交货情况来选择。所以针对这一案例,门到门直达的公路运输是非常值得推荐的。虽然运费较高,但是时效性强,中间环节最少,如果该公司对运输时间要求比较高的话,建议选择公路运输。

2. B 公司有 15 吨电子设备需要运输,运输路线为上海至鹿特丹。现有两种运输方式可以选择:航空运输,16.2 元/千克,运输时间 24 小时;海上运输,225 美元/TEU,运输时间 30 天。请同学们思考 B 公司应该选用哪种运输方式?

案例分析思路与要点:从运费上看,自 2015 年以来,国际航运运价非常低,水路集装箱运输的价格优势明显,海运运费换算成人民币仅需要 1 450 元左右,加上两端的始发和终到的费用、舱单费、码头卸货费、文件费等总运费不超过 10 000 元。而航空运输的运费就非常昂贵了,当然如该类电子产品价值非常高,客户对于产品交付期的要求比较高,选择航空运输也是合理的。

3. 小章要去出差,路线为上海到北京。现有三种交通方式可以选择:公路长途客运,票价 354 元,时间 12 小时;铁路,高铁票价 553 元,时间 5 小时,普快硬座 156 元,时间 22 小时;航空,机票 600 元,时间 2

小时。请同学们思考小章应该选用哪种交通方式?

案例分析思路与要点:从运费来看,普快最便宜,但是耗时最长,航空速度最快,但是考虑到机场到城市的两端接驳时间,综合耗时可能和高铁差不多。每一种运输方式都有他的优势,需要根据具体的情况来考虑。

(四)各种运输方式的结构发展

随着我国经济的不断发展,经济结构的不断改善,各种运输方式在综合运输系统中所占比重不断变化。1985—2014 年各种运输方式的货运周转量占五种运输方式总货运周转量的比重如表 2-2 所示。

表 2-2 各种运输方式的货运周转量占总量的比重

	1985 年	1995 年	2005 年	2014 年
总量(亿吨千米)	18 365	35 909	80 258	184 619
铁路(亿吨千米)	10 622.4	13 049.5	20 726.0	27 530.0
所占比重(%)	44.2	36.3	25.8	14.9
公路(亿吨千米)	1 903.2	4 694.9	8 693.2	61 139.1
所占比重(%)	10.4	13.1	10.1	33.1
水路(亿吨千米)	7 729.3	17 552.2	49 672.3	91 881.1
所占比重(%)	42.1	48.9	61.9	49.7
航空(亿吨千米)	4.15	22.3	78.28	186.1
所占比重(%)	—	—	0.098	0.1
管道(亿吨千米)	603	590	1 088	3 882.7
所占比重(%)	3.3	1.6	1.4	2.1

从表 2-2 可以看出,铁路运输的货运周转量虽保持较高的增长,但其所占比例逐年下降。近 10 年以来,我国公路运输的货运周转量增速迅猛,2014 年是 2005 年的 7 倍,所占比例逐年上升,这与我国近年来加大对公路网络的布局建设和发展国内物流有关。同时,水路运输也保持了较高的增长,虽然近年来增幅有所减缓,但货运周转量仍稳居我国各种运输方式之首。航空运输所占比例虽也呈上升趋势,但绝对数值仍然最小,2014 年是 1985 年的 44.8 倍,说明我国航空运输的发

展速度、空间和潜力巨大。管道运输的货运周转量从 1985 年的 603 亿吨千米上升至 2014 年的 3 882.7 亿吨千米,翻了 6.43 倍,这得益于近年来国内天然气、石油管道的大量建设。

"各种运输方式货运周转量的变化趋势图"和"各种运输方式货运周转量的比重变化趋势图"见图 2 - 15 和图 2 - 16。

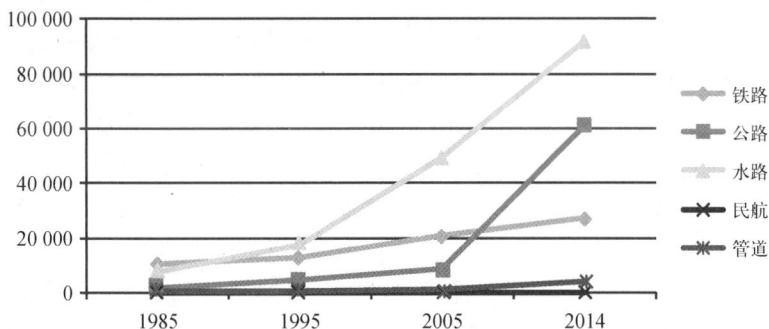

图 2 - 15 各种运输方式的货运周转量变化趋势图

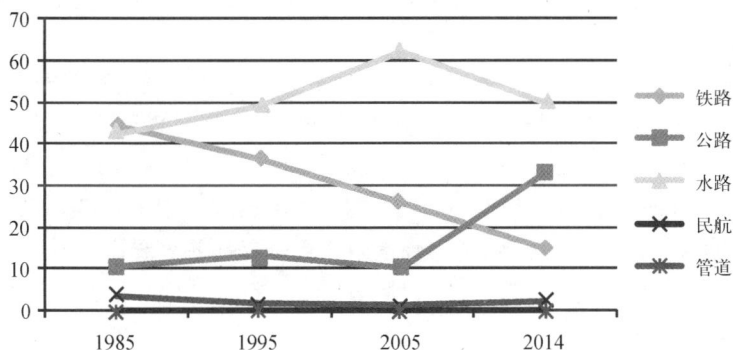

图 2 - 16 各种运输方式的货运周转量比重变化趋势图

本章小结

水路运输的技术经济特征是运输能力强;能源消耗低;单位运输成本低;续航能力强;受气候和商港限制,且可及性低;劳动生产率高;航速低。水路运输按经营的业务性质可分为定期船业务、不定期船业务及专用船业务三种。

公路运输的技术经济特征是技术经营性能指标好;货损货差小,安全性、舒适性不断提高;送达快;原始投资少,资金周转快,回收期短;单位运输成本较高,且污染环境。公路运输的基础设施主要包括汽车、公路和车站。

铁路运输的技术经济特征是适应性强;运输能力强;铁路是大宗、通用的运输方式,能够负担大量的运输任务;安全性好;列车运行速度较高;能耗小;环境污染小;运输成本较低;资本密集;设备庞大不易维修,且战时容易遭致破坏;有效使用土地。铁路运输系统的主要设备和基础设施包括铁路车站、线路、信号设备、机车车辆、计算机及信息系统设备。

航空运输的技术经济特征是高科技性;高速性;高度的机动灵活性;安全可靠性和舒适性;建设周期短、投资少、回收快;运输成本高。航空运输的生产组织、经营管理特征是飞行距离远;航空公司与机场分离;适用范围广泛;具有环球性及国际性。航空运输的主要技术设备有飞机和机场。

运输管道常按所输送的物品不同而分为原油管道、成品油管道、天然气管道和固体料浆管道(前两类常统称为油品管道或输油管道)。管道运输系统的基本设施包括管道、储存库、压力站(泵站)和控制中心。

成本、速度和可靠性,是影响运输方式选择的基本标准。

本章思考题

1. 简述水路运输的优势。
2. 简述集装箱船的特点。
3. 简述航空运输的特点。
4. 简述我国公路运输的发展趋势。
5. 简述综合运输系统的构成要素。

案 例 分 析

上海国际航运中心

近日,国家发改委等多部门联合发布"一路一带"路线图,此次央视新闻联播从 2015 年 4 月 13 日晚起推出系列报道《一带一路共建繁荣》,全面介绍走进一带一路沿线国家及建设的新动向,介绍中国与沿线国家在政策、设施、贸易、资金等各方面寻求和实现互联互通所做的种种努力。在央视发布的"一带一路"版图当中,首次加入了"21 世纪海上丝绸之路"的南线——从南海到南太平洋的路线。

"一带一路"发展将掀起区域贸易和投资新高潮:"一带一路"贯通中亚、南亚、东南亚、西亚等区域,连接亚太和欧洲两大经济圈,是世界上跨度最大、最具发展潜力的经济合作带。2013 年,对沿线国家直接投资占我国对外直接投资总额的 16%,在沿线国家承包工程营业额占我国对外承包工程总额的一半。

过去 10 年,我国与沿线国家贸易额年均增长 19%,对沿线国家直接投资年均增长 46%,均明显高于同期我国对外贸易、对外直接投资总体年均增速。初步估算,"一带一路"沿线涉及 26 个国家和地区,总人口约 44 亿,经济总量约 21 万亿美元,分别约占全球的 63% 和 29%。据亚洲开发银行测算,2020 年以前亚洲地区每年基础设施投资需求高达 7 300 亿美元,预计整个基建投资超 8 万亿美元。未来 5 年,中国将进口 10 万亿美元的商品,出境游客数量约 5 亿人次,周边国家以及丝绸之路沿线国家将率先受益,在构建全方位、多层级、复合型的互联互通网络中,将掀起一轮区域贸易和投资的高潮。

基础设施先行,交通重中之重:根据路线图,基础设施互联互通是"一带一路"沿线建设的优先领域,其中包括交通、能源、通信三大基础设施。交通的互联互通是基础中的基础,路线图明确提到抓住交通基础设施的关键通道、关键节点和重点工程,优先打通缺失路段,畅通瓶颈路段,配套完善道路安全防护设施和交通管理设施设备,提升道路通达水平。推动口岸基础设施建设,畅通陆水联运通道。拓展建立民航全面合作的平台和机制,加快提升航空基础设施水平。2015年4月以来,各部委陆续落实相关工作,积极推动"一带一路"。目前,多个省份均在组织编制推进"一带一路"建设实施方案。据不完全统计显示,各地方公布的"一带一路"沿线拟建、在建基础设施规模已达到1.04万亿。

紧跟路线图,把握核心建设区,交运核心受益:丝绸之路经济带重点畅通中国经中亚、俄罗斯至欧洲(波罗的海);中国经中亚、西亚至波斯湾、地中海;中国至东南亚、南亚、印度洋;共同打造新亚欧大陆桥、中蒙俄、中国—中亚—西亚、中国—中南半岛等国际经济合作走廊;因此"一带"是陆路的全面互联互通,尤其是铁路(含高铁)和高速公路,而21世纪海上丝绸之路以重点港口为节点,从中国沿海港口过南海到印度洋,延伸至欧洲;从中国沿海港口过南海到南太平洋,重点强调的是海运的联通,而在互联互通过程中的商贸旅游等交往中,航空同样受益。根据规划,我国共有18个省份入围"一带一路"重点规划,其中新疆、福建将成为核心建设区,因此区域内的交运标的值得加倍重视。

案例思考题:

1. 目前,"一带一路"运输环节主要采用何种运输方式?

2. 结合本章所学知识,请谈谈海运在"一带一路"项目中发挥的重要作用。

案例分析思路与要点:

1. "一带"是丝绸之路经济带,"一路"是海上丝绸之路,根据运输路线与运输方式的特点来综合思考分析运输方式与"一带一路"的匹配问题。

2. 针对海运的运输适用性、时效性、运输规模来综合分析。

第三章

运输组织管理

学习目标

◇ 掌握整车、零担、集装箱运输的适用范围与组织形式

◇ 掌握国际集装箱多式联运的定义、国际多式联运经营人的含义，能够区分国际集装箱多式联运的不同组织形式与组织体制

◇ 了解特殊货物运输组织的特殊要求

◇ 理解快递的组织形式

引导案例

2015 年 10 月，欧洲知名零售商 M 公司下属的香港采购公司 MP 向上海 J 公司采购 64 托盘瓷器碗碟，共计 25 吨，48.81 立方米。采购合同中的运输条款为 FOB。MP 公司作为多式联运经营人分别委托上海一家无船承运人 S 国际货运代理公司进行海运段运输，欧洲陆运段承运人则为欧洲的 G 货运公司。无船承运人 S 向船公司 E 订舱后，由发货人 J 公司自行提取集装箱、装集装箱并运送至指定码头。各当事方的关系图如图 3-1 所示。

2015 年 11 月，M 在布加勒斯特收货时发现其中一个集装箱内托盘倒垛、纸箱破损、大量瓷盘碎裂，遂向 MP 索赔。MP 赔付后，通过 S 了解到该集装箱曾在上海港被海关开箱查验过。

（案例来源：自编）

请思考 MP 如何再索赔？哪方应承担最终的赔偿责任？

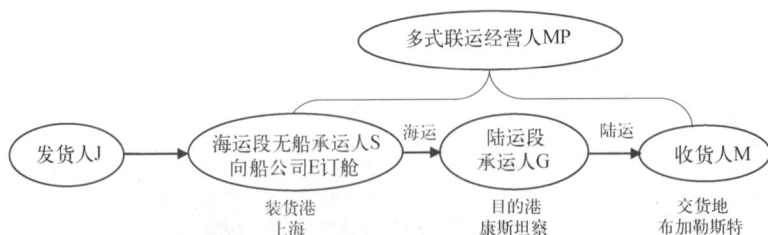

图 3-1　引导案例各当事方的关系图

案例分析要点:

若 MP 公司购买过货运保险,则可向其保险公司索赔。当保险公司赔付并获得代位求偿权后,可向发货人 J、无船承运人 S 和欧洲货运公司 G 追偿。若 S 和 G 能够证明在运输过程中集装箱封志完好,未经拆箱,则可免责。由于该批货物是由发货人 J 自行装箱,故应由 J 承担最终赔偿责任。而且,因为该集装箱曾在上海港被海关开箱查验过,封志已变更,箱内货损有可能是在查验后,货垛装回集装箱时堆载不妥所致,所以根据 FOB 条款,J 应承担最终赔偿责任。

广义的运输组织管理是指根据市场的需求,设计和开发各种形式的运输产品,市场营销,组织货源,实施和控制运输过程和运输环节,降低运输成本,保证运输质量,做好运输产品的运后服务的全部活动。本章仅讨论整车与零担运输、集装箱运输、特殊条件下的货物运输和快递组织管理。

随着经济的不断发展和人们生活水平的不断提高,对运输组织管理的要求越来越高。基于运输的基本功能和社会的基本要求,运输组织管理需要遵守如下原则:

第一,满足运输市场需求的原则。运输产品的开发、创新和终结应以市场需求为主要依据。市场的个性化需求,造就了现代运输产品的多样性。随着"互联网+"的兴起,新的运输产品也将会应运而生。第二,负责运输的原则。运输企业的服务特性,货物的所有权和基本属性不会发生任何变化。运输企业从货物接收到货物承运,最终到货物交付,必须对货物的完好、运输时效和其他承诺义务承担责任。第三,合理运输的原则。不合理运输不仅造成运输成本的大幅度上升，而且降低了运输质量和安全，因此运输企业必须将合理运输作为其核心价值。第四，均衡运输的原则。运输的不均衡是由产业分布和生产能力的不均衡造成的。随着产业转移、贸易结构变化、人口迁移，运输的均衡性也会随之变化，因此绝对的运输均衡是不存在的，而运输的不均衡不仅会造成运力的浪费，也会造成货物积压或运输阻塞。运输组织管理的任务就是在绝对的不均衡中，通过有效的、科学的组织管理求得相对的动态均衡。均衡运输的不确定性和变化性对运输企业的计划能力和长远发展战略也形成了极大挑战。第五，转运平衡的原则。货物在运输过程中的每一次转运不仅降低了货物的运送速度，而且增加了货物破损的可能性，因此在理论上，直达运输是提高运输效率和运输安全的有效途径。但是随着"互联网＋"的快速发展，越来越多的货物，尤其是小件 B2C（企业对消费者）的货物难以实现直达运输。如何平衡经济性和时效性已成为转运的核心课题。

第一节　整车与零担运输组织管理

一、整车运输组织管理

一批货物的数量、体积、重量、形状或性质，需要单个运载工具来完成运输过程的运输形式，在铁路和公路运输业务中称为整车运输。在水路运输业务中表现为租船运输，在航空运输业务中表现为包机运输。本节仅讨论铁路和公路的整车运输。

（一）铁路整车运输组织管理

1. 铁路整车运输的界定

一批货物的数量、体积、重量、形状或性质，需要一辆铁路车辆装运时应按整车办理。"一批"是指铁路运输和计算运费的一个基本单位。按一批办理的货物通常应为同一发货人、同一发站、同一装车地点、同一收货人、同一到站、同一卸车地点。一批整车货物通常使用一张运单、一张货票、一辆货车。

2. 铁路整车运输的组织形式

铁路运输是以列车为单元来实现货物位移的。即使是整车运输的车辆,多数不可能从装车站直接运行到终到站,而是经过编组成不同的列车,并经过技术站的若干次改编,才能输送到站。因此,需要组织好各种类型列车的运输。铁路整车运输主要有整车分卸、途中装卸和站界内搬运等组织形式。

(1)整车分卸。

托运人托运同一到站的货物数量不足一车而又不能按零担办理时,要求将同一线路上两个或最多不超过 3 个到站的货物合装一车时,可按整车分卸办理。

(2)途中装卸。

货车装车或卸车地点不在铁路公共装卸场所,而在相邻的两个车站站界间的铁路沿线时,可按途中装卸办理。

(3)站界内搬运。

装车和卸车地点不跨及两个车站或不越过装车地点车站的站界,可按站界内搬运办理。

(二) 公路整车运输组织管理

1. 公路整车运输的界定

托运人一次托运货物在 3 吨以上,或不足 3 吨,但其性质、体积、形状需要一辆 3 吨以上的汽车运输时应按整车办理。整车运输通常是一车一张货票、同一发货人、同一收货人。公路整车运输中间环节很少,送达时间短,相应的货物集散成本较低,加上其高度的灵活性和可得性,公路整车运输往往成为中短途货物运输的首选形式。

2. 公路整车运输的组织形式

汽车运输的效率总体上受"人、车、路"三方面因素的限制。人的因素指驾驶人员的技术水准、最大允许连续作业时间等;车的因素指运载工具的性能和载重力等;路的因素指道路、桥梁的承载能力以及路面拥堵或事故等条件。由于路况相对固定或有周期性,难以受人为因素影响,所以人和车的因素成为公路运输组织管理重点。目前,在公路运输中广泛采用双班运输、整车拼装、整车货物多点装卸、拖挂运输和甩挂运输等整车运输的组织形式。

（1）双班运输。

双班运输,是指在一天 24 小时内,同一台车辆进行 8 小时以上的行驶,为避免驾驶员疲劳驾驶,安排 2 至 3 名驾驶员轮流驾驶的运输形式。这样既可以提高运输效率,又能保证行车安全。目前城市间的中长距离公路运输多采用双班运输形式。

（2）整车拼装。

为合理利用车辆的载重能力,当托运人托运的整车货物重量低于所装车辆的标记载重量时,可以与其他托运人托运的货物拼装一车,但货物总重量不得超过货车的标记载重量。

（3）整车货物多点装卸。

整车货物多点装卸,按全程合计最大载重量计算,最大载重量不足车辆标记载重量时按车辆标记载重量计算。

（4）拖挂运输。

拖挂运输也称"汽车列车",它是以汽车拖挂一台无动力挂车(图3-2)的形式进行运输的方式。拖挂运输可以在不提高轴负荷的情况

图 3-2　拖挂运输①

---

①　图片来源于：www.cvchome.com。

下增加车辆的载重量。在相同载重量的前提下拖挂运输减少了一个车头和驾驶员,所以更为经济。

但是,在拖挂运输中,汽车的牵引性能比单车运输时要差,导致汽车平均速度下降,使其制动性能降低。同时,拖挂运输增加了驾驶员在操作上的困难。因此,所有拖挂车辆必须经过交通监察部门的审核,并悬挂"挂"字车牌,驾驶员也必须获取相应的驾驶执照。

(5)甩挂运输。

甩挂运输是配备数量多于汽车(或牵引车)的全挂车(或半挂车,如图3-3),组织穿梭式的往复运输。在运输过程中,汽车或牵引车在装卸货点甩下全挂车或半挂车装卸货,挂走已装货(已卸货)的挂车或半挂车。

图3-3 半挂车①

组织好甩挂运输的关键,是要在装卸货现场配备足够数量的周转挂车,在汽车列车运行期间,装卸工人预先装(卸)好甩下的挂车,列车到达装(卸)货地点后先甩下挂车,装卸人员集中力量装(卸)主车货物,

---

① 图片来源于:www.chinacar.com.cn。

主车装(卸)货完毕即挂上预先装(卸)完货物的挂车继续运行。

甩挂运输提高了车辆的载重量和平均技术速度,缩短了装卸停歇时间,从而大幅提高运输生产效率。一般适用于装卸能力不足、装卸时间占汽车列车运行时间比重较大的运输情况。

二、零担运输组织管理

货物的数量、体积、重量、形状或性质,不够一整个运载工具来完成运输过程时,可以组织多个发货人的多批货物共同使用一辆铁路或公路运输的车辆,在铁路和公路运输业务中将它称为零担运输。随着铁路客运需求的持续增长以及全国高速公路网的建成,零担运输的主要运力来源已经从铁路转为了公路。本部分重点梳理了公路零担运输的组织管理情况。

零担运输具有以下特点:零担货物批次多,批量少,流向分散;零担货物种类繁多,货物性质差异很大,货物包装不一;零担运输计划性差,运输组织工作复杂;零担运输占用运输设备多,投入人力劳动多,运输效率低,成本高;零担运输组织作业环节多,运到期限长,运送速度慢;零担货物运输适应千家万户,满足不同层次,方便大众物资生产和流通的实际需要。由于零担运输具有前述特点,因此零担运输的货源组织和运输组织对提高零担运输的效率具有特别重要的意义。

(一) 公路零担运输的货源组织

在公路运输中,凡同一发货人一次托运货物的重量不足 3 吨时,应按零担办理。以下重点介绍公路零担运输的组织管理。

1. 零担运输货源信息

掌握零担货源的信息是零担运输货源组织的基础。零担货源的基本信息包括:零担货物的流量、流向、流程、流时和货物种类等。

2. 零担货源的组织方法

(1) 实行合同运输。

合同运输是运输部门行之有效的货源组织形式,具有逐步稳定一定数量的货源;有利于合理安排运输;有利于加强企业责任感,提高运输服务质量;有利于简化运输手续,减少费用支出;有利于改进产、运、销的关系,优化资源配置。

(2) 设立零担货运代办点。

零担货物运输企业可以自行设立货运站点,也可以与其他社会部门或企业联合设立零担货代办站点,这样,既可以加大零担货运站点的密度,又可以有效利用社会资源。

(3) 代理零担业务。

零担货运企业还可以委托货物联运公司、快递公司、邮局等单位代理零担货运受理业务。利用社会的资源,即这些单位现有的设施和营销关系网络取得相对稳定的货源。

(4) 建立货源网络。

聘请货运信息联络员,建立货源情报网络。在有较稳定的零担货源的物资单位聘请货运信息联络员,可以随时掌握货源信息,以零带整,组织整车货源。利用现代信息技术,创建数字化的零担货运受理平台,形成虚拟的零担货运业务网络,进行网上业务受理和接单工作。

(二) 公路零担运输的组织形式

1. 固定式零担运输的组织

(1) 直达式零担班车。

直达式零担班车是指在起运站将各个发货人托运到同一到站且性质适宜配载的零担货物,同车装运后直接送达目的地的一种货运班车。其货运组织形式如图 3 – 4。

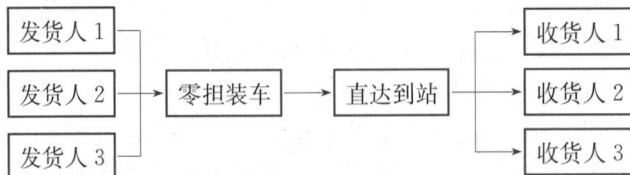

图 3 – 4　直达式零担班车货运组织图

(2) 中转式零担班车。

中转式零担班车是指在起运站将各个发货人托运的同一线路、不同到达站且性质允许配载的各种零担货物同车装运至规定中转站卸后复装,重新组成新的零担班车运往目的地的一种货运班车。其货运组织形式如图3-5所示。

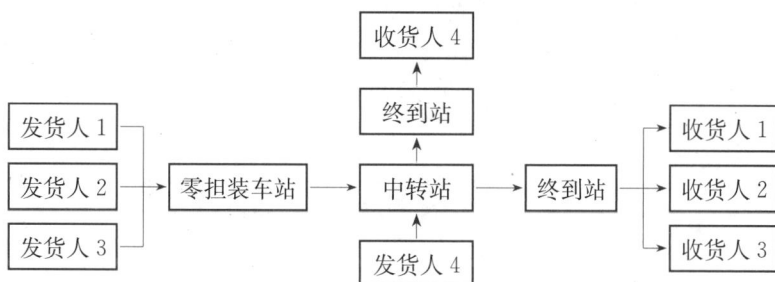

图3-5 中转式零担班车货运组织图

(3) 沿途式零担班车。

沿途式零担班车是指在起运站将各个发货人托运同一线路不同到达站且性质允许配装的各种零担货物同车装运后,在沿途各计划停靠站卸下或装上,零担班车再继续前进,直至最后终点站的一种货运班车。其货运组织形式如图3-6所示。

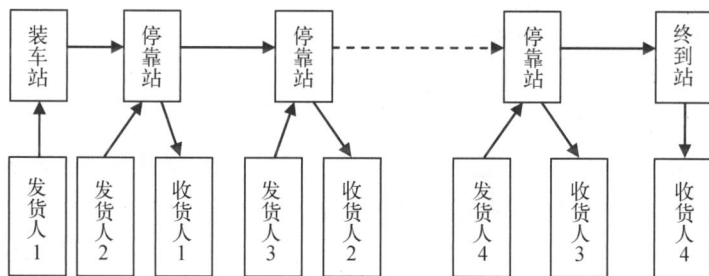

图3-6 沿途零担班车货运组织图

在上述三种零担班车运行模式中,以直达式零担班车最为经济,是零担货运的基本形式。这一形式避免了不必要的换装作业,节省了中转费用,减轻了中转站的作业负担;减少了货物在中转站作业。有利于运输安全和货物完好,减少事故,确保质量;减少了在途时间,提高了零担货物的运送速度,有利于加速车辆周转和物资调拨;在仓库内集结待运时间少,充分发挥仓库货位的利用程度。

2. 非固定式零担运输的组织

非固定式零担货运的完成是通过非固定式零担车的组织来实现。非固定式零担车是指按照零担货流的具体情况,临时组织而成的一种零担车,通常在新辟零担货运线路或季节性零担货物线路上使用。

第二节　集装箱运输组织管理

一、集装箱运输概述

(一) 集装箱定义

集装箱是一种特殊的货物容器和综合性的运输工具。国际标准化组织(ISO)规定,集装箱应具备以下特征:具有足够的强度,能够长期反复使用;适于多种运输方式运送,途中转运时箱内货物不需换装;具有快速装卸和搬运装置,特别便于从一种运输方式转移到另一种运输方式;便于货物的装满和空卸;具有 1 立方米及其以上的内部容积。

(二) 集装箱运输的基本要素

构成集装箱运输系统的基本要素有以下 8 个方面:

1. 集装箱货源

按适用于集装箱运输程度不同,集装箱货物可分成以下四类:

(1) 最佳装箱货。物理与化学属性适合于通过集装箱进行运输,且货物本身价值高,对运费的承受能力大的货物。如中小型电器设备、计算机、药品、针织品、五金配件等。

(2) 适于装箱货。物理与化学属性适合于通过集装箱进行运输,货物本身价值较高,对运费的承受能力较大的货物,如电线、电缆、纸浆、面粉等。

(3) 边际装箱货物。物理与化学属性上可以装箱,但货物本身价值较低,对运费的承受能力较差的货物,如钢锭、生铁、原木、砖瓦等。

（4）不适合装箱货物。物理与化学属性不适宜装箱，或者对运费的承受能力很差，从经济上看不适宜于通过集装箱运输的货物。如矿石、原油、大型机械设备等。

2. 标准集装箱

为使集装箱能在最大范围内开展联合运输，提高集装箱运输效率，国际标准化组织技术委员会制订了国际集装箱标准。除了国际标准集装箱外，各国还有一些国家和地区的标准集装箱。目前在国际上最常使用的 20 英尺集装箱，即"标准箱"，称为 TEU（Twenty-foot Equivalent Unit，20 英尺换算单位），它也是计算集装箱运输载箱量的单位。

3. 集装箱船舶

集装箱船舶是目前海洋运输中最常见的船舶。国际贸易中的日常消费品、工业部件等通常都是以集装箱海运形式进行运输。在通常情况下，集装箱船舶的载箱量越大，其单位运输成本越低。目前，中欧航线集装箱船舶的载箱量在 8 000～14 000 TEU 之间，中美航线在 4 000～8 000 TEU 之间。由于贸易量较小，沿海、中日或东南亚航线多采用载箱量在 4 000 TEU 以下的集装箱船舶。因为集装箱水运的高度便捷性使其适于中转运输，所以目前的内河运输也越来越多地通过集装箱完成。内河运输的集装箱船舶主要分为两种：一种是平底内河船舶，可加挂多个无动力驳船，每条驳船的载箱量在 100～200 TEU 之间，因其吃水浅，非常适合在内河各港口间的转运；另一种是尖底海洋船舶，其载箱量在 400～800 TEU 之间，因其抗风浪性较强，故主要适用于内河港口与海港之间的江海联运。

4. 集装箱码头

与集装箱水路运输密切相关的是集装箱港口码头。集装箱水路运输的两端，必须在码头装船、卸船。集装箱码头前沿配备高 40 米以上的集装箱装卸桥，后方场地按到港船舶划分集装箱堆放点，并配备轮胎式集装箱龙门起重机。码头前沿和后方场地由专用集装箱卡车连接。目前，世界主要集装箱港口的装卸效率已经可以达到每小时 50 个集装箱以上。

5. 集装箱货运站

集装箱货运站(Container Freight Station，CFS)按其所处的地理位置和不同的职能,可分为设在集装箱码头内的货运站、设在集装箱码头附近的货运站和内陆货运站三种。集装箱货运站的主要职能与任务是：集装箱货物承运、验收、保管与交付;拼箱货的装箱和拆箱作业;整箱货的中转;重箱和空箱的堆存和保管;票据单证的处理;运费、堆存费的结算等。当大多数中小型货主的发货量小于一个集装箱的装载量时,在业务上称之为 LCL(Less than one Container Load)货物。LCL 货物被运送到货运代理公司指定的集装箱货运站后,与其他货物拼装在一个集装箱内运送至目的地集装箱货运站,在那里拆箱分拨至最终收货人。

6. 集装箱卡车

集装箱卡车主要用于集装箱公路长途运输和陆上各结点(如码头与码头之间、码头与集装箱货运站之间、码头与铁路办理站之间)之间的短驳,及集装箱的末端运输(将集装箱交至客户手中)。

7. 集装箱铁路专用车

铁路集装箱专用车主要用于集装箱的陆上中、长距离运输和所谓陆桥运输。一节铁路集装专用车可承载一个 40 英尺集装箱或两个 20 英尺集装箱,而 45 英尺集装箱则是为美国铁路转运所设计。由于铁路的回转半径较大,不受集装箱长度的影响,同时越大的集装箱的单位运输成本越低,由此可见集装箱货物对铁路运输是相当重要的。

8. 航空运输集装箱

航空运输集装箱是存放在飞机货舱内的用于运输货物的特殊箱体,它不像海运集装箱具有标准的尺寸,而是根据飞机货舱结构进行设计。因为一般情况下客机的货舱在客舱的下方,所以空运集装箱以倒梯形为常见。空运集装箱的特殊结构使其难以通过水路或公路进行长距离运输,故货运企业通常在机场附近设立空运集装箱货运站,对货物进行装卸和集拼。

(三) 集装箱运输系统

1. 集装箱水路运输子系统

集装箱水路运输子系统由集装箱航运系统和集装箱码头装卸系统

组成,包括集装箱船舶、集装箱码头与集装箱货运站等基本要素,负责完成集装箱的远洋运输、沿海运输和内河运输,是承担运量最大的一个子系统。其中,集装箱航运系统包括各舱位的分配、集装箱重量平衡、危险品箱或冷藏箱配置、装卸船调度等集装箱管理职能。码头装卸系统包括船舶进出靠港调度、码头起重机配置、后方场地调配等功能。集装箱航运系统与码头装卸系统虽然是相互独立的,但是两套系统的数据对接,以保证数据交流的准确性和及时性。

2. 集装箱铁路运输子系统

集装箱铁路列车、集装箱铁路收发货站与铁路沿线节点等组成了集装箱铁路运输子系统。因为集装箱铁路线路并不是定期定班制,所以当集装箱到达铁路始发站并装上车皮后,始发站才安排列车加挂,并通知收货站和沿线各集装箱铁路节点。列车离开始发站后,每到一个节点都会放下到达的车皮并加挂离开的车皮,以此类推,直至终点站。

3. 集装箱公路运输子系统

集装箱卡车、集装箱公路中转站与公路网络,构成了集装箱公路运输子系统。集装箱公路运输子系统在集装箱多式联运过程中,充当短驳、串联和末端运输的任务。随着时代的发展,越来越多的高新科技被应用到集装箱公路运输子系统中,例如全球定位系统、限速系统、ETC系统、电子封志及监控系统等。

4. 集装箱航空运输子系统

集装箱航空运输子系统较为特殊,它一般被整合在航空公司或空运货运企业的业务系统中。由于飞机起飞重量及平衡度相当关键,且往往要等到大部分旅客行李托运后才能计算出剩余的可用载重量,所以航空公司或者拥有自有飞机的货运企业须从货物开始装载时即进行监控和管理。

(四)集装箱运输特点

1. 门到门运输

这里的"门到门",一端是指制造企业的"门",另一端是指市场的"门",即消费地。"门到门"就是从制造企业将最后消费品生产完毕,装入集装箱后,不管进行多长距离的复杂运输,中间不再进行任何装卸与倒载,一直到市场的"门"。

2. 便于多式联运

由于集装箱船舶、集装箱卡车、铁路集装箱车皮、集装箱相关装卸机械(码头装卸机械、卡车装卸机械、铁路装卸机械、CFS 装卸机械)都是高度国际标准化的,所以集装箱可以实现便捷的多式联运,即各种运输方式之间的无缝链接。

3. 运输效率较高

在时间上实现了高效率,由于集装箱结构上的标准化,使得各种运输工具之间换装与紧固均极迅捷,缩短了车船在港口和场站停留的时间。

扩大成组单元,提高了装卸效率。在装卸作业中,集装箱相对托盘,装卸单元扩大了 15～30 倍;相对单件货物,装卸单元扩大了 300～1 000 倍;集装箱运输极大地提高了装卸效率。

4. 简化理货工作

借助集装箱,货物的物理、化学特性全部被掩盖了,变成标准尺寸、标准外形的箱子。集装箱装箱通关后,一次性铅封,在到达目的地前不再开启,简化了理货工作。

5. 符合物流模数化要求

按模数化尺寸要求设计的标准商品包装,积载到标准的托盘上,再积载到国际标准集装箱内,经过多式联运到达市场,然后将货物掏箱,放到按模数化尺寸设计的货架上,实现了便捷的尺寸互换和配合,满足了物流模数化的要求。

6. 提高运输安全性

货物装入集装箱后,在整个运输过程中不再倒载,大大减少了货损、货差,提高了货物的安全和质量。据统计,我国用火车装运玻璃器皿,一般破损率达到 30% 左右;而改用集装箱运输后,破损率下降到 5% 以下;在美国,类似运输破损率不到 0.01%。

7. 减少货物运输费用

集装箱运输节省了装卸搬运费用、包装费用、货物破损损失、理货费用、保险费用等。集装箱是相当坚固的金属(或非金属)箱子,货物自身的包装强度可减弱,包装费用可下降。集装箱可节省船舶运费。集装箱运输不仅能节省运输环节的货物装卸费用,由于货物安全性提高,也使运输中保险费用相应下降。

二、水路集装箱运输组织管理

集装箱水路运输包括集装箱远洋运输和集装箱内支线运输。

(一)集装箱远洋运输

1. 集装箱远洋运输的组织形式

集装箱远洋运输的货物多数为杂货,货物品种多、流向复杂,货源属于多个贸易主体,不可能由单个贸易主体租船运输,因此集装箱远洋运输通常都采用定期船运输的组织形式,即由船公司按固定线路、固定船期、固定挂靠港口组织运输。

集装箱远洋运输在组织形式上的特点为进出口商订立买卖合同中的交货条款、掌握交接货时间、安排货物的运输提供了方便。

2. 集装箱水路运输的航线

集装箱水路运输的航线一般可分为两类。

(1)多港口挂靠的直达运输航线。

多港口挂靠的直达运输航线是传统班轮运营中普遍采用的一种航线结构。船舶每一航次中通常要挂靠5～10个港口。其优点是:能直接运送到目的港,减少运输环节,有利于提高送达速度和货运质量。这是目前全球集装箱水路运输的主要方式。由于船舶折旧、燃油、码头费用相对固定,当货源不足时会造成船公司的巨额亏损,所以往往多家船公司会各自投入几条集装箱船,组成一条航线,以共用舱位的形式分摊成本和风险。

(2)干线支线中转运输航线。

这种航线结构中,由支线港口作为喂给港,将集装箱输送到中心港口中转,再通过干线运输,送至目的港,或在到达的中心港,再通过支线运输最终送达支线目的港。这种航线充分发挥了集装箱运输的规模经济效益,克服了多港挂靠的缺点,但却增加了中转环节,延长了运送时间,也增加了运输成本。此类航线一般航程较短,适用于江海转运或者货源较分散的航线。例如,因中国至南美东海岸的货量较少,故采用支线船收集日本、韩国等地的集装箱,再由干线船运至目的港。

3. 集装箱水路运输航线配船

为满足航线的技术和运营要求,使船公司能获得最好的经济效益,航线上所配置的船型、船舶规模及数量应与航线上的货物种类、流向以及船舶挂靠港口的状况相适应。通常应考虑以下因素:

第一,船舶的尺度性能适应航道的水深、泊位的水深,船舶的结构性能、装卸性能及设备应满足航线货源及港口装卸条件的要求。例如,亚洲至美国东海岸的集装箱船舶的载箱量不能超过 4 000 TEU,否则无法通过巴拿马运河。第二,必须遵循"大线配大船"的原则。在货源充足,港口现代化水平高的集装箱航线上,应配置大吨位的集装箱船。第三,在航行条件允许的情况下,船舶规模的大小与适箱货源的多少和航行班次有关。第四,内支线集装箱运输,应考虑河道的航运条件,沿河港口装卸条件,配用集装箱拖驳船队等。可采用带独杆吊的集装箱驳船,这样即使在没有集装箱岸边起重机的港口,也可进行集装箱装卸。

4. 集装箱水路运输航线挂靠港口的确定

集装箱航线的挂靠港是指一条集装箱航线沿途停靠的港口。船舶进港和出港的消耗时间很长,因此正确确定挂靠港决定了该航线营运的成败。在挂靠港选择上,通常考虑以下因素:

(1)地理位置。挂靠港位置应在集装箱航线之上,或离航线不远。挂靠港应与铁路集装箱办理站与公路集装箱中转站靠近,便于集装箱多式联运的开展。挂靠港应有相对有利的开辟沿海支线运输与内支线运输的条件。地理位置优越的港口更受到船公司的青睐,船公司往往会花费巨资入股码头,以获取码头收益和船舶优先靠泊特权。

(2)货源与腹地经济条件。这是选择挂靠港最重要的考虑因素。挂靠港所在地区经济应较发达,本地进出的适箱货源较多,其经济腹地消化的适箱货源量较大。

(3)港口自身条件。港口自身条件是指港口的水深、航道水深、港口泊位数量、泊位长度、装卸机械配备情况、装卸机械数量、港口管理的效率、现代化程度等。

（4）其他相应条件。作为一个条件良好的挂靠港，还应有发达的金融、保险等行业，有各类中介服务企业和设施，便于集装箱运输各类相关业务的开展。

（二）长江内支线的集装箱运输

我国内河水系发达，有优越的航运条件，长江、珠江等主要水系的内支线集装箱运输是我国集装箱水路运输的重要组成部分。

1. 长江内支线运输的中心港口

中心港口一般位于区域综合运输网络的重要节点，多种交通干线交汇，具有较大的腹地辐射范围，有充足的集装箱货源。中心港口具有一定的规模和良好的设施，是提供国际集装箱进出口的装卸、中转、堆存、拆装箱等业务以及与集装箱或货物相关的物流服务重要港口。

支线港是指为本地集装箱运输服务的各种交通运输中转港，主要为中心港口提供喂给服务。支线港口在保证中心港口发展的同时，围绕中心港口适当发展其腹地范围内的内陆港站。

长江内支线以上海为出海口。目前，上海港是世界最大的集装箱港口，连接航线可到达东亚、美洲、地中海—欧洲。以长江沿线的南京、张家港、南通港、九江、芜湖、武汉为中心港口，以江阴、高港、扬州、镇江、安庆、黄石、沙市、宜昌等为支线港，上游可直溯重庆，是非常有前途的集装箱内支线运输网络。

2. 长江内支线运输的主要船型

长江内支线运输主要有以下 5 种船型：

（1）自航驳船。自航驳船是带有动力的集装箱专用驳船，最适合在运量较大的中心港之间进行穿梭直达运输。其载箱量在 28～276 TEU。

（2）自航驳顶推船组。由集装箱自航驳采用顶推方式组合的驳船组。这种方式适用于运量大，但航道吃水浅，以及多港挂靠的情况。尤其是支线港站多，顶推船组可以自行组合，在挂靠港进行改编，可以缩短靠泊时间，提高船队航行率，改善船队的经济效益。

（3）顶推船队。由拖轮采用顶推方式组合的驳船队，这种方式具有自航驳顶推船组同样的特点。

（4）拖带船队。由拖轮采用拖带方式组合的驳船队。这种船队吃水最浅，适合在中心港与支线港之间的喂给航线和长江某些支流的集装箱驳船运输。

（5）自航海船。这种海船多为远洋航线置换下来的小载箱量集装箱船舶，其载箱量一般在 800～2 000 TEU 之间。例如，自航海船可以通行于九江至上海洋山深水港区之间的水域上，不受内河船舶不能入海的影响，减少了上海外高桥港区二次中转的时间和成本浪费，是目前使用最为广泛的长江内支线运输船型。

三、铁路集装箱运输组织管理

铁路从 1955 年开始发展集装箱运输，至今已有 60 多年的历史。按国际标准箱计算，国家铁路集装箱 2007 年保有量达 120 343 箱，铁路集装箱运量 7 116 万吨。目前铁路大力发展 20 英尺、40 英尺国际通用箱和冷藏、保温，发电、油罐，干散货、水煤浆集装箱等一系列专用集装箱和集装箱专用平车装备。

与国外铁路集装箱运输发展比较，目前，我国铁路集装箱运量占总货物发送量不足 3%，大量的适箱货物仍以铁路整车等方式运输。而发达国家铁路集装箱运输占铁路运输的比重大约为 20%～40%，如：德国铁路集装箱运量达到其总运量的 20%、英国达到 30%、印度也高达 27.5%，我国铁路适箱货物入箱率远远低于国际平均水平。

造成铁路集装箱运输发展十分艰难的局面，主要原因还是运能紧张、技术装备落后、体制改革不力、运输效率低四个方面。铁路集装箱运输应尽快摆脱这种不利局面，把握我国产业结构调整、经济全球化进程加快、国内外集装箱运输需求旺盛的有利时机，充分发挥铁路集装箱应有的重要作用。

（一）铁路集装箱运输的基本条件

1. 铁路集装箱运输的办理

托运人托运集装箱货物，应按批提出货物运单和铁路货物运输服务订单,铁路集装箱与自备集装箱不得按一批办理。集装箱应该在公布的办理站和专用铁路、专用线间运输。集装箱不办理军事运输。

2. 铁路集装箱的使用条件

下列货物不能使用铁路通用集装箱装运:(1)易于污染和腐蚀箱体的货物,如水泥、炭黑、化肥、盐、油脂、生毛皮、牲骨、没有衬垫的油漆等;(2)易于损坏箱体的货物,如生铁块、废钢铁、无包装的铸件、金属块等;(3)鲜活货物(但在一定季节和地区内不易腐烂的货物,经铁路局确定,可使用集装箱装运);(4)危险货物(另有规定的除外)。

非标箱、特种箱和专用箱应满足铁路现有运输条件和国家铁路局对该箱及所装货物的运输要求,经相关试验并经有关部门认证后,报国家铁路局审核后再投入使用。

使用自备集装箱时,收货人将自备集装箱与货物同时领取。须向发站回送空箱时,收货人应在领取集装箱货物的同时填写特价证明书,经到站签认后,在 30 日内向原发站回送,承运人核收回送运费。承运人利用回送自备集装箱装运货物至回送的到站时,免收回送运费。

3. 铁路集装箱应符合按批办理的条件

铁路集装箱运输按批办理的条件包括:(1)每批必须是同一吨位的集装箱;(2)每批至少一箱,最多不超过一辆货车所能装运的箱数,且集装箱总重之和不能超过货车的容许载重量;(3)铁路集装箱与自备集装箱一般不能按一批办理,但当使用托运人提供的空自备箱装运货物时,按铁路集装箱办理,故能与铁路集装箱按一批办理。

4. 集装箱装箱和施封条件

集装箱装箱和施封由托运人负责,铁路不接收代为施封的委托,以便分清责任;集装箱凭封印交接;集装箱的启封和掏箱由收货人负责。

5. 集装箱货物的重量条件

集装箱货物的重量由托运人确定,并承担责任,铁路可以进行抽查;每个集装箱的总重不得超过标记总重或国家铁路局规定的限制重量①。

6. 铁路集装箱货物运费计算

铁路集装箱货物运费按照使用的箱数和运价率表中规定的集装箱运价率计算。

(二) 铁路集装箱办理站

铁路集装箱办理站包括基地站和办理站。基地站指定期开行集装箱直达列车的始发站和终到点。办理站指办理集装箱运输业务,但运量较少的车站。有些规模很大的集装箱铁路办理站被称为集装箱铁路中心站,如与上海洋山深水港区配套的上海芦潮港铁路中心站。该中心站拥有八条铁路集装箱装卸线,具有空前的集装箱处理能力,比一般的集装箱铁路办理站能力要强。

1. 集装箱办理站的基本条件

集装箱办理站必须具备以下条件:(1) 有一定数量且稳定的集装箱货源;(2) 有装卸、搬运集装箱的机械设备;(3) 有一定面积且经过处理、能堆放集装箱的堆场;(4) 有办理集装箱业务的专业人员;(5) 有与其他运输方式相衔接的条件。

上述条件中,集装箱货源是基础,也是开展铁路集装箱运输的先决条件。货源不稳定或不足,即使开办了集装箱运输业务,也会因运量少或运量不均衡,而带来亏损。装卸、搬运机械,以及硬化场地是开办集装箱办理站的物质条件,没有硬化面的场地,集装箱直接放在地面上,会把场地压坏。一定数量的专业人员,则是提高工作效率和保证质量的根本。

2. 集装箱办理站的基本职能

集装箱办理站具有以下基本职能:(1) 受理集装箱货物的托运申

---

① 2013 年 3 月,根据第十二届全国人民代表大会第一次会议审议的《国务院关于提请审议国务院机构改革和职能转变方案》的议案,国家铁路局实行铁路政企分开。将国家铁路局拟定铁路发展规划和政策的行政职责划入交通运输部;组建国家铁路局,由交通运输部管理,承担国家铁路局的其他行政职责;组建中国铁路总公司,承担国家铁路局的企业职责;不再保留国家铁路局。(资料来源:新华网 http://www.xinhuanet.com。)

请并提供合适的空集装箱；(2)办理集装箱装箱、加封、拆箱等业务；(3)编制有关单证,核收有关费用；(4)编制用车计划,安排集装箱装卸、搬运等机械作业；(5)联系铁路与其他运输方式的联运；(6)向到达站发出到达预报通知。

(三)铁路集装箱运输货源组织形式

1. 整列的集装箱货源

整列的集装箱货源指由铁路编排的整列的、到达同一终点站的集装箱货源,通常属于集装箱直达列车运输的对象。整列的集装箱货源一般在"水—铁"联运中形成,这类货源通常在大的集装箱港口形成,由铁路集装箱中心站编列。

2. 整车的集装箱货源

整车的集装箱货源是指能形成一节车皮的集装箱货源。铁路集装箱专用车长度通常为 60 英尺,最长的达 90 英尺。所以一节整车可装载 3~4 个 20 英尺集装箱。为鼓励托运人整车托运,规定一节集装箱车皮,不管是否装满,均按整车计费。托运人为减少每个集装箱分摊的费用,会尽量配齐一节整车货源。

3. 整箱的集装箱货源

整箱的集装箱货源指一个 20 英尺集装箱的货源,按箱托运的整箱集装箱货物按箱计费。

4. 拼箱的集装箱货源

拼箱的集装箱货源是由铁路集装箱办理站把普通零担托运货物中适合集装箱运输的货物拼装成一个集装箱,即"一个箱子,几个货主"的货物。

四、公路集装箱运输组织管理

(一)集装箱公路运输货源组织

集装箱公路运输货源组织形式主要有以下 3 类。

1. 调拨运输

公路运输代理公司或配载中心统一受理,计划调拨运输。这是集装箱公路运输货源组织的最基本形式。公路运输代理公司或配载中心统一受理由口岸进出口、需用集装箱卡车(以下简称"集卡")运输的货源,然后根据各集卡公司的车型、运力、营运特点,统一调拨运力。这种方式对公路集装箱运输的运力调拨和结构调整起着指导作用,能较好地克服能力与需求的不平衡,也能较好地保证集卡公司的收益。对集卡公司而言,委托公路运输代理公司或配载中心组货也是其主要的组货渠道。因为公路运输代理公司或配载中心与各类口岸企业有密切的联系,熟悉业务,便于进行商务处理。由公路运输代理公司集中地向众多货主揽货,然后分配给各集卡公司,有利于提高效率,降低交易成本。

2. 合同运输

合同运输是计划调拨运输的一种补充形式。船公司、货运代理公司和货主在某些情况下与集卡公司直接签订合同,确定某段时间、某一地域的运输任务。为此,集卡公司可在主要货主、码头、集装箱货运站或公路集装箱中转站设立营业受理点,自行组织货源。这样做,能及时解决客户的急需或特殊需求,便于集卡公司及时掌握运输市场动态,为其运输经营改革提供依据。

3. 临时托运

集卡公司接受短期、临时客户小批量托运的集装箱,这种临时托运是对计划运输和合同运输的一个必不可少的补充。集卡公司通过参加集装箱联办会议,与港区、货运代理公司、货主企业进行沟通,了解货源市场情况,争取组织货源;通过定期访问货主,听取货主意见,改进工作,掌握市场动向,积极争取货源,与货主建立稳定的业务联系。

(二) 集装箱公路运输中转站

集装箱公路运输中转站设在港口或铁路办理站附近,用于水运、铁路运输向内陆和经济腹地延伸的基地和枢纽,是集装箱内陆腹地运输的重要作业点之一。

1. 集装箱公路运输中转站的分类

按我国国家标准 GB/T12419 - 2005《集装箱公路中转站级别划分、设备配备及建设要求》,集装箱公路运输中转站有两种分类方法。

按集装箱公路运输中转站年箱运量和年堆存量及其所在地理位置,可划分成四级:一级站、二级站、三级站和四级站。

按所运集装箱的类型分类,可分为国际箱中转站和国内箱中转站。对同时经营国际箱和国内箱的中转站,如果其国际集装箱年箱运量达到年总箱运量的70%以上者,视为国际集装箱中转站。

2. 集装箱公路运输中转站的主要功能

集装箱公路运输中转站的主要功能包括:实现集装箱在内地交接方式,并可组织腹地内的干支线、长短途运输,或"水—公"联运的衔接配合;办理集装箱拼箱货的拆箱与拼箱作业,发挥拼箱货集货、货物仓储及向货主接取、送达的作用;靠近大型集装箱口岸与铁路集装箱办理站的,可作为疏运集装箱的缓冲区域、集装箱堆场或集装箱集散点;进行空、重集装箱的装卸、堆存和集装箱检查、清洗、消毒、维修等作业,并可作为船公司箱管或外轮代理公司在内陆指定的还箱点,进行空箱堆放和调度作业;为货主代办报关、报检、理货及货运代理等业务。

五、航空集装箱运输组织管理

航空货物通常使用航空成组器或航空集装箱运输。航空成组器是一种与飞机形体结构配套,可以与机舱内的固定装置直接联合与固定的成组器。成组器包括部件组合式成组器和整体结构式两类。部件组合式由托盘、货网、固定结构圆顶或非固定结构圆顶组合成一个在机舱内固定的装卸单元。航空集装箱是一种非航空用成组器。包括航空运输专用集装箱、陆空联运集装箱和海陆空联运集装箱。

航空运输专用集装箱是符合IATA(国际航空运输协会)标准的集装箱,与国际标准集装箱不同,箱上没有角件,不能堆码,在舱内不能直接系固。

陆空联运集装箱比较接近国际标准集装箱,箱上有角件,可以使用航空及陆运系统进行搬运和装卸作业,但结构不符合国际标准的要求,不能用于国际集装箱多式联运。

海陆空联运集装箱符合国际标准集装箱的要求,上、下部均有角件,可以堆码,可以在航空运输、铁路运输、公路运输和水路运输间进行多式联运。但这类集装箱重量受到限制,结构强度比其他国际标准集装箱弱,在堆场的堆码层数受到限制,装船时只能装在舱面。

六、国际集装箱多式联运组织管理

(一) 国际集装箱多式联运的定义

"多式联运"一语最早见于 1929 年《华沙公约》。1980 年 5 月,在日内瓦召开了由 84 个贸易成员国参加的国际多式联运会议,通过了《联合国国际货物多式联运公约》(以下简称《多式联运公约》),将国际多式联运(International Multimodal Transport)定义为:按照多式联运合同,以至少两种不同的运输方式,由多式联运经营人将货物从一国境内接管货物的地点运至另一国境内指定交付货物的地点。

集装箱作为一个运输单元,由一种运输方式转换到另一种运输方式时,不需要将箱内物体移动,简化和加快了换装作业,而且口岸监管单位通过加封或验封即可放行。这种能把海运及内陆的铁路、公路、水路等多种运输方式以及与进出口运输业务有关的口岸监管工作联合起来进行一体化的国际集装箱运输方式,就是国际集装箱多式联运。

(二) 国际集装箱多式联运的条件

国际集装箱多式联运并不是传统单一运输方式的简单叠加,必须满足下列条件。

1. 多式联运经营人对全程运输负责

国际集装箱多式联运方式下,货物运输过程的一切事项均由多式联运经营人负责办理。货主只需办理一次托运手续,与该多式联运经营人签订一份运输合同。

多式联运经营人既是订立多式联运合同的当事人,也是多式联运单证的签发人,对全程运输负责。无论货物在运输过程中的哪一区段发生灭失或损毁,货主均可向多式联运经营人提出索赔要求。当然,多式联运经营人在履行多式联运合同所规定的运输责任的同时,也可将全部或部分运输委托他人(分承运人)完成,并订立分运合同。但分运合同的承运人与货主之间不存在任何合同关系。

2. 签订多式联运合同

货主只需与多式联运经营人签订一份运输合同,即多式联运合同。该合同是确定多式联运经营人与货主之间权利、义务、责任关系的依据,也是区分多式联运与单一运输方式的主要依据。

3. 不同国家之间的货物运输

国际多式联运的全过程跨越了不同的国家或地区,会涉及国际运输法规的适用问题。

4. 采用两种或两种以上运输方式

国际集装箱多式联运必须选择和采用两种或两种以上不同的运输方式(水路、公路、铁路、航空)来完成全程运输任务。这样才可以发挥各种运输方式的优势,做到"扬长避短""优势互补";通过对各种运输方式进行优化,使各种运输方式达到最佳的组合,以达到国际货物安全、快速、准时送达以及提高运输效率、降低运输成本的目的。

5. 采用四个"一"业务模式

四个"一"业务模式是指一次托运、一次付费、一单到底、全程负责、统一理赔的运输业务模式。在多式联运业务中,货主只需要办理一次托运,订立一份运输合同,多式联运经营人对全程运输负责。货主只需要一份运输单证,向多式联运经营人支付一次全程运费即可。货物一旦在运输过程中遭受损失,也由多式联运经营人统一处理货主的索赔。

(三) 国际集装箱多式联运的优点

1. 统一化、简单化

多式联运采用一次托运、一次付费、一单到底、全程负责、统一理赔的运输业务模式,避免了货主与各区段承运人分别签订运输合同并办理各种托运、结算及理赔手续的不便。

2. 效率高、质量好

在国际集装箱多式联运中,不同运输方式转换时无须换箱,也不需要将箱内物体移动。这样,一方面简化了换装作业,减少了货物在途停留时间,降低了货物的库存成本;另一方面,使用专业机械装卸,且不涉及箱内货物,使得货损货差事故减少,提高了货物运输质量。

3. 成本低、费用省

货物装载于集装箱内运输,包装、理货和保险等费用可以有一定程度的节省。国际集装箱多式联运采用一张单证,统一费率,可以简化制单和结算手续,节省人力、物力。此外,托运人在将货物交由第一程承运人后即可取得货运单证并据以结汇,提前了结汇时间,不仅有利于加速资金的周转,而且可以减少利息支出。

4. 组织好、更合理

在开展多式联运业务前,各种运输方式自成体系,经营人各自为政,其业务范围受到限制,运输量有限。一旦不同的运输经营人共同参与多式联运,经营的业务范围大大扩展,并可以最大限度地发挥各自现有设备的作用,选择最佳运输路线,实现合理化运输。

5. 宏观方面的作用

从政府的角度来看,发展国际集装箱多式联运有利于加强政府对整个货物运输链的监督与管理;保证本国在整个货物运输过程中获得较大的运费收入分配比例;有助于引进先进运输技术;减少外汇支出;改善本国基础设施的利用状况;通过国家的宏观调控与指导职能,保证使用对环境破坏最小的运输方式,达到保护本国生态环境的目的。

(四) 国际多式联运经营人

1. 国际多式联运经营人的含义

多式联运经营人在国际集装箱多式联运中发挥着关键作用。《多式联运公约》对多式联运经营人(Multimodal Transport Operator,MTO)的定义:"其本人或通过其代表订立多式联运合同的任何人,他是当事人,而不是托运人的代理人或代表或参加多式联运的承运人的代理人或代表,并且负有履行合同的责任。"这一定义具有以下含义:

第一,以本人名义与托运人订立多式联运合同,是多式联运合同的承运人。根据该合同,多式联运经营人要对全程运输负责,要负责完成或组织完成全程运输。

第二,以本人身份参加多式联运全程中某一个或几个区段的实际运输,作为这些区段的实际承运人,对自己承担区段的货物运输负责。

第三,以本人名义与自己不承担运输的区段的承运人订立分运合同,以完成其他区段的运输。在这类合同中,多式联运经营人既是托运人,也是收货人。

第四,以本人名义与各中转点的代理人订立委托合同以完成在该点的衔接及其他服务工作。在该类合同中,多式联运经营人是委托人。

第五，以本人名义与多式联运所涉及的各方面订立相应的合同，在这些合同中，多式联运经营人均作为货方出现。

2. 国际多式联运经营人的条件

（1）完成全程运输的技术能力。

多式联运经营人必须建立多式联运线路网络。开展多式联运业务的公司应重点办好几条联运线路，以满足货主对货物运输的需求。

多式联运经营人必须拥有起码的信息处理、传递设备，并与其他所需设施设备的所有人签订长期使用协议。

（2）完成全程运输的组织能力。

一般来说，多式联运经营人不会自己完成货物的全程运输，一些多式联运经营人甚至将全程运输都交给其他承运人完成，自己不实际承担任何一个区段的运输。因此，多式联运经营人必须具备将这些承运人有效组织起来，顺利、高效地完成运输交接的能力。

多式联运经营人在其各条运输线路上要有完整的业务网络。该网络可以由其分支机构、代表和代理人构成，要形成具有国际运输知识、经验和能力的专业队伍。多式联运经营人还必须对这些人员和业务进行管理。

（3）完成全程运输、对全程运输负责的经济能力。

多式联运经营人必须具有开展业务所需的流动资金，而且其制定的单一费率应能够弥补其经营成本支出。同时，多式联运经营人对运输过程发生的货物灭失、损害和延误应当负责，应具备足够的赔偿能力。

3. 国际多式联运经营人的形式

实践中多式联运经营人表现为各种与运输相关的企业。按其本身是否具有运输工具，多式联运经营人可分为两大类。

第一类多式联运经营人拥有一种或一种以上的运输工具，并实际参加联运全程中一个或一个以上区段运输。这类经营人一般由某一方式的承运人发展而来，如由海运、陆运或航空运输企业发展而成。该类经营人一般都具有较强的经济实力，在运输业具有一定的资信度，在国外的分支机构、办事处及代理网络较为完整。

第二类多式联运经营人不拥有任何一种运输工具,在联运全程中各区段的运输都要通过与其他实际承运人订立分运合同来完成。这一类经营人一般由国际货运代理企业或其他与运输有关的业者(仓储、装卸等)发展而成。他们不拥有自己的运输工具,经济实力较差,开展业务的优势主要在运输组织方面。

现在,大部分较有实力的具有一种或一种以上运输工具的承运人,包括海运公司、铁路公司(局)、汽车运输公司等均已开展多式联运业务。此外,大量的货运代理公司也开始或已经承办多式联运业务。

(五) 国际集装箱多式联运的组织

1. 联运的网络

多式联运经营人需要在线路两端及中间各转接点上派机构或代理机构组成联运网络,以完成货物交接及服务事宜,提供必要的信息。常见的网络组织方式有:

(1) 设计分支机构。

多式联运经营人在线路两端及中间各转接点处都设有派出机构或分支机构,作为全权代表,来办理揽货、交接货、订立合同等运输事务。一些较有实力的多式联运经营人在世界的重要地区、主要城市都设有办事处。

(2) 委托代理。

委托代理方式是由多式联运经营人在线路两端和中间各衔接地点,委托国内外同业作为自己的代理,办理运输中的相关业务,并向代理人支付代理费用。这种代理关系可以是相互的,也可是单方面的。

(3) 与其他企业联营。

与其他企业联营方式是指多式联运业务由位于联运线路两端国家的两个或几个类似的企业联合经营。联营的各方互为合作人,分别在各自的国家内开展业务活动,揽到货物后,按货物的流向及运输区段划分各自应承担的工作。在本国,自身是起运货物的总承运人,而对方企业是该项运输业务在对方国的代理。

在实际经营过程中,多式联运经营人常是将三种方式结合运用来建立运输网络。多式联运经营人应根据经济实力、业务量的大小,决定采用哪一种方式以及各种方式结合的程度,以保证多式联运业务的开展。

2. 运输方式的联合

由于国际多式联运具有其他运输组织形式无可比拟的优越性,因而这种国际运输新技术已在世界各主要国家和地区得到了广泛推广和应用。目前,有代表性的国际多式联运主要有远东/欧洲、远东/北美等海陆空联运,其组织形式包括海陆联运和海空联运。

(1) 海陆联运。

海陆联运是国际多式联运的主要方式,也是远东/欧洲多式联运的主要方式之一。海陆联运方式以航运公司为主体,由其签发联运提单,与航线两端的内陆运输部门联合开展联运业务的联运方式。目前,世界主要航运公司(如,马士基航运、地中海航运、达飞海运、长荣海运、中远集运、赫伯罗特航运等)都在广泛开展海陆联运。

陆桥运输也属于海陆联运的一种形式,它将两端的集装箱海运航线与专用列车或卡车连接起来进行连贯运输。目前,世界上比较有影响的陆桥运输线有三条:西伯利亚大陆桥运输线、新亚欧陆桥运输线和北美陆桥运输线。其中,北美陆桥运输线是最具代表性的陆桥运输。由于从远东至北美东海岸的海运航线需要绕行巴拿马运河,单程需 35 天左右,且巴拿马运河只能通航 5 000 TEU 以下船舶。过巴拿马运河时间长、通过能力弱,使得部分高价值货物改走北美陆桥。例如,海运从远东至美国西海岸的洛杉矶需 14 天,接着用卡车转运至芝加哥只需 7 天,陆桥运输比全程海运要快 14 天左右。

(2) 海空联运。

20 世纪 60 年代,远东船舶运至美国西海岸的货物,通过航空运至美国内陆地区或美国东海岸,从而出现了海空联运(空桥运输)。海空联运方式一般以海运为主,只是最终交货运输区段由空运承担。主要有远东—欧洲航线、远东—中南美航线和远东—非洲航线。

海空联运是介于海运和空运之间的补充方式,它比海运快捷,比空运便宜。目前,绝大多数远东至欧洲、非洲、南美等地的海空联运都在阿联酋的迪拜港转运,作为自由贸易港的迪拜在地理和全球贸易上具有得天独厚的优势。例如,从上海至德国的一批货,采用全程海运需要30 天,而采用海空联运,集装箱运至迪拜需 14 天,再加 2 天的空运时间,16 天即可到达德国,并且总费用比全程空运低 50% 以上。

3. 运输组织的联合

国际多式联运就其组织体制来说,可分为协作式联运和衔接式联运两大类。

(1) 衔接式联运。

衔接式多式联运是指由一个多式联运经营人组织两种或两种以上运输方式的运输企业,将货物从接管货物的地点运到指定交付货物的地点的运输。多式联运经营人必须持有国家有关主管部门核准的许可证书,能独立承担责任。

在衔接式多式联运下,运输组织工作与实际运输生产实现了分离,多式联运经营人负责全程运输组织工作,各区段的实际承运人负责实际运输生产。

多式联运经营人具有双重身份:对于货方,他是全程承运人,与货方订立全程运输合同,向货方收取全程运费及其他费用,并承担承运人的义务;对于各区段实际承运人,他是托运人,他与各区段实际承运人订立分运合同,向实际承运人支付运费及其他必要的费用。在国内联运中,衔接式多式联运通常称为联合运输,多式联运经营人则称为联运公司。由多式联运经营人"一手托两家",不但方便了货主和实际承运人,也有利于运输的衔接工作,因此,它是联运的主要形式。

(2) 协作式联运。

协作式多式联运是指两种或两种以上运输方式的运输企业,按照统一的规章或商定的协议,共同将货物从接管货物的地点运到指定交付货物的地点的运输。

协作式多式联运是目前国内货物联运的基本形式。在协作式多式联运下,参与联运的承运人均可受理托运人的托运申请,接收货物,签署全程运输单据,并负责自己区段的运输生产;后续承运人除负责自己区段的运输生产外,还需要承担运输衔接工作;而最后承运人则需要承担货物交付以及受理收货人的货损货差的索赔。在这种体制下,参与联运的每个承运人均具有双重身份。对外而言,他们是共同承运人,其中一个承运人(或代表所有承运人的联运机构)与发货人订立的运输合同,对其他承运人均有约束力,即视为每个承运人均与货方存在运输合同关系;对内而言,每个承运人不但有义务完成自己区段的实际运输和有关的货运组织工作,还应根据规章或约定协议,承担风险、分配利益。

第三节　特殊货物运输组织管理

特殊货物指货物的体积、形状、长度或重量特殊,货物的物理和化学性质特殊,在运输和储存过程中容易造成人身伤亡、货物和其他财产损毁,有特殊运输要求的货物。本章主要讨论超限、超长、超重货物,危险货物,鲜活易腐货物和滚装车辆。

一、特殊货物运输组织管理的意义

特殊货物运输的运量虽然不大,但却是货物运输中不可缺少的组成部分,加强特殊货物运输组织管理具有重要的经济意义和社会意义。

第一,实现特殊货物的使用价值。加强特殊货物运输的组织管理,能够优化资源配置,保证货物使用价值的实现,有利于增强企业的竞争力,保证经济秩序的正常运行。例如,大型水电设备的定子是国家水电建设的关键设备,大型化工厂的合成塔是石油化工的关键设备,而它们都是超限、超长、超重的特殊货物。

第二,满足人民群众日常需要。随着人民群众对商品需求的持续增长,越来越多的消费品需要通过国际国内运输网络运送到各地,其中有相当部分是不宜以普通集装箱运输的,例如鲜活易腐的食品、鲜花、汽车等。因此,加强对这类货物的运输组织管理,对发展经济、保障供给、充分满足人民群众的需要具有重要意义。

第三,避免意外事故的发生。特殊货物中的危险货物、超限、超重、超长等货物运输,必须确保安全。这些货物的运输发生事故,不但经济损失巨大,且社会影响恶劣。必须加强对特殊货物运输的管理,建立完善的安全质量保证体系,维护正常的交通和社会秩序。

第四,完善综合运输系统。随着社会经济的不断发展,特殊货物需求量将越来越大。特殊货物运输随之发展为运输行业中社会涉及面广、专业性强、技术要求高、准入门槛高、经济效益好的一个分支行业,成为综合交通运输体系中不可或缺的组成部分。

二、阔大货物运输组织管理

(一) 铁路阔大货物运输组织管理

铁路运输中通常将超限货物、超长货物、超重货物、集重货物称为阔大货物。

1. 铁路阔大货物概念

(1) 超限货物。

货物装车后车辆停留在水平直线上,货物的任何部位超出机车车辆限界基本轮廓者或车辆行经半径 300 米的曲线时,货物的计算宽度超出机车车辆限界基本轮廓者,均为超限货物。根据货物超限程度,超限货物分为一级超限、二级超限和超级超限。根据货物超限部位所在高度,超限货物分为上部超限、中部超限和下部超限。

(2) 超长货物。

车辆负重突出车端装载,需要使用游车或跨装运输的货物称为超长货物。

(3) 超重货物。

货物装载后,重车总重活载效应超过桥涵设计活载标准的货物,称为超重货物。根据货物的超重程度,超重货物分为一级超重、二级超重和超级超重。

(4) 集重货物。

重量大于所装车辆负重面长度的最大容许载重量的货物称为集重货物。

2. 铁路阔大货物运输组织管理的法规依据

铁路阔大货物运输组织管理的现行法规依据主要有:《铁路货物运输合同实施细则》《铁路货物运输规程》《铁路超限超重货物运输规

则》《铁路货物装载加固规则》。

3. 阔大货物托运、受理和承运

托运人托运超限、超重货物时,除按一般货物手续办理外应提交超限、超重货物说明书,申请使用的车种、车型及车数,计划装载加固方案,托运人还应在以上数据上盖章或签字,并对内容的真实性负完全责任。

承运人在其每条铁路正线(区段)办理超限、超重货物运输业务,在其每个铁路车站办理超限、超长、超重、集重货物发送、到达业务的,均应向国家铁路局或地区铁路监督管理局①申请取得许可。车站受理超限超重货物时应认真审查有关技术资料,按规定向铁路局请示装运办法。

车站应按铁路局的批示电报和规定的装载方案组织装车。装车后应填写"超限超重货物运输记录"。

4. 列车运行和途中检查

装运超限超重货物的车辆运行中有限制条件的除有特别批示外,禁止编入直达、直通列车。对国家重点工程和国防建设急需运输的特大型设备和需要派人监护、监测运行的重车,可开行专列运输。

挂有装运超限超重货物车辆的列车运行中,应根据具体情况采取限速运行、有条件的接发列车和与邻线会车等特殊措施。

为保证运行途中的安全,铁路对途中检查采取区段负责制。有关站点应对挂有装运超限超重货物的车辆的装载加固状态进行认真检查,并在"超限超重货物运输记录"中签认。

(二)公路超限货物运输组织管理

1. 公路超限货物的界定

我国交通运输部于 2000 年颁行的《超限运输车辆行驶公路管理规定》规定,在公路上行驶的有下列情形之一的运输车辆,就是超限运输车辆:

---

① 根据国家铁路局"国铁人〔2013〕7 号文件"《国家铁路局地区铁路监督管理局主要职责内设机构和人员编制暂行规定》规定,国家铁路局设立沈阳、上海、广州、成都、武汉、西安、兰州 7 个地区铁路监督管理局,负责辖区内铁路监督管理工作。

（1）车货总高度从地面算起 4 米以上（集装箱车货总高度从地面算起 4.2 米以上）；

（2）车货总长 18 米以上；车货总宽度 2.5 米以上；单车、半挂列车、全挂列车车货总质量 4 万千克以上；集装箱半挂列车车货总质量 4.6 万千克以上；

（3）车辆轴载质量在下列规定值以上：单轴（每侧单轮胎）载质量 6 000 千克；单轴（每侧双轮胎）载质量 1 万千克；双联轴（每侧单轮胎）载质量 1 万千克；双联轴（每侧各一单轮胎、双轮胎）载质量 1.4 万千克；双联轴（每侧双轮胎）载质量 1.8 万千克；三联轴（每侧单轮胎）载质量 1.2 万千克；三联轴（每侧双轮胎）载质量 2.2 万千克。

我国交通运输部于 2000 年施行的《汽车货物运输规则》规定：因货物的体积、重量的要求，需要大型或专用汽车运输的，为大型特型笨重物件运输。

2. 公路超限货物运输组织管理的法规依据

公路超限货物运输组织管理的现行法规依据主要有：《超限运输车辆行驶公路管理规定》《中华人民共和国道路交通安全法》《中华人民共和国道路安全法实施条例》《汽车货物运输规则》《道路车辆外廓尺寸、轴荷及质量限值》（GB 1589 - 2004）。

3. 公路超限货物运输的主管部门

超限运输车辆行驶公路的管理工作实行"统一管理、分级负责、方便运输、保障畅通"的原则。国务院交通主管部门主管全国超限运输车辆行驶公路的管理工作。县级以上地方人民政府交通主管部门主管本行政区域内的超限运输车辆行驶公路的管理工作。

跨省（自治区、直辖市）行政区域进行超限运输的，由途经公路沿线省级公路管理机构分别负责审批，必要时可转报国务院交通主管部门统一进行协调；跨地（市）行政区域进行超限运输的，由省级公路管理机构审批；在本地（市）行政区域内进行超限运输的，由地（市）级公路管理机构审批。

4. 超限运输车辆行驶公路的申报

超限运输车辆行驶公路前应按规定向主管部门提出书面申请，并提供以下资料：

（1）货物名称、重量、外廓尺寸及必要的总体轮廓图；

（2）运输车辆的厂牌、型号、自载质量、轴载质量、轴距、轮数、轮胎单位压力、载货时总的外廓尺寸等有关资料；

（3）货物运输的起讫点、拟经过的路线和运输时间；

（4）车辆行驶证。

5. 主管部门的审批和运输车辆的运行

公路管理机构接到申报后，应根据实际情况对所经过的路线进行勘测，选定运输路线，计算公路、桥梁承载能力，制定通行与加固方案，与承运人签订有关协议，并签发《超限运输车辆通行证》。

超限运输车辆必须持有效通行证，悬挂明显标志，按核定路线、时间和时速行驶于公路。

6. 公路运输超重(超载)

公路货物运输实际装载的货物重量超过核定的货车载重为超重运输，俗称"超载"。公安交通管理部门根据国家标准和车辆的技术条件核定载质量，用于车辆登记注册管理和运营管理。在一定的条件下公路超限运输车辆的行驶是合法并安全的。但是，未经主管部门核定运输条件而行驶公路的超限运输和超过车辆核定载重限值则是违章、违法的行为。这种行为对交通安全、交通设施、运输市场具有极大的危害。

小贴士

超载引起的重大道路交通事故

2013 年 9 月 15 日，四川省达州市渠县发生一起重大道路交通事故，一辆由渠县三汇镇开往渠县县城的客车(川 S31500，核载 24 人，实载 27 人)行至李馥乡境内平桥处，与一辆满载河沙和鹅卵石的货车(川 S37789)相撞，导致客车侧翻至河沟内，并被侧翻货车的河沙和鹅卵石掩埋。事故造成 21 人死亡、7 人受伤，直接经济损失 1 069 万元。调查确认，造成这起重大事故的主要原因是重型自卸货车驾驶人孙志强在无"道路货物运输从业资格证"的情况下,驾驶非法改装、严重超载的川S37789货车上路行驶,车辆在长下坡时制动效能降低,转弯时孙志强处置不当,致使车辆失控向右侧翻,将右侧正常行驶的川S31500客车挤撞翻坠至5.4米高的桥下,货车所载沙石倾泻于桥下,将客车中后部掩埋。事故客车超员3人,是事故伤亡后果加重的原因。

（案例来源：http：//www.scsafety.gov.cn/Detail_acc5172c-1f66-42a8-8381-dd256eef880e)

三、危险货物运输组织管理

（一）危险货物运输概念

1. 危险货物的定义

危险货物指具有爆炸、易燃、毒害、感染、腐蚀、放射性等特性,在运输、装卸和储存保管过程中,容易造成人身伤亡和财产毁损而需要特别防护的货物。

2. 危险货物的分类

我国《危险货物分类和品名编号》(GB 6944－2012)将危险货物分为9类:第一类,爆炸品;第二类,压缩气体和液化气体;第三类,易燃液体;第四类,易燃固体、自燃物品和遇湿易燃物品;第五类,氧化剂和有机过氧化物;第六类,毒害品和感染性物品;第七类,放射性物品;第八类,腐蚀品;第九类,杂类。

铁路、公路、水路和航空运输对危险货物的分类与国家标准基本相同。由于第九类杂类主要适用于民航运输中的磁性物质和具有麻醉、毒害或其他类似性质,能造成飞行机组人员情绪烦躁或不适,以致影响飞行任务的正确执行,危及飞行安全的物品。但对汽车运输没有影响,故交通运输部于2013年颁行的《道路危险货物运输管理规定》未将其列入。

3. 危险货物的确认

确认某一货物是否为危险货物,属于哪一类,其性质有何特点对承运人来说,是比较困难的事情。为此,各种运输方式都以《危险货物品名表》(GB12268－2012)为依据,承运人只要采用列举的办法,就可以确认发货人托运的危险货物的类别和性质。

(二) 危险货物运输组织管理

1. 托运人和承运人的资质

运输企业或单位从事公路危险货物运输,应向公路运输管理机关申报,经考核后发给资质证。加盖"危险货物运输"字样的《道路运输经营许可证》《道路营业运输证》《道路非营业运输证》《危险货物作业证》以及其他合格文件。

凡在中华人民共和国境内从事铁路危险货物托运业务的托运人、承运业务的承运人,应向有管辖权的铁路管理机构申请取得资质许可。危险货物运输的从业人员必须掌握危险货物的基础知识,熟练掌握运输技术业务和有关规章制度,经有关部门考核后持证上岗。

2. 运输设施设备的技术要求

危险货物运输企业的站、场及其仓库等有关设施和设备应符合《中华人民共和国消防法》。该法规定:生产、储存和装卸易燃易爆化学物品的工厂、仓库和专用车站、码头,必须设在安全地点,并报经所在的市、县人民政府审批。

运输危险货物的车辆、装卸机械和工具等,必须符合《道路危险货物运输管理规定》规定的技术条件和要求。运输车辆的《道路营业运输证》和《道路非营业运输证》应一车一证,随车同行。

铁路危险货物办理站应远离市区和人口稠密的区域。危险货物办理站指站内、专用线、专用铁路办理危险货物发送、到达业务的车站。必须由具有承运人、托运人资质的单位办理危险货物运输。危险货物自备车应达到国家铁路局规定的安全标准和技术要求。

3. 货物包装和标志要求

危险货物包装根据其内装物的危险程度分为三种包装类别:

Ⅰ类包装——盛装具有较大危险性的货物,包装强度要求高;

Ⅱ类包装——盛装具有中等危险性的货物,包装强度要求较高;

Ⅲ类包装——盛装具有较小危险性的货物,包装强度要求一般。

危险货物的运输包装和内包装应符合《危险货物运输包装通用技术条件》(GB12463-2009)的规定。一般情况下危险货物运输包装不得重复使用。托运人要求改变危险货物运输包装时应申请试运,试运符合要求方可使用。

危险货物运输包装应取得国家规定的包装物、容器生产许可证及检验合格证。

危险货物包装应牢固、清晰地标明"危险货物包装标志"(图3-7)和"包装储运图示标志"。

图3-7 危险货物包装标志

4. 货物受理流程的要求

性质相抵触或消防方法不同的危险货物应分票托运。托运爆炸品时,托运人须出具到达地县级人民政府公安部门批准的《民用爆炸物品运输许可证》,托运烟花爆竹时须出具《烟花爆竹道路运输许可证》。禁止运输国家禁止生产的危险货物。

铁路危险货物仅办理整车和10吨以上集装箱运输。国内危险货物禁止代理。铁路剧毒品运输采用剧毒品黄色专用运单。公路运输食用、药用危险货物,应在运单上注明"食用""药用"字样。水路运输危险货物应使用红色运单;港口作业应使用红色作业委托单。

办理危险货物运输、装卸时,托运人、作业委托人应向承运人、港口经营人提交"危险货物运输声明"或"放射性物品运输声明"、"危险货物包装检验证明书"或"压力容器检验合格证书"或"放射性物品包装件辐射水平检查证明书"、"集装箱证明书"等有关单证或资料。

5. 车辆配载、列车编组的要求

铁路危险货物运输限使用棚车装运。装运时限同一品名、同一"铁危编号"。毒性物质限使用毒品专用车。

全挂汽车列车不得装运爆炸品、一级氧化剂、有机过氧化物；拖拉机不得装运爆炸品、一级氧化剂、有机过氧化物、一级易燃物品；自卸汽车除二级固体危险货物外，不得装运其他危险货物。

装运危险货物时，承运人应选派技术条件良好的适载船舶。船舶的舱室应为钢质结构。电气设备、通风设备、避雷防护、消防设备等技术条件应符合要求。滚装船装运"只限舱面"积载的危险货物，不应装在封闭和开敞式车辆甲板上。

6. 装卸作业的要求

危险货物装卸作业使用的照明设备及装卸机具必须具有防爆性能，并能防止由于装卸作业摩擦、碰撞产生火花。作业前应对车辆和仓库进行必要的通风和检查，向装卸工组说明货物品名、性质、作业安全事项并准备好消防器材和防护用品。作业时要轻拿轻放，堆码整齐稳固，防止倒塌，严禁倒放、卧装。

铁路运输爆炸品、硝酸铵、剧毒品、气体类和其他另有规定的危险货物装卸作业实行签认制度。货运人员、押运人员和公安人员应在有关作业环节对符合作业要求签字认可。

船舶载运危险货物，承运人应按规定向港务（航）监督机构办理申报手续，港口作业部门根据装卸危险货物通知单安排作业。装卸危险货物的泊位以及危险货物的品种和数量，应经港口管理机构和港务（航）监督机构批准。

7. 车辆（列车）的跟踪检查

（1）铁路有关规定。

危险货物车辆应快取快送，运行途中不得保留，必须保留时要通知公安等有关部门采取监护措施。剧毒品运输应全程押运，实行国家铁路局、地区铁路监督管理局和办理站三级跟踪管理。装车站、途中站和卸车站应及时将有关作业信息逐级上报。

车站货检人员对剧毒品车辆应重点检查，用数码相机对两侧车号、施封、门窗拍照。

（2）公路运输有关规定。

运输危险货物时，必须严格遵守交通、消防、治安等法规。车辆运行应控制车速，保持与前车的距离，严禁违章超车，确保行车安全。装载危险货物的车辆不得在居民聚居点、行人稠密地段、政府机关、名胜古迹、风景游览区停车。

运输危险货物必须配备随车人员。运输爆炸品和需要特殊防护的烈性危险货物，托运人须派熟悉货物性质的人员指导操作、交接和随车押运。危险货物如有丢失、被盗，应立即报告当地交通运输主管部门，并由交通运输主管部门会同公安部门查处。

危险货物运输应优先安排，对港口、车站到达的危险货物应迅速疏运。行车人员不准擅自变更作业计划，严禁擅自拼装、超载。

8. 货物保管和交付的要求

存放危险货物的仓库、雨棚等场地必须符合《中华人民共和国消防法》的有关规定，并经所在地区公安部门批准。危险货物应按其性质和要求存放，编号不同的爆炸品不得同库存放。存放危险货物的场库配备充足有效的消防设施，建立健全作业、巡守和消防制度。

到达的危险货物应及时通知收货人，做到及时交付货物。货位清空后应及时清扫，对撒漏的危险货物应妥善处理。

小贴士

运输烟花爆竹爆炸重大事故

2013 年 2 月 1 日 9 时许，陕西省蒲城县宏盛花炮制造有限公司委托河北省石家庄市凯达运输有限公司一辆号牌为冀 A70380 的厢式货车(核载 5.9 吨，实载 9.8 吨)装运烟花爆竹，在途经河南省境内连霍高速 741 公里 900 米处义昌大桥时发生爆炸，致使约 80 米长的桥面垮塌，多辆车从桥上坠落，造成 10 人死亡、11 人受伤。据初步调查，主要是因为宏盛花炮制造有限公司违法转包、分包、超许可范围生产烟花爆竹，委托不具备相应资质的企业承运烟花爆竹，运输前未取得运输许可,发货前未查验车辆及驾驶人、押运人资质;凯达运输有限公司未取得危险货物运输资质,其驾驶人、押运人未取得相应从业资格,使用非危险货物专用运输车辆承运烟花爆竹。

（案例来源：http：//www.chinasafety.gov.cn/newpage/Contents/Channel_21141/2013/1230/228763/content_228763.htm）

四、鲜活货物运输组织管理

（一）鲜活货物概念

鲜活货物是指运输过程中需要采取制冷、加温、保温、通风、上水等特殊措施,以防止腐烂变质或病残死亡的货物或托运人认为须按鲜活货物运输条件办理的货物。

鲜活货物分为易腐货物和活动物两大类：

（1）易腐货物。易腐货物包括肉、鱼、蛋、奶、鲜水果、鲜蔬菜、冰、鲜活植物等。按其热状态又分为：冻结货物、冷却货物和未冷却货物。

（2）活动物包括禽、畜、兽、蜜蜂、活鱼以及鱼苗等。

（二）鲜活易腐货物的运载工具

1. 易腐货物运载工具

运输易腐货物必须使用冷藏车,确因冷藏车不足时,使用棚敞车应按《使用棚敞车运输易腐货物的措施》的规定办理。

2. 活动物运载工具

装运活动物必须选用家畜车、家禽车、活鱼车以及有窗棚车、敞车。禽、畜可单层或多层装载,每层的装载数量由托运人根据季节、运输距离、活动物的体积及选用的车种等情况确定。装运活鱼、鱼苗必须使用活鱼车、棚车,不得使用全钢和车窗不能开起的棚车（采用增氧机运输的除外）。

（三）鲜活货物运输组织管理

1. 鲜活货物运输组织管理的原则

（1）及时、快速运输原则。

鲜活货物具有季节性强、运量波动大、时间要求快的特点,必须加强运输组织工作,坚持优先安排运输计划、按运输合同约定的车种拨配适当的车辆、优先进货装车、优先取送、优先挂运,并做好途中服务。

(2) 保证质量完好的原则。

托运的鲜活货物必须品质新鲜、无病残,并有能保证货物运输安全的包装。

(3) 保持冷链不中断原则。

"冷链"运输的每一个环节,都必须满足温度要求,不得中断。如,装车前应对所装车辆进行"预冷";不同运输工具进行换装时,应"门对门"装卸;尽量组织"门到门"的直达运输等。

(4) 满足存放条件原则。

运输中需要充分满足货物温度、湿度、通风和卫生要求的原则。根据货物的性质,采用科学的方法,确保易腐货物运输质量。例如水果、蔬菜等有呼吸作用的货物运输时,需要保持适当温度,且要注意预留空隙,以便通风。装运活动物的车辆必须清扫干净,消毒彻底。

2. 易腐货物运输组织管理的要求

(1) 拼车托运要求。

不同热状态的易腐货物不得按一批托运。按一批托运的整车易腐货物,限运同一品名。但不同品名的易腐货物,如在冷藏车内保持或要求的温度的上限(或下限)差别不超过 3℃时,允许拼装在同一冷藏车内按一批托运。

(2) 出具检疫证明。

托运人托运需检疫的易腐货物时,应按国家有关规定提出检疫证明。托运人托运易腐货物,应在"托运人记载事项"栏内注明易腐货物容许运输期限(日数)。易腐货物的容许运输期限至少须大于铁路规定的运到期限 3 日时,发站方可承运。

(3) 车辆要求。

用冷藏车冷藏运输易腐货物时,在装车前必须预冷车辆,待车内温度降低至规定的温度后,才能装车。装有易腐货物的车辆,在运行途中不得保留积压。

（4）装卸要求。

车站和托运人、收货人应加强装（卸）车的组织工作,缩短装（卸）时间。冷藏车每辆装（卸）车作业时间（不包括洗车和预冷时间）不得超过3小时。由于托运人（收货人）的责任超过规定的装（卸）车时间,应核收货车使用费。

（5）列车编组。

装有易腐货物的车辆应快速编解、取送,及时中转挂运。机械冷藏车组尽量编在列车中部。易腐货物车辆中转停留时间,原则上不得超过车站有关去向有调中转停留时间。

3. 活动物运输组织管理的要求

托运人托运活动物时,应按国家有关规定提出检疫证明,在货物运单"托运人记载事项"栏内注明检疫证明的名称和号码,并将随货同行联粘贴在运单背面；如活动物为蜜蜂则不办理变更到站；装运活动物时,托运人必须派人随车押运,负责饲养、换水、看护和安全工作；车站对装有活动物车辆,一般应根据作业计划编入快运货物列车或直达、直通列车。

五、滚装车辆运输组织管理

（一）滚装车辆运输概念

滚装车辆运输是指使用滚装船、轿车运输车或低平板车对可以行驶的车辆进行的运输。这些车辆在装卸过程中,可以通过自行驾驶而上下船舶或运输车辆,即所谓的 RO‐RO（Rolling On and Rolling Off）。作为目前世界最大的汽车生产国和消费国,中国的滚装车辆运输市场潜力巨大。

（二）滚装车辆的运载工具

1. 滚装船

滚装船（图 3‐8）又称"开上开下"船,或称"滚上滚下"船,它是装载汽车、工程车辆等机动车的专用船舶,是利用机动车自行驾驶进行装卸的运输船舶。

滚装船造型特殊,其船身高大,有好几层甲板,船首部大都装有球

图 3 - 8　滚装船

(图片来源于：www.shipol.com.cn)

鼻，中部线型平直，尾部采用方尾，设有大门或跳板。在航行时，折叠式的尾跳板矗立在船尾，驾驶台等上层建筑设置在船尾部或船首部。滚装船不设货舱口，也不配备起重设备。在大货舱内有多层甲板，它们之间由斜坡或大型升降机连接。甲板安装有大量的固定装置，驾驶员驾驶机动车至指定位置后，用绑带、木块等辅助物将机动车固定在甲板上，以免在船舶行驶过程中机动车发生位移。当滚装船在码头靠泊后，尾跳板被放平，机动车就可由驾驶员驾驶上下船舶。

2. 轿车运输车

轿车运输车(图3-9)是用于运输轿车的专用挂车。挂车部分一般为双层设计，有箱式和笼式两种，车长约20～30米，后部设有跳板，用于轿车的驾驶装卸。

3. 低平板车

各种类型的低平板车(图3-10)主要用于工程车辆的运输。由于工程车辆行驶速度慢、重量大、高度高，因此需要使用低平板车进行转运。

图 3-9 轿车运输车

（图片来源于：www.jdzj.com）

图 3-10 低平板车

（图片来源于：www.jxzl168.com）

(三) 滚装车辆运输组织管理

1. 滚装车辆运输组织管理的原则

(1) 安全运输原则。

滚装车辆最大的特点是车辆价值高、尺寸不一且易受外力移动,因此在运输过程中,安全是第一考虑的原则。例如,一台进口豪华轿车的价值动辄上百万元,一旦发生意外损坏,修理费将相当高昂。此外,在海运过程中,如果车辆固定不牢,则车辆将随船舶颠簸移动,轻者与其他车辆发生碰撞,重者影响船舶重心而导致倾覆事故。

(2) 专业驾驶原则。

滚装车辆在装卸过程中,需要专业驾驶员驾驶车辆上下船舶或运输车辆,这些驾驶员必须熟悉滚装车辆,并获得相应的驾驶执照。

(3) 满足存放条件原则。

滚装车辆运输需要专门的场地。在一般情况下,滚装车辆都是露天堆放,这需要足够的硬地停放场地和装卸场地,对于敞篷车辆或豪华轿车还需配备仓库或帐篷。除了停放区域外,还要设置洗车、充电、刹车清理及检测区域,为滚装车辆提供后勤保障。

2. 滚装车辆运输组织管理的要求

(1) 对滚装船公司的要求。

目前世界上专业的全球滚装船公司不超过 10 家,这些公司不仅拥有专业的滚装船舶,而且同各国主要的滚装码头建立了合作关系以设置航线。由于滚装船建造和运营成本庞大,而机动车市场变化迅速,因此这类公司必须时刻保持对市场的敏感性,并根据需求调整航线。

(2) 对滚装码头的要求。

滚装码头与集装箱码头最大的不同在于:专业的驾驶员团队。滚装码头的驾驶员必须具备驾驶各类工程车辆及客货车的技术和执照。因为每一台滚装车辆都用钥匙启动,所以对钥匙的交接和管理相当重要。一般,滚装码头的后方须配备大片的停车场地和停车库,洗车、检测、维修区域和人员也是必不可少的。

(3) 对公路运输企业的要求。

公路运输企业不仅需要专业的运输车辆,而且需要合格的驾驶员能够对滚装车辆进行装卸。为了保证安全,目前越来越多的公路运输企业都在运输车辆上安装了导航仪、定位器及限速装置,这样不仅可以监控驾驶员的操作,又能实时了解路况以改变行车线路。

第四节　快递组织管理

近年来,随着"互联网＋"经济的勃兴,快递业的发展在全国物流行业中异军突起,成为我国经济发展的新增长点。快递是指快递企业收取寄件人托运的快件后,按规定时限要求将其运至寄件人指定的地点,递交收件人的过程。快递对象主要是函件或包裹,快递需求具有小批量、方向多和时限性强等特点。

快递是邮政业的重要组成部分,我国快递法律法规建设也是邮政法制建设的重要内容。快递基本法律规定集中体现在我国《邮政法》中,该法于 1987 年 1 月 1 日起施行,历经 2009 年 4 月 24 日修订,2012 年 10 月 26 日和 2015 年 4 月 24 日两次修正,该法共有 9 章 87 条,对于"快递业务"的规定主要集中在第 6 章,快递企业也须遵守第 7 章"监督检查"和第 8 章"法律责任"的相关规定。

一、快递组织管理的意义

作为当今最快捷的物流模式,快递能够帮助企业完成快件的快速安全运送。同时,门到门的收件和配送方式成为互联网经济最常用的物流模式。

(一) 快捷安全的国际快递

在经济全球化的大背景下,企业和企业间的国际贸易发展迅速,快件的交易量不断增长。相对于空运及其他运输方式而言,快递的转运速度更高、报关流程更简化、安全性更高。定点的班车只需半天就可将发件人手中的快件送至国际空港,报关流程压缩至 2 小时以内,而定时包机航班可以在 24 小时内将快件送至目的地空港,在完成快速清关后,转车送至收货人。收件至配送的整个流程不仅被压缩在非常短的时间内完成,而且全程有 10 多个检测节点,保证快件在转运过程中,不发生遗失或损坏。

(二) 互联网经济的物流推手

随着互联网经济的迅猛发展,越来越多的消费者通过互联网平台进行国内购物或所谓"海淘"的海外购物,能够完成"最后一公里"派送商品至消费者手中的物流模式只有快递。快递企业的车辆将货物集中运送至各地中心站点,经分拣后由干线货车或飞机运送至目的地中心站点,之后分拨派送给终端消费者。

二、快递的组织形式

由于快递企业是包含运输与配送网络的一类特殊的物流企业,与普通物流企业相比,具有不同的组织形式。快递组织形式是快递生产活动的网络基础,是决定快递的送达时间和送达成本的关键,合适的快递组织形式能以较低的成本将快件准时运送至指定地点。快递组织形式按其特点可分为 3 种:点对点网络、轴辐式网络和组合网络[①]。

(一) 点对点网络

点对点网络(Peer to Peer Network)又称"全联通网络",指任意两个城市之间开行直达运送车辆的快递网络。图 3 - 11 给出了节点数为 6 的 3 种不同快递组织形式的示意图,由图 3 - 11(a)可知,点对点网络各节点间的快件未经任何中转即到达目的节点。采用此种组织形式的快递企业不仅需要大量的人力资源才能确保完成其服务,而且也为企业的经营管理带来诸多不便。

此外,点对点网络在应对分散、需求不稳定的快递服务上,无法合理利用企业资源,加之交易数量繁杂,无法为企业提供规模报酬递增,从而不能有效保障企业发展的竞争优势。

(二) 轴辐式网络

轴辐式网络(Hub and Spoke Network)又称"枢纽辐射式网络",

---

① 资料来源:倪玲霖. 轴辐式与点对点及组合式的快递网络特征分析[J]. 统计与决策,2010(20): 59—61。

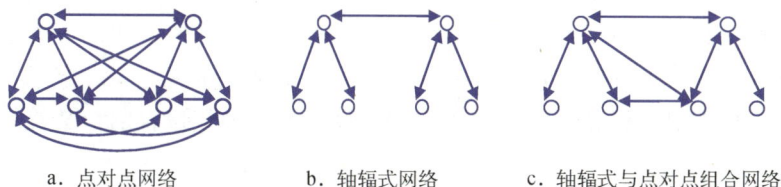

a. 点对点网络　　　　b. 轴辐式网络　　　　c. 轴辐式与点对点组合网络

图3-11　快递组织形式示意图

（图片来源于：倪玲霖,史峰,方晓平,涂茜. 全连通快递网络与轴辐快递网络的比较[J]. 系统工程,2009(12)：45—50）

指运送线路的安排以某几个城市为枢纽,枢纽城市之间开行直达运送车辆,而其他城市之间没有直达运送线路,都与其相近的枢纽城市相连,通过枢纽进行中转衔接的快递网络。轴辐式网络根据其轴心数量可分为"单轴心网络"和"多轴心网络",其中后者是快递组织形式发展的主导方向。在多轴心网络中,若节点只能与指定的一个轴心相连,各轴心间完全互连,则该轴辐式网络称为"纯轴辐式网络",如图3-11(b)。

在轴辐式网络中,分属不同轴心的节点间的快件需要经由两个轴心进行中转,同属一个轴心的节点间的快件经该轴心中转,只有各轴心间的快件未经中转。轴辐式网络能充分发挥轴心间运输的规模经济性,并提高网络的服务密度,但轴辐式网络同时因为增加了快件的中转而增加了成本和时间。

（三）轴辐式与点对点组合网络

在快递组织形式中,若节点不但与指定轴心相连,且允许与其他轴心及不同属一个轴心区的节点相连,则该轴辐式网络称为"轴辐式与点对点组合网络",如图3-11(c)。轴辐式与点对点组合网络综合利用轴辐式网络和点对点网络结构优势,其目的是在充分发挥轴辐式网络优势的基础上,与点对点网络实现最佳匹配,使快件能在一定的时间内以最低的成本从寄件人送达收件人。在各地经济发展不平衡的情况下,地区间的快递量呈现不均衡现象,部分地区间的信息交流非常频繁,快递量非常大,而大部分地区则较小,采用轴辐式与点对点组合网络,能充分发挥轴辐式网络的规模和密度经济性,并通过与点对点网络结构结合,减少轴辐式网络的距离不经济性及额外中转环节增加带来的成本增加。快递企业的低成本和快递送达的需求,决定了轴辐式与点对点组合网络是低成本和准时效的一种较适合的快递组织形式。

本章小结

一批货物的数量、体积、重量、形状或性质,需要单个运载工具来完成运输过程的运输形式,在铁路和公路运输中称为整车运输。铁路整车运输组织形式有整车分卸、途中装卸和站界内搬运。公路整车运输组织形式有双班运输、整车拼装、整车货物多点装卸、拖挂运输和甩挂运输。铁路已基本停止零担运输。公路零担运输分为固定式和非固定式两种组织形式。

集装箱远洋运输通常采用定期船的组织形式。集装箱铁路运输的货源组织形式有整列、整车、整箱和拼箱。集装箱公路运输的货源组织形式有调拨运输、合同运输和临时托运。航空货物通常使用航空成组器或航空集装箱运输。国际集装箱多式联运是一种以集装箱为媒介,把海、陆、空等单一的运输方式有机组合起来的国际货物运输组织形式。国际多式联运经营人对全程运输负责,要负责完成或组织完成全程运输。国际集装箱多式联运的组织形式包括海陆联运和海空联运,组织体制包括衔接式联运和协作式联运。

在对阔大货物、危险货物、鲜活货物、滚装车辆等特殊货物的运输进行组织管理时,为保证运输质量而制订了一系列的运输要求。在危险货物的运输组织管理中,对托运人和承运人的资质、运输设施设备的技术、货物包装和标志、货物受理流程、车辆配载和列车编组、装卸作业、车辆跟踪检查、货物保管和交付等方面都有特殊的要求。

快递是快递企业收取寄件人托运的快件后,按规定时限要求将其运至寄件人指定的地点,递交收件人的过程。快递的组织形式有点对点网络、轴辐式网络和组合网络。

本章思考题

1. 简述铁路整车运输的组织形式。
2. 简述公路整车运输的组织形式。
3. 简述公路零担运输的组织形式。
4. 简述集装箱水路、铁路、公路、航空运输的组织形式。
5. 简述国际集装箱多式联运的组织形式。
6. 简述危险货物运输组织管理的各项要求。
7. 简述快递的组织形式。

案　例

关于危险货物堆存和运输的案例

2015 年 8 月 12 日 23 时 30 分左右,位于天津滨海新区塘沽开发区的天津东疆保税港区瑞海国际物流有限公司所属危险品仓库发生爆炸。截至 2015 年 9 月 11 日共发现遇难者人数 165 人,确认身份 165 人,其中公安消防人员 24 人,天津港消防人员 75 人,民警 11 人,其他人员 55 人,事故受损住宅处置协议共签约 9 420 户。8 月 18 日,评级机构"惠誉"警告,震撼中国港口城市天津的爆炸的保险损失可能高达 15 亿美元,使其成为中国近年来代价最高的灾难事件。爆炸导致门窗受损的周边居民户数达到 17 000 多户,另外还有 779 家商户受损。

事故当天 22 时 50 分,天津市滨海新区港务集团瑞海物流危险化学品(以下简称危化品)堆场发生火灾。天津消防总队共调集 23 个消防中队的 93 辆消防车、600 余名官兵在现场全力灭火处置。第一次爆炸发生在 23 时 34 分 6 秒,近震震级约里氏 2.3 级,相当于 3 吨 TNT;第二次爆炸发生在 30 秒后,近震震级约里氏 2.9 级,相当于 21 吨 TNT。截至 8 月 13 日 11 时,天津消防总队已经先后调派 143 辆消防车,1 000 余名消防官兵到场救援。具体爆炸物尚不能确定。8 月 15 日上午 11 时许,天津塘沽爆炸现场附近的武警要求距离爆炸核心区范围 3 公里内的人员全部撤离。事故当天瑞海公司堆场堆放的危化品统计如下:

氰化钠(约 700 吨)(运抵库)	硝酸铵(约 800 吨)(运抵库)
硝酸钾(500 吨)(运抵库)	二氯甲烷(重箱区)
三氯甲烷(重箱区)	四氯化钛(重箱区)
甲酸(重箱区)	乙酸(重箱区)
氢碘酸(重箱区)	甲基磺酸(重箱区)
电石(重箱区)	对苯二胺(运抵库)
二甲基苯胺(运抵库)	氢化钠 14 吨(中转仓库)
硫化钠 14 吨(中转仓库)	氢氧化钠 74 吨(中转仓库)
马来酸酐 100 吨(中转仓库)	氢碘酸 7.2 吨(中转仓库)
硝酸钠(危化品仓库)	硅化钙(危化品仓库)
硫化钠(危化品仓库)	甲基磺酸(危化品仓库)
氰基乙酸(危化品仓库)	十二烷基苯磺酸(危化品仓库)等
油漆 630 桶	火柴 10 吨
硅化钙 94 吨	

(案例来源:http://www.360doc.com/content/
15/0820/191217429_493695818.shtml)

案例思考题:

1. 瑞海公司违反了哪些危险货物运输和储存的法规?
2. 相关主管部门有哪些?他们有哪些监管职责未尽到?

答题要点：

1. 利用互联网检索第七章第六节第一目"国内危险货物运输法规"中提及的法规和行政规章进行分析。

2. 利用互联网检索本章第三节第三目"危险货物运输组织管理"中提及的装卸要求及货物保管要求的相关要点进行分析。

第四章

运输作业管理

学习要点

◇ 掌握运输业务流程，能完成不同运输方式的业务流程操作

◇ 理解运输计划的编制原理，能确定货运计划的货运量和货物周转量

◇ 理解运输调度方法，懂得运输调度的方法

◇ 掌握运输路径优化，能运用表上作业法进行运输成本优化

◇ 掌握国际货物交接的方式，懂得各种国际运输方式下的货物交接

引导案例

沃尔玛公司的运输合理化安排

沃尔玛公司是世界上最大的商业零售商企业，在物流运输过程中，尽可能降低成本是其经营哲学。公司货物运输有时采用空运，有时采用船运，还有一些采用卡车公路运输。在中国，沃尔玛则采用全公路运输，所以如何降低卡车运输成本，是沃尔玛物流管理面临的一个重要问题，为此他们主要采取了以下措施：

（1）尽可能使用超大的载重的卡车，大约有16米加长的货柜，比集装箱运输卡车更长或更高。

（2）重视运输安全，提倡"安全第一"，而不是"速度第一"。沃尔玛

认为运输不出事故就是节省费用、降低成本，因此使用自用车辆与司机，狠抓安全驾驶。

（3）采用全球定位系统对车辆进行定位，获得准确认息，提高运输计划与调度效率。

（4）改变交接货方式提高作业效率。沃尔玛自营卡车到商场后可以整个卸下，而不需对货物逐个验收，节省时间降低成本。

（5）由于沃尔玛运输成本比供货厂商运输要低，所以厂商也选择沃尔玛进行运输，从而使货物从工厂直接送到商场，大大节省了产品流通过程中的仓储和转运成本。

运输成本、速度和一致性是最有可能影响运输合理化的三个因素，最低的运输费用不意味着最低的运输成本。沃尔玛通过选择非常规的运输设备、使用信息技术提高了货物交接效率，并与集中配送中心模式有机组合在一起，做出了一套最经济合理的安排，从而使沃尔玛的运输车队能以最低的成本高效率地运行。

（案例摘编自：王效俐，沈四林．物流运输与配送管理．
清华大学出版社，2012，159—169.）

运输作业管理可以使运输企业有组织、有计划地将客户所需要的货物准确送达，实现各运输作业环节在时间、空间上的平衡衔接和紧密配合。本章主要介绍不同运输方式下的业务流程、运输作业计划编制、运输调度方法、调运方案优化、运输费用核算与运输服务的绩效评价、各种运输方式下货物交接作业。

第一节　运输业务流程

一、公路运输业务流程

公路运输业务流程主要包括接单、登记、调用安排、车队交接、提货发运、在途追踪、到达签收、回单、运输结算等环节，如表 4-1 所示：

表 4-1 公路运输业务流程

(一) 接单	1. 公路运输主管从客户处接受(传真)运输发送计划 2. 公路运输调度从客户处接出库提货单证 3. 核对单证
(二) 登记	1. 运输调度在登记表上分送货目的地,分收客户标定提货号码 2. 司机(指定人员及车辆)到运输调度中心拿提货单,并在运输登记本上确认签收
(三) 调用安排	1. 填写运输计划 2. 填写运输在途,送到情况,追踪反馈表 3. 电脑输单
(四) 车队交接	1. 根据送货方向、重量、体积,统筹安排车辆 2. 报运输计划给客户处,并确认到厂提货时间
(五) 提货发运	1. 检查车辆情况 2. 按时到达客户提货仓库 3. 办理提货手续 4. 提货,盖好车棚,锁好箱门 5. 办好出厂手续 6. 电话通知收货客户预达时间
(六) 在途追踪	1. 建立收货客户档案 2. 司机及时反馈途中信息 3. 与收货客户电话联系送货情况 4. 填写跟踪记录 5. 有异常情况及时与客户联系
(七) 到达签收	1. 电话或传真确认到达时间 2. 司机将回单用 EMS 或 FAX 传真回公司 3. 签收运输单 4. 定期将回单送至客户处

续 表

（八）回单	1. 按时准确到达指定卸货地点 2. 货物交接 3. 签收，保证运输产品的数量和质量与客户出库单一致 4. 了解送货人对客户产品在当地市场的销售情况
（九）运输结算	1. 整理好收费票据 2. 做好收费汇总表交至客户，确认后交回结算中心 3. 结算中心开具发票，向客户收取运费

公路运输业务流程各环节之间的业务关系，如图 4-1 所示。

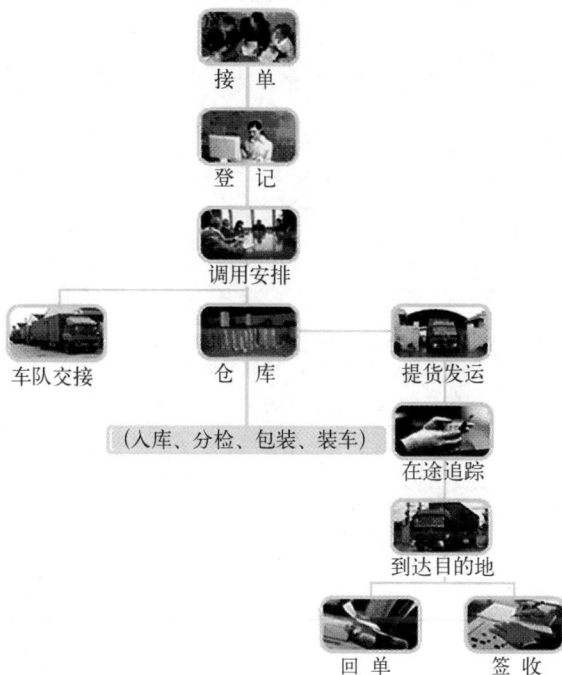

图 4-1 公路运输业务流程图

二、铁路运输业务流程

铁路运输业务主要包括托运、承运、发运、费用结算和货物交付等环节。国际间的铁路运输还有过境站的交接环节。铁路运输业务流程如表 4-2 所示：

表 4-2　铁路运输业务流程

（一）托运	发货人在托运货物时,向车站提供货物运单,作为货物托运的书面申请
（二）承运	1. 车站核对单证 2. 车站在运单上签字
（三）货物发运	1. 货物按铁路规定的时间进站,逐件检查,交接确认 2. 铁路或发货人根据货物性质和数量,请拨车辆 3. 现场监装货物,保证包装完好、车体良好、单证齐全 4. 加固货物,施封货车 5. 编制、使用运输标志 6. 向国境站寄送合同资料 7. 办理货物发出后的有关事项
（四）国境站交接	1. 审核进出口货物单证 2. 办理报关、报检等法定手续 3. 凭铅封或按实物交接
（五）费用结算	按规定核收运费
（六）货场管理	建立必要的工作制度和良好工作秩序,协调好货运、装卸、运转部门间的关系,保持车站货场安全、文明、整洁、畅通

铁路运输业务流程各环节之间的业务关系,如图 4-2 所示。

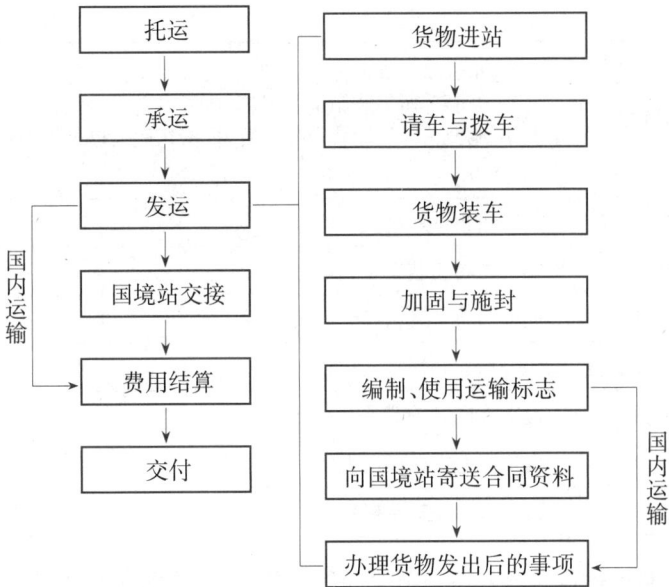

图 4－2 铁路运输业务流程图

三、水路运输业务流程

水路运输业务大致包括托运、订舱、做箱、报关、装载、卸载、通知提货、清关、换单和提货等环节。水路运输业务流程如表 4－3 所示：

表 4－3 水路运输业务流程

（一）托运	1. 托运人提供：箱型、箱量、目的港、出运时间、货物品名 2. 客户接收海运价后，若要委托装箱，货运公司向货主问明装箱方式：（1）厂地装箱（托运人提供工厂地址）；（2）仓库装箱（货运公司向托运人提供仓库地址） 3. 货运公司向托运人索要报关资料
（二）订舱	1. 货运公司把货物情况提供给船公司，与船公司确定价格，向船公司订舱 2. 船公司接收订舱后，告知船名、船期、提单号

续　表

（三）做箱	1. 仓库做箱。货运公司把船名、提单号,通知仓库。凭介绍信去船公司集装箱堆场提箱,待货主送货后做箱 2. 厂地做箱。货运公司提箱后,根据托运人提供的工厂地址做箱
（四）报关	集装箱集港后报关
（五）装载	船公司将集装箱装到船上
（六）卸载	船公司将集装箱卸到码头上
（七）通知提货	船公司通知提货人提货
（八）清关	提货人向海关清关
（九）换单	提货人把提单换成提货单
（十）提货	提货人拿提货单提货

水路运输业务流程各环节之间的业务关系,如图 4 - 3 所示。

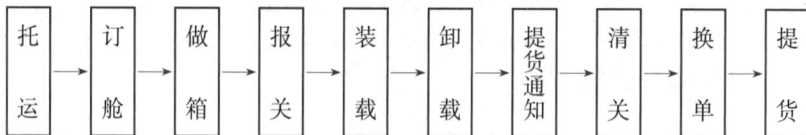

托运 → 订舱 → 做箱 → 报关 → 装载 → 卸载 → 提货通知 → 清关 → 换单 → 提货

图 4 - 3　水路运输业务流程图

四、航空运输业务流程

航空运输业务主要包括托运、订舱、接单接货、填制货运单、报关、交单交货、费用结算和信息传递等环节。航空运输业务流程如表 4 - 4 所示。

表 4 - 4　航空运输业务流程

（一）托运	由托运人自己填写货运托运书 托运书应包括下列内容:托运人、收货人、始发站机场、目的地机场、要求的路线、申请订舱、供运输用的声明价值、供海关用的声明价值、保险金额、处理事项、货运单所附文件、实际毛重、运价类别、计费重量、费率、货物的品名及数量、托运人签字、日期等

续　表

（二）订舱	1. 填写订舱单，同时提供：货物的名称、体积、重量、件数、目的地、要求出运的时间等信息 2. 航空公司根据实际情况安排舱位和航班 3. 货运代理订舱时，可依照发货人的要求选择最佳的航线和承运人，同时为发货人争取最低、最合理的运价 4. 订舱后，航空公司签发舱位确认书（舱单），同时给予装货集装器领取凭证，以表示舱位订妥
（三）接单接货	1. 接受单证。接受托运人或其代理人送交的已经审核确认的托运书及报送单证和收货凭证。将收货记录与收货凭证核对，制作操作交接单，填上所收到的各种报关单证份数，给每份交接单配一份总运单或分运单。将制作好的交接单、配好的总运单或分运单、报关单证移交制单 2. 接收货物。接货时应对货物进行过磅和丈量，并根据发票、装箱或送货单清点货物，核对货物的数量、品名、合同号或唛头等是否与货运单上所列一致
（四）填制运单	填制航空货运单的主要依据是发货提供的国际货物委托书，委托书上的各项内容都体现在货运单项式上，一般用英文填写
（五）报关	1. 将发货人提供的货物报关单电脑预录入，并在报关单上加盖报关单位的报关专用章 2. 将报关单、有关的发票、装箱单、货运单及其他需要随附的有关证明文件准备齐全，由报关员正式向海关申报 3. 海关审核无误后，海关官员即在用于发运的运单正本上加盖放行章，同时在出口收汇核销单和出口报关单加盖放行章，在发货人用于产品退税的单证上加盖验讫章，粘上防伪标志，完成出口报关
（六）交单交货	1. 交单就是将随机单据和应由承运人留存的单据交给航空公司 随机单据包括第二联航空运单正本、发票、装箱单、产地证明、品质鉴定证书 2. 交货即把与单据相符的货物交给航空公司 交货前必须粘贴或拴挂货物标签，清点和核对货物，填制货物交接清单。大宗货、集中托运货，以整板、整箱称重交接。零散小货按票称重交接

续　表

（七）费用结算	1. 发货人结算费用：在运费预付的情况下，收取航空运费、地面运输费、各种服务费和手续费 2. 承运人结算费用：向承运人支付航空运费及代理费，同时收取代理佣金 3. 国外代理结算主要涉及付运费和利润分成
（八）信息传递	1. 货物发运后，及时将发运信息（航班号、运单号、出运日期等）传递给发货人 2. 随时提供货物在运输中的动态信息

航空运输业务流程各环节之间的业务关系，如图4-4所示。

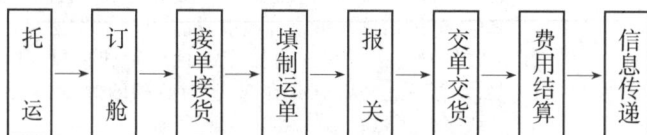

图4-4　航空运输业务流程图

第二节　运输计划与调度

一、运输计划的作用和任务

运输计划是运输企业经营计划的重要组成部分，它是运输企业计划期内应完成运输工作量的工作计划。

（一）运输计划的作用

运输计划是运输企业组织运输活动的重要依据，在运输经营管理工作中有着十分重要的作用，主要表现在以下几个方面：

1. 满足市场对运输服务的需要

运输计划反映了运输企业在计划期内为社会提供运输服务的能力，而且是以具体的数值来表明适应的程度。当运量大于运力时，有利于企业挖掘内部潜力，提高运输效率、降低运输成本，适应运输市场的需要;当运量小于运力时,促进企业努力开辟新的货源,提高车辆利用率。

2. 编制企业经营目标的依据

运输计划是决定运输企业经营目标的基本依据之一。编制运输计划才能确定运输收入计划和运输成本、费用计划,进而确定运输盈利,并设定运输企业的经营目标。

3. 组织运输活动的依据

通过编制运输生产计划,可以使运输企业的业务人员明确运输任务,按任务要求协调自己的行动,提高工作效率。

(二)运输计划的任务

运输计划是组织运输生产的直接依据,其基本任务如下:

第一,摸清资源情况,掌握货流的规律,落实货源。第二,科学、合理地将运输任务分解到各基层单位。第三,与其他运输方式密切配合,合理分流,组织好多式联运。第四,最大限度地组织合理运输和直达运输。第五,组织均衡生产,充分合理利用现有的运输能力。

二、运输计划的编制

编制运输计划时,必须实现生产任务同设备能力、物资供应、劳动力之间的基本平衡,使需要与可能之间平衡;必须实现各项计划指标之间的平衡,以实现运输服务各项生产要素之间的相互协调、相互匹配。

运输计划借助运输量计划、车辆计划、车辆运用计划和车辆运行作业计划的依次编制来实现。在实际工作中,首先编制运输量计划,明确运输总目标和任务;其次,借助车辆计划的编制明确企业的整体运输能力;再次,借助车辆运用计划关注投入运营的运输能力;最后,借助编制车辆运行计划将计划期内的运输任务落实至每单位运输工具,保证运输量计划的完成。

(一)运输量计划

运输量计划以货运量和货物周转量为基本内容,主要包括:关于货运量与货物周转量的上年度实绩、本年度及各季度的计划值以及本年计划与上年实绩比较等内容。

　　运输企业需要在详尽市场调研、掌握货流的详细情况的基础上,来制定运输量计划。运输量计划的主要依据有:

1. 市场调查与预测资料

　　工业、农业、商业、采掘业以及人民生活需求结构的变化,对货物运输量的增减有直接影响。因此,编制运输量计划就必须应用科学的方法,调查了解、研究分析区域内的货源,掌握流量、流向、流时的变化规律,并进行科学的预测。

2. 指令性计划任务

　　指令性计划任务是由政府主管部门下达的,具有突发性和即时性,如救灾物资的运输。编制该类运输计划时,应参照有关资料适当估算运输量。

3. 运输合同

　　运输合同明确具体地规定了运输量、起运与运达地点、运输时间、费率与运费结算方式、违反合同的处罚原则与损失赔偿办法等,因此,签订运输合同是公路运输企业编制运输量计划最可靠的依据。

4. 企业的生产能力

　　企业的现有生产能力对运输量计划起着制约作用。

　　当运输企业现有生产能力小于计划运输量时,以车定产。当运力不能满足社会需要时,只能通过对运输市场的调查,如掌握公路货物运输的流量、流向、运距,确定实载率和车日行程后,可以采取以车定产的办法确定公路货物运输量的计划值。

　　当运力大于社会需要时,以需定产。根据运输需求量,决定运输服务供给投入运力的多少。在保持合理车辆运用效率水平的基础上,预测投入的车辆数,并将剩余运力另作安排。

5. 其他

　　运距的长短、里程利用率与吨位利用率的高低以及装卸停歇时间的长短等,都影响车日行程,并连锁反应到影响周转量。因此,实载率和车日行程必须根据不同情况分别测算后综合确定。运输量的计划值,还必须通过与车辆运用计划平衡后确定。

（二）车辆计划

1. 车辆计划的含义

车辆计划即企业计划期内运输能力计划，表明企业在计划期内营运车辆类型及各类型车辆数量变化情况及其平均运输能力。它是衡量企业运输能力的重要指标，提供了企业运输经营实力的依据。

在编制运输量计划的同时，应编制车辆计划。

2. 车辆计划的内容

车辆计划的内容包括车辆类型及区分年初、年末及全年平均数，各季节车辆增减数量、标记吨位等，它主要是反映运输企业在计划期内营运车辆数及其参数变化情况的指标。

车辆计划所确定的车辆数能否完全满足运输量计划的要求，与车辆运用效率有直接关系。同等数量、同样类型的车辆，运用情况不同，效率发挥有高低，完成的工作量不会相等。

（三）车辆运用计划

1. 车辆运用计划的含义

车辆运用计划是计划期内全部营运车辆生产能力利用程度的计划，它由车辆的各项运用效率指标组成，是平衡运力与运量计划的主要依据之一。

2. 车辆运用计划的编制

车辆运用计划编制中的关键问题是确定各项车辆运用效率指标的值。各指标的确定必须遵循以科学、合理、可行、先进而有弹性的原则，使车辆在时间、速度、行程、载重量和动力五个方面得到充分合理的利用，还应充分考虑市场供求关系、企业经营方针、经济效益和安全生产等因素。

编制车辆运用计划有逆编法和顺编法两种方法。

（1）逆编法。

逆编法是以"需要"为出发点，确定各项车辆运用效率指标应该达到的水平，从而保证完成既定的运输工作量。必须经过反复测算，保证其有完成的可能；同时，也应避免受运输计划的过度约束，而抑制运输生产能力的合理发挥。

（2）顺编法。

顺编法是根据车辆生产率计算的顺序，从确定各项车辆运用效率的质量指标开始，逐项计算各项数量指标工作车日数、总行程、载运行程吨位公里、总行程吨位公里，最后计算得出运输工作量，也就是以"可能"为出发点来确定可能完成的运输工作量。

与运输量计划对照，符合运输量计划的要求，即可确定各项数值，编制车辆运用计划。如果不符合运输量计划要求，尤其是低于运输量计划时，则应调整各项车辆运用效率指标，直到两者基本相等，才能据以编制车辆运用计划。经过反复调整各项车辆运用效率指标，且各项运用效率指标的计划值已达到可能的最高程度，计算的运输工作量还不能达到运输量计划要求，就应削减运输量计划或增加营运车辆。

【例 4-1】某汽车公司某年第二、三两季度平均营运货车数为 210 辆，额定吨位为 5 吨。经分析测算，该季度平均车辆完好率可达到 96%，由于各种原因导致停驶的完好车辆占营运车辆总数的 4%，平均日出车时间为 14 小时，出车时间利用率为 0.65，技术速度为 65 公里/小时，总行程中的空驶行程占 30%，吨位可得到充分利用，运输计划中的平均运输距离为 100 公里，货物周转量为 70 445 000 吨·公里。试根据所给资料编制车辆运用计划。

解：

根据所给资料编制车辆运用计划如表 4-5 所示。

表 4-5　编制车辆运用计划

序号	指标	计算过程	计划值
1	营运车日数	210×180	37 800
2	平均营运车数	37 800÷180	210
3	总吨位	37 800×5÷180	1 050
4	平均吨位	37 800×5÷37 800	5
5	车辆完好率		96%
6	车辆工作率	96%－4%	92%

序号	指　标	计　算　过　程	计划值
7	工作车日数	37 800×92％	34 776
8	平均车日行程	65×0.65×14	591.5
9	总行程	34 776×591.5	20 570 004
10	行程利用率	100％－30％	70％
11	载重行程	20 570 004×70％	14 399 002.8
12	载重行程吨公里	14 399 002.8×5	71 995 014
13	吨位利用率		100％
14	货物周转量	71 990 514×100％	71 990 514
15	平均货物运距		100
16	货运量	71 990 514÷100	719 905.14
17	车吨季产量	71 990 514÷210÷5÷2	34 281.197
18	单车期产量	71 990 514÷210	342 811.97
19	车公里产量	60％×5×100％	3

（选自姬中英主编：《物流运输业务管理》）

车吨期产量：一辆营运货车的一个额定吨位在一定时期（年、季、月、日）内所完成的换算周转量。

单车期产量：一辆营运车辆在一定时期内所完成的换算周转量。

车公里产量：车辆平均每行驶1公里所完成的周转量。

由表中的计算知，该公司货物周转量为71 990 514吨·公里，该两季度可完成货运量719 905.14吨，与资料中给出的货物周转运量70 445 000吨·公里相比较可知，略有超额。车辆运用计划可以据此编制确定。

（四）车辆运行作业计划

车辆运行作业计划是运输计划的具体执行计划。运输计划虽然按年、季、月安排了生产任务，但它只是粗略的、纲领性的生产目标，不可能对运输生产的细节做出细微的安排。所以,必须制定车辆运输作业计划,以便实现具体的运输生产过程。

1. 车辆运行作业计划的含义和任务

车辆运行作业计划是为完成运输计划、实现具体运输过程而编制的运输作业性质的计划。它具体规定了每一辆汽车(列车)在一定时间内必须完成的运输任务和应达到的运用效率等指标。

车辆运行作业计划的主要任务表现为两个方向:一方面是把企业基层车队、车站、车间以及有关职能部门有机地组织起来,协调一致地开展工作;另一方面是不断提高运输效率,保证企业按日、按期均衡地完成运输任务。

2. 车辆运行作业计划的类型

按其运行时间的长短分,车辆运行作业计划有以下四种类型:

(1) 长期运行作业计划。

长期运行作业计划周期分为半个月、一个月、一旬、一周不等,适用于运输路线、起讫和停靠地点、运量、货物类型等都比较固定的运输业务的车辆运行作业计划。长期运行作业计划的作业质量高,可对发放班次、时间、沿途作业等内容做出具体规定,但编制工作量大,但每次编制完成后,在一定时期内则比较稳定。

(2) 短期运行作业计划。

短期运行作业计划周期一般为 2~5 天,适用于货运起讫地点多、流向复杂、货种繁多和当天不能折返的运输任务,以及在几天内完成一个循环运行路线的多点运输任务,适应性较广,但其对车辆调度水平要求较高。

(3) 日运行作业计划。

日运行作业计划适用于临时性任务较多、起讫点固定的短途大宗货运任务,当天能折返车库和临时托运的小批量货物。

(4) 趟次运行作业计划。

趟次运行作业计划往往适用于临时性季节性的任务、起讫点固定的短途往复式行驶路线上。作业计划编制比较容易,车辆调度也方便,尤其在承担港站短途集散运输时较为适用。

3. 车辆运行作业计划的编制

(1) 车辆运行作业计划编制依据。

车辆运行作业计划编制依据有以下方面：

第一，已经受理托运货物和运输合同确定的货物班次时刻表是编制车辆运行作业计划的首要依据。

第二，运输市场、货物流量、流向、流时的调查预测资料和长期运输合同是编制长期运行作业计划的依据。

第三，车辆技术状况及维修作业计划表示车辆的技术状况是否允许安排长期连续的运行任务或长途运行任务，也是车辆运行作业计划编制依据之一。

第四，其他依据。车辆运行作业计划编制还需要考虑其他因素，比如：装卸货物站点的环境与能力；车辆运行作业计划的各项技术参数（站距、车辆平均行速、技术作业时间等）和车辆运用效率指标；天气、公路通阻等客观条件变化情况，等等。

(2) 车辆运行作业计划的编制程序。

车辆运行作业计划编制在货车方面，分为普通货运车、零担货运车、集装箱车及各种专用车和货运包车等编制。编制步骤类似：首先，根据有关资料，编制货源汇总和分期（日）载运计划。其次，核实全部运营车辆的出车能力、出车顺序和每车维护修理时间。再次，每车编制运行作业计划，合理确定行驶路线，妥善安排运行周期，交付运行调度组织执行。然后，检查各车运行作业执行情况，及时发现计划执行出现的问题并予以解决，并为编制下期运行作业计划做好准备。最后，编制下期运行作业计划。

编制车辆运行作业计划是一项复杂细致的工作。在货源比较充足时，要编好车辆运行作业计划，保持良好的运输生产秩序，不失时机地完成尽可能多的运输业务。当货源比较紧张时，也要通过编制车辆运行作业计划，尽可能提高车辆运用效率。

三、运输调度的含义

运输活动具有点多面广、流动分散、环节多、变化大、技术设备复杂等特点。在这样的条件下,要合理地使用各种技术工具和设备,多快好省地完成运输任务,提高运输效率和经济效益。要准确制定车辆计划,并将车辆计划准确地落实到实施过程中,必须有一个组织指挥机构来统一组织生产、连续不断地监督生产和随时调整生产中出现的不平衡,这个机构就是运输调度部门。

(一) 调度的概念

调度是指企业调度部门为保证运输作业计划实现而进行的一系列检查和督促、联系和协调、指挥和部署工作的总称。

调度主要是根据运输生产计划,对运输生产经营活动进行连续的组织、指挥、衔接、协调和平衡,在安全优质的基础上保证运输作业计划的完成。

运输企业的调度机构,一方面应具体负责组织安排本企业所属的运输设备的运行,即根据运输生产计划制订作业计划(如航空中的飞行计划),并根据机务、飞行、油料等部门的具体情况进行协调和组织;另一方面,它必须与交通管制机构密切协作配合才能使整个交通有序进行,例如:在航空运输中,航空公司调度机构必须事先将飞行计划提前送交空中交通管制部门,并以空管部门同意后签发的放飞许可单作为驾驶员执行任务的指令。

(二) 调度的主要任务

调度部门具体负责日常生产的组织、协调、平衡、控制、监督与检查,具体而言,调度的任务包括:

1. 组织和计划运输生产活动

调度的首要内容是科学组织运输生产活动,并通过一系列的作业计划来具体贯彻国家的运输政策,协调运输过程中各环节的工作,保证完成运输任务,不断提高运输效率和经济效益。

2. 监督在港作业和安全运行

调度部门的日常工作就是监督和领导载运机具的在港作业和安全运行。运输企业应在调度通信规程中规定载运机具的通信报告制度,按时向调度部门报告载运机具运行或在港作业情况,调度部门再予以分析并采取措施帮助载运机具安全运行,加快装卸进度,提高客货运输质量。

3. 及时协调各环节作业

不断了解和分析计划执行过程中各生产因素的变动情况，及时协调各环节的工作，并提出作业调整措施。调度部门必须经常预测、研究、分析载运机具的技术、营运、经济条件的变化，及时做出调整，使载运机具能随时保证运输计划的完成和良好的经济效果。调度部门还必须与有关港站、货主及其他运输部门建立密切的联系，掌握或分析辖区内的客货源情况，研究其他运输工具的情况，掌握调度管理的主动性。

4. 统计分析业务活动

为了及时掌握生产进度，及时进行作业调整，提高载运机具的工作效率和营运效果，保证完成和超额完成运输计划，调度部门必须进行快速统计和业务分析工作。

无论是运输企业，还是港站企业，调度均由计划、监督（控制）与统计分析三大部分所构成。计划机构根据输入指示信息，考虑外界影响的前提下，制定出具体近期作业计划输出给下级调度系统，并在内部流动到监督机构；监督机构根据计划，不断地概括收集状态变化及作业实际信息，该信息或者直接地反馈到计划机构，或者经过统计、分析后反馈。

（三）调度的基本制度

为了保证调度及时、准确、无误，各级调度机构都应建立、健全调度制度，其中包括调度值班制度、调度会议制度、调度日志、调度工作规程、调度统计与分析等。

1. 值班制度

运输调度需要严格执行 24 小时连续调度值班制度，以及时处理和解决运输生产中发生的问题。值班人员必须逐日掌握运输生产动态，检查安全生产和货运质量情况，妥善处理运输中的一切问题。

2. 会议制度

调度会议旨在总结和检查上昼夜计划与决议的执行情况，研究问题，提出办法，责成有关部门执行并指导下昼夜的工作。

在铁路调度中,为检查、落实当日运输生产情况,布置、审批次日计划,各铁路局每日召开两次电话会议:第一次电话会议每日 10:00 前召开,由调度所主任汇报第一班计划任务完成情况,并根据国家铁路局布置的次日轮廓计划,向铁路分局下达次日计划任务和布置重点工作要求;第二次电话会议每日 16:00 前召开,由调度所主任报告当日运输工作完成情况及次日日(班)计划安排。此外,为保持调度的连续性,各级调度还建立了交接班和班中会制度。

在港口调度中,调度会议与调度机构相应,一般大型港口多采用局生产调度会议和基层公司生产调度会议两级会议制度,中小型港口多采用基层公司一级生产调度会议制度。港口生产调度会议可分为生产总结、计划布置和平衡会和生产布置会。

3. 调度日志

调度日志是指运输调度部门值班人员为反映载运机具在生产活动中的各种动态所作的工作记录,记载值班过程中上级指示及调度昼夜计划的执行情况,本班发生的主要问题及处理结果,拟交下一班办理的事项以及事故等,并附有气象、水位等记录。

4. 调度工作规程

调度工作规程是有关调度系统工作范围和岗位责任的规定。其基本内容包括调度组织管理体制、各级调度机构设置、人员配备和职责范围、调度计划编制贯彻程序、调度工作制度、调度工作纪律等。

5. 调度统计与分析

调度统计区别于港区的计划统计,是根据调度报表进行的快速统计,主要内容有日报和旬报。调度分析通常有日常分析、定期分析和专题分析等。

(四) 运输调度的类型

由于运输企业与港站企业的运输作业具有各自的特点,因此,它们之间在调度的任务与内容上还存在一定的差异。

1. 运输企业的调度

就运输企业而言,其调度以运输工具运行为中心,既要涉及运输工具在各港站的进出、停留的调度,也要涉及运输工具运行时的调度,具有"线"或"区域"的特点。为了完成计划规定的运输任务,运输企业的调度不仅以运输工具的运行为中心,而且通过运输工具的运行作业计划,将企业内部各生产环节,特别是车队(船队)、车站(港口)、车间、装卸等部门,连接成一个有机的整体。同时,通过运输工具的作业计划,保持与企业外部各生产环节,特别是港口码头、铁路站场、物资仓库、车船运行等的衔接和配合,使运输生产的技术准备过程、基本运输过程、辅助运输过程、运输服务过程等一环紧扣一环,形成完整的、连续的、协调和均衡发展的全过程。

2. 港站企业的调度

就港站企业而言,其调度以在港运输工具作业为中心,主要涉及运输工具及其货物的进出、装卸等调度,港站企业的调度与运输企业的调度相互配合,共同完成货物运输工作。其生产活动是以港站的运输工具和货物为中心,以昼夜生产作业计划为依据,把生产中的各部门、各环节有机地联系起来,进行有节奏的连续生产。它既要解决运输工具进出港站的问题,也要解决如何根据运输工具、货(客)源、装卸机械、仓库以及劳动力等情况,具体决定采用装卸操作方法、选用机械类型、配备劳动力和确定作业起讫时间,等等。

四、运输调度方案的制定

运输调度方案的制定是从物流的总体目标出发,运用系统理论和系统工程原理和方法,充分利用各种运输方式的优点,以运筹学等数学方法建立模型与图表,选择和规划合理的运输线路和运输工具,以最短的路径、最少的环节、最快的速度和最少的费用,组织好物资产品的运输活动,避免不合理运输和次优情况的出现。

(一)调度方案制定方法

货物运输经常涉及若干供货点至若干需求点的货物位移。在进行运输调运方案制定时,运输费用是必须要考虑的重要因素。

表上作业法是使用列表的方法求解线性规划问题中运输模型的计算方法。当某些线性规划问题采用图上作业法难以进行直观求解时,就可以将各元素列成相关表,作为初始方案,然后采用检验数来验证这个方案，否则就要采用闭合回路法、位势法等方法进行调整，直至得到满意的结果。

在制定调度方案时，可以选择总运输费用最低作为目标，采用表上作业法的原理，罗列出运输网络系统中的每一条可能运输线路，从而寻找初始调运方案、检验初始方案，并进一步将之调整为目标下的最优方案。

根据寻找初始调运方案的原理不同，可以将表上作业法分为：最小费用法和左上角法。

1. 左上角法（西北角法）

左上角法（西北角法）是从代表所有可能运输路线的格子中，选择左上角（西北角）的格子开始，根据该路线上的供求情况得出可能的最大运输量，并将该运输量标注在格子的右下角。然后按行或按列标注下一格子内的运输量。若某行（列）的产量（销量）已满足，则把该行（列）的其他格划去。如此进行下去，直至将所有的产量与销量分配完毕，即得到一个初始调运方案。

2. 最小元素法（最小费用法）

最小元素法也是在代表所有可能运输路线的列表中完成的，其计算原理是：首先选择单位运价最低的运输路线，根据供求情况计算出该路线上可能的最大运输量，并在其对应格子的右下角进行标注。以此类推，按单位运价从小到大顺序选择路线。在此过程中，若某行（列）的产量（销量）已满足，则把该行（列）的其他格划去，直至将所有的产量与销量分配完毕，得到一个最初的运输路线组合。本节将重点介绍最小费用法。

（二）表上作业法的应用

使总运费最低的目标下，采用表上作业法来寻找最优的运输调度方案，需要首先将供求情况以及所有运输路线的单位运输价格的信息列在一个表格中；然后依据左上角法或最小元素法得出最初的调运方案，即运输路线的组合；再借助一定的判定准则对该调运方案进行验证；若未通过验证，则可以采用闭合回路法对调运方案调整直至得出总运输费用最低的调运方案。

需要注意的是,表上作业法解决的是平衡运输问题,当物资供求不平衡时,需要先转化为平衡运输问题。本书将依据下例来具体讲述表上作业法在运输调运方法确定中的具体应用。

【例 4 - 2】某食品公司经销的主要产品之一是糖果。该公司下设三个加工厂 A_1、A_2、A_3,分别供应三个地区 B_1、B_2、B_3 的门市部销售。每天的糖果产量分别是 3 吨、5 吨、2 吨,销售量分别为 2 吨、3 吨、5 吨,每吨糖果的单位运价如表 4 - 6 所示。

请为该公司制定使总运输费用最低的糖果调运方案。

1. 列出物资调运的供求平衡表及运价表

采用表上作业法求解调运方案,首先需要将物资供求双方的产量和销量对应列示,糖果的三个加工厂(产地)A_1、A_2、A_3 的总产量为 10 吨,三个地区门市部(销地)B_1、B_2、B_3 总销量亦为 10 吨,产销平衡(供求平衡)。

该表借助产地和销地列示出所有可能的运输路线,并在代表运输路线的格子中列示该路线的单位运价。每个格子中斜线左边的数字就是该路线的单位运价,用 C_{ij} 表示。如表 4 - 6。例如:从产地 A_1 到销地 B_1 的路线 A_1B_1 上的单位运价 $C_{11} = 3$。

表 4 - 6 调运物资的供求平衡及运价表

产地 ＼ 销地	B_1	B_2	B_3	产量
A_1	3 /	4 /	5 /	3
A_2	7 /	5 /	8 /	5
A_3	3 /	4 /	2 /	2
销量	2	3	5	10

2. 按最小元素法建立初始调运方案

最小元素法的基本原理是:首先选择单位运价 C_{ij} 最便宜路线的优先调运。当同时存在两个以上最低单位运价时,按由上到下、由左到右的顺序安排运输。

在本例中，从产地 A_3 到销地 B_3 运输线路 A_3B_3 的单位运价最小，$C_{33} = 2$。故应先将运输路线 A_3B_3 的运输能力利用充分，由于 A_3 的产量为 2 吨，B_3 的市场销售量为 5 吨，若将每条运输路线对应方格中斜线右边的位置表示运输量，用 X_{ij} 表示，则 $X_{33} = \min\{$可以运输的产量，可以实现的销量$\} = \min\{5,2\} = 2$ 吨，即可实现的物资调运量最多为 2 吨。

调运后，产地 A_3 所有的糖果已经全部运出，无法再向另外两个地区门市部 B_1、B_2 供货，因此，运输路线 A_3B_1、A_3B_2 不会再被选择，可以将列表中 A_3 这一行消去。此时，B_3 地区门市部仍有 3 吨的市场缺口，需要从其他产地调运。在表 4 - 7 中，可以将 A_3 行划去，并将在 X_{33} 处填上 2。

接下来，从没有被划去的六条路线中选择单位运价最低的路线。可以看出，运输路线 A_1B_1 的单位运价 $C_{11} = 3$，为最低，而 $X_{11} = \min\{3, 2\} = 2$ 吨，此时门市部 B_1 的销量已经饱和，不需要从 A_2、A_3 产地调运物资了，可以将 B_1 整列划去。此时，仅剩余 A_1B_2、A_1B_3、A_2B_2 和 A_2B_3 四条运输线路。

依此类推，$X_{12} = 1$，(划去 A_1 行)，$X_{22} = 2$，(划去 B_2 列)，$X_{23} = 3$。至此，初始方案完成，如表 4 - 7 所示。

表 4 - 7　初始调运方案表

销地 产地	B_1	B_2	B_3	产量
A_1	3 / 2	4 / 1	5 /	3
A_2	7 /	5 / 2	8 / 3	5
A_3	3 /	4 /	2 / 2	2
销量	2	3	5	10

初始方案是：$X_{11} = 2$；$X_{12} = 1$；$X_{22} = 2$；$X_{23} = 3$；$X_{33} = 2$。

该初始方案下的总运费是：

$$Z = \sum (\text{运价} \times \text{运量}) = 3 \times 2 + 4 \times 1 + 5 \times 2 + 8 \times 3 + 2 \times 2$$
$$= 48$$

3. 采用位势法计算初始方案的检验数

根据位势法，当所有检验数 $S_{ij} \geqslant 0$ 时，对应的调运方案是最优方案。

检验数 $S_{ij} = C_{ij} - (U_i + V_j)$，$C_{ij}$ 是运输路线 $A_i B_j$ 的单位运价，U_i 是 A_i 行的位势量，V_j 是 B_j 列的位势量。

基变量是指在初始方案中选中的运输路线（即安排了调运量的路线），这些运输路线对应的检验数为零，满足 $S_{ij} = C_{ij} - (U_i + V_j) = 0$，即 $C_{ij} = U_i + V_j$。非基变量是指在初始方案中没有被选中的运输路线（即未安排调运量的路线），这些运输路线对应的检验数根据公式 $S_{ij} = C_{ij} - (U_i + V_j)$ 计算。

计算检验数可以分为以下两步。

第一步，依据"基变量的检验数为零，$S_{ij} = C_{ij} - (U_i + V_j) = 0$"，来计算位势量 U_i 和 V_j。令 $U_1 = 0$（已知条件），利用公式 $C_{ij} = U_i + V_j$，将位势量 $U_i (i = 1, 2, 3)$ 和 $V_j (j = 1, 2, 3)$ 填入表 4-8。

$$V_1 = C_{11} - U_1 = 3 - 0 = 3$$
$$V_2 = C_{12} - U_1 = 4 - 0 = 4$$

根据 $V_2 = 4$，推算出 $U_2 = 5 - 4 = 1$；再根据 $U_2 = 1$，推算出 $V_3 = 8 - 1 = 7$，继续推算出 $U_3 = 2 - 7 = -5$。

第二步，依据"非基变量的检验数 $S_{ij} = C_{ij} - (U_i + V_j)$"，来计算其他运输路线的位势量 U_i 和 V_j，并填入表 4-8。

$$S_{13} = C_{13} - U_1 - V_3 = 5 - 0 - 7 = -2$$
$$S_{21} = C_{21} - U_2 - V_1 = 7 - 1 - 3 = 3$$
$$S_{31} = C_{31} - U_3 - V_1 = 3 - (-5) - 3 = 5$$
$$S_{32} = C_{32} - U_3 - V_2 = 4 - (-5) - 4 = 5$$

其中，检验数为负的非基变量 $A_1 B_3$ 的检验数是：$S_{13} = -2$。

表 4-8　初始调运方案检验表

销地 产地	B_1	B_2	B_3	产量	U_i
A_1	3 / 2	4 / 1	5 / $S_{13}=-2$	3	0
A_2	7 / $S_{21}=3$	5 / 2	8 / 3	5	1
A_3	3 / $S_{31}=5$	4 / $S_{32}=5$	2 / 2	2	-5
销量	2	3	5	10	
V_j	3	4	7		

4. 采用闭回路法对方案进行调整

闭回路是指在初始调运方案中,从检验数 $S_{ij}<0$ 的空格(运输路线)出发,沿水平方向或垂直方向,一般为逆时针前进,遇到某一个原调运方案中选中的线路(有调运量的格子)转向 90°继续前进。如此继续下去,直至回到原来出发的运输路线。这样形成一条由水平和垂直线段组成的封闭折线,即闭回路。

出发点处标记为"+"号,第一个转弯处标记"-"号,按"+"、"-"、"+"、"-"依次标记。

第一步,需找闭回路。由表 4-8 知,检验数 $S_{ij}<0$ 的空格(运输路线)为 A_1B_3。以 A_1B_3 为出发点,标记为"+"号,第一个转弯处标记"-"号,按"+"、"-"、"+"、"-"依次标记,如表 4-9 所示。闭回路从 $S_{13}=-2$ 的单元格出发:

$$A_1B_3(+) \rightarrow A_1B_2(-) \rightarrow A_2B_2(+) \rightarrow A_2B_3(-) \rightarrow A_1B_3(+)$$

表 4-9　需调整的闭回路方案表

销地 产地	B_1	B_2	B_3	产量	U_i
A_1	3 / 2	4 / 1	5 /	3	0
A_2	7 /	5 / 2	8 / 3	5	1
A_3	3 /	4 /	2 / 2	2	-5
销量	2	3	5	10	
V_j	3	4	7		

第二步,确定最小调整量。最小可减少的运量,即标记为"-"号的运输路线上运输量的最小值。由表4-9可知,标记为"-"号运输路线为A_1B_2、A_2B_3,初始运输量分别为1吨、3吨,因此,最小调整量应为1吨。

两个标记为"-"号的单元格都需要减少运量,减少量为最小调整量1吨;标记为"+"号的单元格都需要增加运量,增加量亦为1吨。经过调整,产地的产量与销地的销量仍然保持运输平衡。

第三步,确定调整后的运输方案。对闭回路拐角点上的运输线路增加或减少运输量之后,得到调整后的运输方案。$X_{12}=1-1=0$(表示该处无调运量),$X_{23}=3-1=2$(表示原运量3吨中需减少1吨),$X_{13}=0+1=1$,$X_{22}=2+1=3$,调整后的数值填入下表4-10。

表4-10　调整后的方案表

产地　＼　销地	B_1	B_2	B_3	产量
A_1	3 / 2	4 /	5 / 1	3
A_2	7 /	5 / 3	8 / 2	5
A_3	3 /	4 /	2 / 2	2
销量	2	3	5	10

5. 采用位势法对调整方案进行检验

调整完毕,还要进行再一次检验。首先,列出调整后方案的位势量(再求一下U_i和V_j,求法同第三步);其次,计算非基变量的检验数,检查是否都大于零,如表4-11所示。

表4-11　调整方案检验表

产地　＼　销地	B_1	B_2	B_3	产量	U_i
A_1	3 / 2	4 / $S_{12}=2$	5 / 1	3	0
A_2	7 / $S_{21}=1$	5 / 3	8 / 2	5	3

销地 产地	B_1	B_2	B_3	产量	U_i
A_3	3 ╱ $S_{31}=3$	4 ╱ $S_{32}=5$	2 ╱ 2	2	−3
销量	2	3	5	10	
V_j	3	2	5		

经检验,调整后的调运方案所有检验数满足 $S_{ij} \geqslant 0$,为最优方案。

本物资调运规划最佳方案是: $X_{11}=2$; $X_{13}=1$; $X_{22}=3$; $X_{23}=2$; $X_{33}=2$。

总的运输费用为: $Z' = \sum$ 运价×运量 $= 3×2+5×1+5×3+8×2+2×2 = 46$。

该食品公司通过调运方案的优化,在满足各门市部销售需要的同时,使总的运输费用支出最少,即由原来的 48 减少到 46。

第三节　国际货物交接

国际货物运输是国家与国家、国家与地区之间的运输。一方面,国际货物运输是开展国际贸易不可缺少的环节;另一方面,国际货物运输不断促进国际贸易的发展。同时,国际货物运输既是交通运输的重要分支,也是平衡国家外汇收入的重要手段。与国内货物运输相比,它具有以下几个主要特点。

第一,政策性强。国际货物运输需要经常同国外发生直接或间接的广泛的业务联系,这种联系不仅仅是经济上的,还经常涉及国际政治问题,是一项政策性很强的涉外活动。因此,国际货物运输要求我们不仅要用经济观点去办理各项业务,而且要有政策观念,在开展业务时不可违反我国的各项对外政策。

第二,涉及面广。国际货物运输涉及国内外许多部门,需要与不同国家和地区的货主、交通运输部门、商检行政机构、保险公司、银行或其他金融机构、海关、港口,以及各种中间代理商等联系。由于各个国家和地区的法律、政策规定不一致,贸易、运输习惯和经营做法不同,金融货币制度的差异,加之政治、经济和自然条件的变化,都会对国际货物运输产生较大的影响。国际货物运输往往需要使用多种运输工具,通过多次装卸搬运作业,经过许多中间环节,如果其中任何一个环节发生问题,就会影响整个运输的过程。

第三,时间要求高。按时装运进出口货物,及时将货物运至目的地,对履行进出口贸易合同、提高市场竞争能力、及时结汇都有着重大意义。货物的装运期、交货期被列为贸易合同的条件条款,特别是一些鲜活商品、季节性商品和敏感性强的商品,更要求迅速运输。因此,货物运输必须加强时间观念,争时间、抢速度,以快取胜。

第四,风险性大。由于国际货物运输环节多、距离长、涉及面广、情况复杂多变,加之沿途国际形势的变化、社会的动乱和各种自然灾害、意外事故的发生,以及战乱、封锁禁运或海盗活动等,都可能直接或间接地影响到国际货物运输,以至于造成严重后果。因此,国际货物运输面临的风险较大。为了转嫁运输过程中的风险损失,各种进出口货物和运输工具,都需要办理运输保险。

一、国际铁路货物交接

(一) 出口货物国境交接

国境站除办理一般车站的事务外,还办理国际铁路联运货物、车辆和列车与邻国铁路的交接;货物的换装或更换轮对;票据文件的翻译及货物运输费用的计算与复核等项工作。现将出口货物在国境站交接的一般程序简述如下:

首先,出口国境站货运调度根据国内前方站列车到达预报,通知交接所和海关做好接车准备工作。

其次,出口货物列车进站后,铁路会同海关接车,并将列车随带的运输票据送交接所处理,货物列车接受海关的监管和检查。

然后,交接所实行联合办公,由铁路、海关、外运等单位参加,并按照业务分工,流水作业,协同工作。

1. 交接各方的职责

铁路主要负责整理、翻译运输票据,编制货物和车辆交接单,作为向邻国铁路办理货物和车辆交接的原始凭证。

外运公司主要负责审核货运单证,纠正出口货物单证差错,处理错发错运事故。

海关则根据申报,经查验单、证、货相符,符合国家法令政策的规定,即准予解除监督,验关放行。

最后由双方铁路具体办理货物和车辆的交接手续,并签署交接证件。

2. 特殊出口货物的交接

对于特殊货物的交接,如鲜活商品、易腐、超重、超限、危险品等货物,则按合同和有关协议的规定,由贸易双方商定具体的交接方法和手续。

若属贸易双方自行交接的货物,国境站外运公司则以货运代理人的身份参加双方交接。如果在换装交接过程中需要鉴定货物品质和数量时,应由国内发货单位或委托国境站商检所进行检质、检量,必要时邀请双方检验代表复验。外运公司则按商检部门提供的检验结果,对外签署交接证件。属于需要随车押运的货物,国境站外运公司应负责两国国境站间的押运工作,并按双方实际交接结果对外签署交接证件,作为货物交接凭证和货款结算的依据。

3. 出口货物交付

出口货物装车发运,在货物到站后,应通知运单中所记载的收货人领取货物。在收货人付清运单所载的一切应付运输费用后,铁路必须将货物连同运单交付收货人,收货人必须支付运输费用并领取货物。收货人只在货物因毁损或腐坏而使质量发生变化,以致部分货物或全部货物不能按原用途使用时,才可以拒绝领取货物。收货人领取货物时,应在运行报单上填记货物领取日期,并加盖收货戳记。

(二)进口货物国境交接

联运进口货物运输与联运出口货物运输在货物与单据的流转程序上基本相同,只是在流转方向上正好相反。对于两者相同的部分不再重述,这里仅将不同的部分和需要特别说明的情况阐述一下。

1. 联运进口货物在国境站的交接

进口货物的交接程序与出口货物的交接程序基本相同。具体做法是:进口国境站有关单位根据货车预报和确报做好检查准备工作,货车到达后铁路会同海关接车,然后两国境站交接所根据交接单,办理货物和车辆的现场交接,我国进口国境站交接所通过内部联合办公做好单据核放、货物报关验关工作,然后由铁路负责将货物调往换装线,进行换装作业,并按流向编组向国内发运。

2. 联运进口货物在国境站的核放

进口合同资料是核放货物的唯一依据,也是纠正货运错乱的重要资料。口岸货运代理机构在收到合同资料后,如发现内容不齐全、有错误、字迹不清,应迅速联系有关公司修改更正。进口货物抵国境站时,口岸货运代理机构根据合同资料对各种货运单证进行审核,只有单、证、货完全相符,才可核放货物。

3. 联运进口货物在国境站的分拨

对于小额订货(具有零星分散的特点)、合装货物和混装货物,通常以口岸货运代理作为收货人。因此,在双方国境站办妥货物交接手续后,口岸外运应及时向铁路提取货物,进行开箱分拨,并按照合同缮制有关货运单证,向铁路重新办理托运手续。在分运货物时,必须做到货物包装牢固、单与货相符,并办清海关申报手续。

4. 国际铁路联运进口货物的交付

联运进口货物到站后,铁路根据运单或随附运单的进口货物通知单,通知实际收货人提取货物。收货人接到到货通知后,向车站领取货物并支付运输费用,之后,铁路将货物连同运单一起交付收货人。

收货人领取货物时,应在运单"货物交付收货人"栏内填记货物领取日期,并加盖收货戳记,收货人只在货物因毁损或腐坏而使质量发生变化,以致部分货物或全部货物不能按原用途使用时,才可以拒绝领取货物。在运单中所载的货物部分短少时,收货人也应按运单向铁路支付应付的全部款额。在这种情况下,收货人按赔偿请求手续对未付的货物,有权领回其按运单所付的款额。

运到期限满后 30 天内,如未将货物交付收货人,且到站在收货人提出的运单和到达通知单内记载"货物未到",并有到站日期戳证明,则收货人可认为货物已灭失。但货物在上述期限期满后到达到站,到站应通知收货人。如在运到期限期满后 4 个月内到达,则收货人应予领取,并将货物灭失赔款、运输费用款和有关货物运输的其他费用退还铁路部门。

(三) 对香港地区的铁路货物运输

1. 对香港地区铁路货物运输的特点

对香港地区的铁路运输,不同于国际联运,也不同于一般的国内运输,而是一种特定的运输方式。国际铁路货物联运是以联运运单作为运输契约,以联运运单副本作为结汇凭证,铁路作为承运人负责全程运输。

(1)商品结构的特殊性。在对香港铁路货运量中,鲜活商品占深圳过轨总运量的比重很大,鲜活货物对运输有特殊要求,如运输速度快,使用特种车辆等。

(2)运输方式的特殊性。对香港地区的铁路运输是按国内运输办理的,但又不是一般的国内运输,它的全过程由两部分组成,即国内段铁路运输和港段铁路运输。货车到达深圳后,要过轨至香港,继续运输至九龙车站。大陆铁路与香港铁路不办理直通联运,因此,就形成了现行的这种运输方式,即发送地以国内运输向铁路办理托运至深圳北站,收货人为深圳外运分公司,深圳外运分公司作为各外贸发货单位的代理与铁路办理租车手续,租车去香港,货车过轨后,香港中国旅行社则作为深圳外运分公司的代理在港段重新起票托运至九龙。由此可见,对香港地区的铁路运输的特点是"租车方式、两票运输"。国内运单不能作对外结汇的凭证,目前,由各地外运公司以运输承运人的身份向外贸单位提供经深圳中转香港货物的"承运货物收据",作为向银行结汇的凭证。

(3)运费收取的特殊性。对香港地区铁路货物运输的运费中发站至广州北站的运费由发站计收;广州北站至深圳北站的运费,在原有运费基础上增加 50%,由深圳北站计收;最后深圳北站至香港租车费,由发货人的代理人先行垫付或发货人直接支付。

2. 对香港地区铁路货物运输的一般程序

目前,对香港地区的铁路货物运输,一般包括以下步骤:

第一步:发货地外运或外贸公司向当地铁路局办理从发货地至深圳北站的国内铁路运输的托运手续,填写国内铁路运单。

第二步:发货地外运或外贸公司委托深圳外运分公司办理接货、报关、查验、过轨等中转运输手续,预寄的单证和装车后拍发的起运电报是深圳外运组织运输的依据(如发货地有条件,也可在发货地报关)。

第三步:深圳外运接到铁路的到车预告后,抽出事先已分类编排的有关单证加以核对,并抄给香港中旅社作为接车准备。

第四步:货车到达后,深圳外运与铁路进行票据交接,如单证齐全无误,则向铁路编制过轨计划;如单证不全或者差错,则向铁路编制留站计划。准备过轨的货车,由深圳外运将出口货物报关单或监管货物的关封连同货物运单送海关申报,经海关审查无误,即会同联检单位对过轨货车进行联检。联检通过后,海关即放行。

第五步:香港中旅社向港段海关报关,并在罗湖站向广九铁路公司办理起票手续,港段铁路将过轨货车运到九龙站交中旅社卸货。

3. 对香港地区铁路货物运输的快运货物列车

运行的组织在一般情况下是由铁路部门负责的,但是供应港澳地区的运输具有鲜活商品多、按配额发运、两票运输等特点,所以外贸运输部门需要配合铁路部门共同组织运输工作,快运货物列车就是根据这个特殊性,由外贸和铁路部门共同协作组织进行的。

快运货物列车就是以外贸供港物资为基本车组,沿途不解体,根据鲜活商品的需要进行各项定型作业,直达深圳的货物列车。其具有如下特点。

(1)定线运行。固定发车日期、发车时刻、运行时刻和发车车站;

(2)定点挂车。根据外贸货源情况,固定装车点、装车时间、接车点、挂车时间和平均挂车数量;

(3)定型作业。沿途根据需要,进行加冰、上水、清粪等作业。

目前,开行的快运货物列车有 751 次、753 次、755 次,也称三趟快车。其中,751 次逢单日由江岸始发,逢双日由长沙北始发,承担两湖供港物资的发运任务;753 次由上海经龙华始发,承担江苏、上海、浙江、江西等省、市供港物资的发运任务;755 次由郑州北站始发,承担河南省以及三北(东北、西北、华北)地区经郑州中转供港物资的发运任务。快运列车体现了如下一些优越性。

(1) 加快了运输速度;

(2) 有利于对港澳市场的均衡供应;

(3) 保证了商品质量;

(4) 改善了押运条件;

(5) 为陆空、陆海联运的开展创造了有利条件。

二、国际海洋货物运输的交接

国际海洋货物运输根据货物运输的形式主要有集装箱货运输、件杂货运输、干散货运输和液体货物运输。按国际贸易分类的货物品目来划分,把运输中所有的货物可归纳为 56 种,其中最适合集装箱化的货物有 32 种,占总数的 57.1%,适合集装箱化的货物有 6 种,占总数的 10.7%,其余的为不适合或边缘集装箱化的货物。因此,本章主要以集装箱货物运输为例学习国际海洋货物运输的交接。

(一) 集装箱货物的分类

根据集装箱的流转形态,集装箱货物分整箱货(Full Container Load,FCL)和拼箱货(Less Container Load,LCL)。

整箱货也称整箱交接,是指货主与承运人交接的是集装箱。整箱货的运输是由发货人负责装箱、计数、积载并加铅封的。整箱货的拆箱一般由收货人办理,也可以委托承运人在货运站拆箱,但是承运人不负责箱内的货损、货差,除非货方举证确属承运人责任事故的损害,承运人才负责赔偿。对于整箱货,承运人以箱为交接单位。只要集装箱外表与收箱时相似和铅封完整,承运人就完成了承运责任。整箱货运提单上要加"委托人装箱、计数并加铅封"的条款。

拼箱货也称拼箱交接,是指由承运人的集装箱货运站负责装箱和计数,填写装箱单,并加封志的集装箱货物。通常,在货物的数量较少时采用,因此装载拼箱货的集装箱内的货物会涉及多个发货人和多个收货人。承运人将多个货主发往同一卸货港的货物装在一个集装箱内进行运输,并在目的地以货物的原来形态向各收货人交付。

(二) 集装箱货物的交接地点

货物运输中的交接地点是指根据运输合同,承运人与货主交接货物、划分责任风险和费用的地点。目前集装箱运输中货物的交接地点有门、集装箱堆场、船边/吊钩或集装箱货运站。其中门、场、钩是整箱货(FCL)的主要交接地点,站是拼箱货(LCL)的主要交接地点。

(1) 门(Door)。门是指收发货人的工厂、仓库或双方约定的收、交集装箱的地点。

(2) 集装箱堆场(Container Yard,CY)。集装箱堆场(简称"场")是交接和保管空箱和重箱的场所,也是集装箱换装运输工具的场所。

(3) 船边或吊钩(Ship's Rail or Hook/Tackle)。船边或吊钩(简称"钩")是指装货港或卸货港卸船边,或者码头集装箱装卸吊具,并以此为界区分运输装卸费用的责任界限。

(4) 集装箱货运站(Container Freight Station,CFS)。集装箱货运站(简称"站"),是拼箱货交接和保管的场所,也是拼箱货装箱与拆箱的场所。集装箱堆场和货运站也可以同处一处。

(三) 集装箱货物交接方式

根据集装箱货物在进口方和出口方各有四个不同交接地点,两两组合后可有 16 种集装箱交接方式,如图 4-5 所示。

但在集装箱货物实际运输中,根据整箱货、拼箱货的不同,其主要的交接方式仍只有 9 种。

(1) 门到门交接(Door/Door)。这种交接方式习惯上只有一个发货人、收货人,由承运人负责内陆运输,也就是说在发货人工厂或仓库接收货箱后,负责将货箱运至收货人的工厂或仓库,门到门交接的货物系整箱货。

(2) 门到场交接(Door/CY)。这种交接方式是在发货人的工厂或仓库接收货箱后,由承运人负责运至卸船港集装箱码头堆场交货,目的地的内陆运输则由收货人自己负责安排。

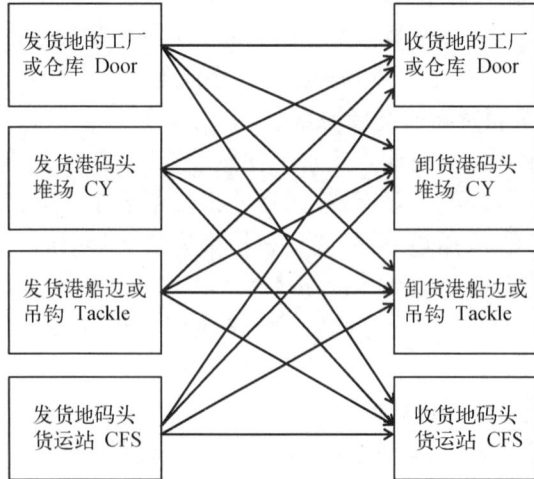

图 4-5　集装箱的交接方式

（3）门到站交接（Door/CFS）。这种交接方式是在发货人的工厂或仓库接收货箱后，由承运人负责运至目的地集装箱货运站交货，即整箱货接收、拼箱货交付。

（4）场到门交接（CY/Door）。这种交接方式指在装船港集装箱码头堆场接收货箱，由承运人负责运至收货人工厂或仓库交货的交接方式，即整箱接收、整箱交付。

（5）场到场交接（CY/CY）。这种交接方式是指承运人在装货港的码头堆场接收货物（整箱），并负责运至卸货码头堆场向收货人交付。

（6）场到站交接（CY/CFS）。这种交接方式是指承运人在装船港集装箱码头堆场接收货物（整箱），负责运至目的地集装箱货运站，一般经拆箱后向收货人交付。

（7）站到门交接（CFS/Door）。这种交接方式是指承运人在装货港码头的集装箱货运站接收货物，经拼箱后将其运至收货人工厂或仓库，并以整箱的形式交付。

（8）站到场交接（CFS/CY）。这种运输方式是指承运人在装货港集装箱货运站接收货物，经拼箱后负责将其运至卸船港集装箱码头堆场,以整箱形态交付货物。

(9)站到站交接(CFS/CFS)。这种交接方式是指承运人在装货港集装箱货运站接收货物,经拼箱后负责运至卸货港集装箱货运站,并经拆箱后向收货人交付。

三、国际航空货物运输进出港交接

国际航空货物运输过程中,为了迅速完成货物的交接,并保证货物的正常操作,承、托双方往往会签订进出港货物交接协议。本章节以上海浦东国际机场货运站有限公司的国际航空运进出货物交接及费用结算协议中的条款为例,介绍国际航空货物运输进出港货物交接的一般做法。该协议中涉及的流程及双方责任服从海关的规定并根据其变化而调整。

(一)出港货物交接

(1)双方同意根据实际需要配备人员设备,保证货物交接顺利进行,货方负责将出港货物送到机场货运站,提交海关报关放行的航空货运单和货物交接清单。

(2)由货方负责打板装箱的货物,必须满足民航安检规定"航班起飞前24小时入库",否则必须经安检检查方能收货。机场货运站对货物内容的短缺和损坏及货物受潮后产生的损失不负责任。木质包装至美、加等国的货物需提供熏蒸证明。

(3)由机场货运站负责打板装箱的货物,货方必须遵守规定的截止交货时间,机场货运站按交接清单现场查验,核收航空货运单和货物,货方负责将货物搬运上安检入口,负责在安检出口处接收,安检过程中发生异常情况的货物或发现不合规格货物有可能使内件短缺或损毁等不正常情况,机场货运站可以拒收,交货方处理,若发现货物交接清单与实物不符,由货方负责更正后交货运站。

(4)机场货运站有权对货物进行实体检查,对不符合运输要求或存在潜在危险的货物,机场货运站可以拒绝收货。货方在交运货运站货物中由于包装不妥或其性质发生变化而腐蚀污染其他货物,货方应承担由此产生的一切责任和损失。货物体积、重量超出吨控预定,导致发运延误,机场货运站不承担责任。

(5) 货物清点完毕,机场货运站在交接单上签字确认收讫,加盖收货时间标记,并签发出港货物交接清单,双方各留一份。

(6) 货运实测货物重量和体积与货运单不符,货方应按海关和承运航空公司有关规定更改货运单。

(7) 货方应遵守货运站与其所代理的航空公司确定的截止交货时间(Cut-off Time),货方如超出规定时间交货,由此造成的延误发运,货运站不承担任何责任。

(二) 进港货物交接

(1) 机场货运站应在货物实际到达其货运站后,在与航空公司商定的时间内完成货物的分解并通知货方。凡目的站为上海浦东,航空货运单上的收货人为货方或机场货运站认定可由货方代理交付的货物,均由货方领收并代为交付与收货人。根据海关集中驳运的原则,从机场货运站仓库到货方仓库的运输服务由同货运站签约的第三方运输公司通过海关监管卡车来实现。

(2) 双方同意用现场清点交接的方式交接航空货运单和货物,由机场货运站先理出航空货运单,按航空货运单制作交接清单,并将货物移至交接区域;货方按交接清单查验,核收航空货运单和货物,在交接单上签字确认收讫后监督货物装车。

(3) 货方应指派专人在机场货运站进行进港货物交接并核对航空货运单,交接清单与实际货物是否相符。如发现有破损、短缺等情况应和机场货运站共同对货物进行检查,作好事故记录并经双方签字认可。

(4) 机场货运站同意就交接前货物的丢失、短缺、毁坏、潮湿等情况与承运人协商,分清职责,由过失方承担由此产生的经济损失;货方同意对交接后的丢失、短缺、破损、毁坏、潮湿及交付错误等负责,并承担由此产生的一切经济损失。

(5) 货方应在其海关监管仓库配备必需的装卸设备和人力,以保证货物在运达后及时完成卸货工作。

(6) 进入货方仓库的进港货物,货方应严格按照航空货运单上列明的收货人,及时通知收货人提取;货方不得以任何理由积压货物并以此向收货人收取不正当费用，由此引起的一切后果由乙方承担。

（7）货方如发现有货运站错分货物时，货方应尽快将货物退还甲方仓库，不得以任何理由拖延。

第四节　我国自贸区的货物运输作业

一、自贸区的内涵

"自贸区"是"自由贸易区"的简称。它有两种含义，一种理解是作为国际区域经济一体化的一种形式，其含义是指"两个或两个以上的国家或行政独立的经济体之间通过达成协议，相互取消进口关税以及与关税具有同等效力的其他措施而形成的国际经济一体化的组织"。这种自由贸易区的英文是 Free Trade Area，缩写为 FTA。与自由贸易区概念类似但一体化程度更高的经济一体化组织还有关税同盟、共同市场、经济联盟等。现实中这种国家之间为了促进贸易发展而缔结的自由贸易区很多，例如北美自由贸易区、中国—巴基斯坦自由贸易区，等等。第二种理解是作为一国出口鼓励措施之一而设立的经济特区的一种，其含义是指"一个国家或地区在其管辖的地域内划出一定非关境的地理范围，实行特殊的经济政策，以吸引外商从事贸易和出口加工等业务活动。其目的是为了促进对外贸易的发展，鼓励转口贸易和出口加工贸易，繁荣本地区和邻近地区的经济，增加财政收入和外汇收入"。这种自由贸易区的英文是 Free Trade Zone，缩写为 FTZ。与这种意义下的自由贸易区概念相似但内涵有所不同的经济特区形式还有自由港、保税区、出口加工区、科学工业园区、自由边境区和综合性经济特区，等等。例如中国香港就是自由港，德国汉堡港是把一部分港区划为自由贸易区，称为自由港区。

以上两种"自由贸易区"，FTA 属于宏观层次，是国家之间通过签订自由贸易协定而组建的国际经济一体化组织，FTZ 相对偏向微观层次，处于一个国家之内，在划定一片小范围的区域内实行特殊的经济贸易政策。这两种自由贸易区有个共同的核心特征,就是免征关税。FTA是指自由贸易区各成员国之间的商品相互进入对方境内时免征关税和其他与关税具有同等效力的措施,而对非成员国各自还维持着关税或者和关税具有同等效力的限制措施;FTZ是指一国设定的"境内关外"的特殊区域,其他国家的商品可以免关税进入该自由贸易区,本国其他地区的商品进入该自由贸易区则必须通关和缴纳关税,自由贸易区内商品进入该国其他地区也要通关和缴纳关税。上海自贸区是属于后者。

这两种含义的自贸区,至少从过去看,还有一个共同的特征,都是主要针对货物贸易。FTA是首先实现货物贸易自由化,以便充分发挥各自比较优势,优化资源配置,实现互利共赢,并在此基础上逐步加深经济一体化,向关税同盟、共同市场等目标迈进。FTZ是一个国家为了促进货物出口、发展加工贸易或者转口贸易为主要目标,同时也是为了增加就业和财政收入,而在交通便利的地方划定特定区域实行免关税等优惠政策。通俗地说,FTA是多个国家一起"玩",游戏规则多国共同制定;而FTZ是一国在自己的地盘"玩",自己地盘自己做主,游戏规则自己制定。

二、我国自贸区的发展概况

2013年9月29日,中国(上海)自由贸易试验区,简称上海自由贸易区或上海自贸区正式挂牌成立,这对贸易、物流运输等行业来说无疑是头等大事。自贸区是指一国的部分领土,运入该领土内的货物就进口关税及其他各税而言,被认为在关境之外,并免于实施惯常的海关监管制度。简言之,就是上海自贸区内采取特殊的监管政策和税收优惠,为外贸和投资企业提供更多便利。上海自贸区成立后,其他城市的自贸区也应势成立了。2015年3月24日,中共中央政治局审议通过广东(三大片区:广州南沙自贸区、深圳蛇口自贸区、珠海横琴自贸区)、天津、福建自由贸易试验区总体方案、进一步深化上海自由贸易试验区改革开放方案。

自贸区通过实行"先入区、后报关"的特殊监管模式既能够降低企业物流成本，又能够缩短货物通关时间。物流运输车辆通过自贸区海关卡口时，车牌及集装箱号的自动识别、货物信息的扫描验核、车辆GPS信息的核销与卡口自动抬杠验放等程序能够置于系统内一次性完成。新型监管模式的实施能够促进企业将报关和提货入区作业"并联"操作，大大提高了国际进出口货物的通关效率、节省通关成本。

我国自贸区的"红利"概括起来就是"一简化、六自由"，即通过简化管理手段尤其是行政审批手续，使区内注册企业享受贸易自由、人员进出自由、货物进出自由、服务进出自由、货币流通自由和货物存储自由。这些政策的实施将使国际间货物运输交接手续发生变化。

三、上海自贸区的货物运输创新

中国自贸区并不是同时在全国范围内全面铺开，而是选择首先在上海挂牌成立，主要是因为上海开展自由贸易的软硬件环境比其他地区更为成熟，因此希望在上海作为试点积累了经验后再在其他地区有计划地逐步展开。因此本章节以上海自贸区为例分析在自贸区下的国际货物运输的创新之处。

上海自贸区实施"单一窗口"、整合口岸管理资源、简化和协调进出口手续和单证，即以上海自贸区海关为中心进行各部门业务整合，通过单一窗口的信息化平台为国际贸易企业提供服务。上海自贸区贸易便利化将以贸易便利化制度建设为核心，建立高效的边境通关管理制度。其中包括：第一，单一窗口合作机制。相关边境检查部门在主要的国际港、空港、陆地边境办公地点与海关办公地点联合安排检验工作，海关不可代替其他部门进行边境检验。第二，快捷通关制度。与风险评估和海关外部审计密切相关的另一个制度是对合规企业进行特殊程序安排，包括快捷通关制度的建设，这很大程度上依赖于风险评估工作开展的规范程度和外部审计的技术能力。第三，提前放行制度。规定只要货物符合海关要求，并且交易企业提供计税所需基本信息，海关即可尽快放行，实现通关和放行分离。第五，海关复议制度。由专门的行政复议法院管辖，建立专门的海关复议机制，包括上海地方复议会和国家复议委员会，从而更加高效和及时地处理存在争议的问题。第六，风险管理制度。风险管理在提高效率、便利海关执行以及实施其他贸易便利化措施方面具有重要作用,如实施提前审单和预归类的数据预存和处理制度,将放行与办理通关的货物分离,或将享受特殊程序待遇企业与其他企业进行分类管理。以上这些措施使上海自贸区的货物大大减少了货物等待通关时间,提高了货物交接效率。

经海关总署批复同意,对自境外直接进入上海自贸区的一线进境保税货物,海关不再验核检验检疫部门签发的《入境货物通关单》。这是海关进一步简化一线进境手续,提高贸易便利化而推出的又一具体措施。在此之前,自贸区一线进境保税货物向海关申报时,企业需向海关提供由检验检疫机构签发的《入境货物通关单》或由检验检疫机构签章的入境备案清单。虽然表面上看只是少跑一趟,少敲一个章,变化中折射出的却是政府部门简政放权的积极作为。在实际操作中需要注意,目前取消验核通关单的货物范围是从上海口岸直接进入自贸区的一线进境保税货物。换言之,从上海以外各口岸进境并转关至自贸区的进境保税货物以及其他法定检验检疫货物仍保留原先的做法。此外,上海海关总署计划进一步简化进境备案清单,将自贸区内不同海关监管区域内的两种备案清单格式(一种含 29 项申报要素,适用于外高桥保税区和物流园区;另一种含 40 项申报要素,适用于洋山保税港区、机场综合保税区等其他区域)整合为统一的 30 项要素的格式。

从上海自贸区的一系列政策中可以看出,虽然具体的操作方法和要求时有变化,但是总的趋势是国际货物交接的方式会在传统的总方针与原则下越来越便捷,这是国际运输行业的新机遇,同时也对运输业提出了新的挑战。

本章小结

不同的运输方式,其运输业务流程也有差异。公路运输业务流程主要包括接单、登记、调用安排、车队交接、提货发运、在途追踪、到达签收、回单、运输结算等环节。铁路运输业务主要包括托运、承运、发运、费用结算和货物交付等环节。水路运输业务大致包括托运、订舱、做箱、报关、装载、卸载、通知提货、清关、换单和提货等环节。航空运输业务主要包括托运、订舱、接单接货、填制货运单、报关、交单交货、费用结算和信息传递等环节。

运输计划是运输企业实施各项管理活动的纲领和基本依据。运输计划由运输量计划、车辆计划、车辆运用计划和车辆运行作业计划四部分构成。

货物运输调度主要是对运输工具的调度。在制定调度方案时，可以选择总运输费用最低作为目标，采用表上作业法的原理，寻找最优调运方案。

国际货物运输交接是国际运输作业的关键结点，并且不同运输方式下的国际货物交接有不同的交接方式与流程。特别介绍了对香港地区的铁路货物运输的特殊流程以及在实行自贸区政策后国际货物通关交接的变化。

本章思考题

1. 简述公路运输、铁路运输、海洋运输、航空运输的业务流程。
2. 简述运输计划的种类和作用。
3. 货运计划指标如何确定？
4. 运输调度的内容包括哪些？
5. 运输调度有哪些方法？
6. 简述国际铁路运输、海洋运输、航空运输的货物交接流程。
7. 简述对香港地区铁路货物运输的作业流程。

案 例 分 析

OP 公司的国际货物联运

俄亥俄塑料公司（OP）是一家在塑料品上制作标记、标签和雕刻塑料产品的领导型公司。OP 以制造高品质的产品和对订单提供快速反应服务而在业界闻名。2003年OP占有美国75％的塑料雕刻市场。

OP公司的销售在2003年下半年开始下滑,在与主要的分销商和雕刻商们讨论后的结论是市场对雕刻产品的需求日渐疲软,并且预期2004年的销量会进一步下降。为应对美国市场的缩量,OP开始在墨西哥销售其产品。OP在墨西哥的蒙特雷和瓜达拉哈拉的分销商签署了协议。在开始的六个月里,墨西哥城市的分销商们每个月都有两位数的月度增长率。然而在2004年的每一个季度月度的增长速度有所放缓。

与墨西哥分销商们讨论的结果显示,货物运输的提前期从2003年的4天增加到7天,并且运输时间的一致性(准时性)也降低到70％。这种时间更长而一致性更差的货物运输导致的结果是经常性的缺货和机会损失。由于OP公司在墨西哥市场还没有形成品牌认知度,因此雕刻商们纷纷从分销商处转向其他品牌。因此,OP公司在墨西哥便遇到了销售损失。

于是OP公司开展了一项针对以墨西哥为目的地的交通运输的研究,其结果如下:

1) 产品由CBN卡车公司在OP的俄亥俄工厂装运,然后运输至其终点站——德克萨斯的拉雷多。

2) 当货物到达CBN的终点站时,CBN告诉BCJ和经纪人,并且通知货物已经到了。

3) BCJ不会马上安排接货,而是会等到货物到达CBN的终点后才安排。BCJ公司也不会提前准备墨西哥的进口文件,而要等到它检查完产品,确保按照墨西哥进口义务支付准确的酬金,然后才准备准确的墨西哥文件。墨西哥的法律规定海关出现任何差错将由墨西哥政府的经纪人承担责任,而不是船主或者收件人。

4) 接到货物已经到达CBN的终点站以后,BCJ着手准备墨西哥的进口文件,然后与美方签订出口声明的文件。

5) BCJ随后联系一家当地的短驳承运人到CBN的终点站去接收货物,并且运输到墨西哥海关区域。短驳承运人持有通关文件。

6) 等到货物通过墨西哥海关以后,货物将被运送到CBN卡车公

司的一家子公司——CBN(墨西哥)。由于托运人持有OP公司下发的
到达三个墨西哥分销商的指令,因此CBN(墨西哥)将依次在这三个分
销商的各个地方停留。

7) CBN将不使用自己的牵引车把货物拉过大桥进入墨西哥海
关,因为这需要很长时间(一辆牵引车一趟需要一天时间)以及墨西哥
司机的待遇很低,这有效降低了运输成本。

（案例摘编自：Edward J. Bardi, John J. Coyle,
Robert A. Novack 著,刘南,周蕾,李燕等译.
运输管理.机械工业出版社,2009,167—168)

案例思考题:

1. 简要描述 OP 公司在墨西哥的货物运输交接。

2. 请思考 OP 公司在墨西哥市场的货物运输交接环节存在哪些
不合理的地方。

3. 你有什么建议来缩短提前期、提高货物运输时间的一致性(准
时性)。

参考答案:

1. 略。

2. 主要存在以下不合理之处：墨西哥的国际货物运输不像其他国
家和地区可以提前办理进出口的手续,而是要求运输工具及货物到达并
检查后才开始办理一系列的手续,这就造成货物在交接处的等待时间过
长;墨西哥政府在国际货物交接中过多地强调经纪人的义务与责任,而对
运输主体及收货人却无责任要求;在缺乏国际多式联运合同约束下,全程
运输中多个运输责任人使得责任不清晰明确,导致运输质量难以保证。

3. 在无法改变墨西哥有关货物进出口政策的情况下,建议 OP 公
司采用国际多式联运合同以明确全程货物运输的目标及责任,在多式
联运第一责任人的统筹下提高货物交接效率,实现运输路线的合理规
划,在追求运输低成本的同时兼顾运输质量,缩短提前期,提高运输时
间的准时性。

第五章

运输商务管理

学习目标

◇ 掌握货运合同签订、履行、变更、解除以及违约责任的内容,能制作简单货运合同范本

◇ 掌握运输单据的种类及用途,能分清不同运输单据的用途

◇ 理解运输保险的保险责任,能进行运输保险的投保

◇ 掌握运输价格的分类,能够根据不同运输类型确定运输价格

◇ 理解各种运输方式运输费用的核算

引导案例

提单份数完整性对货物所有权的影响

2014年9月8日,某进出口A公司约定向国外B公司提供一批货物,并将货物交于某集装箱储运C公司。10月16日,C公司签发了提单,载明托运人为A公司,收货人"凭指示"。提单同时注明正本份数为3份。11月5日,货物在目的港清关、拆箱。12月14日,A公司向C公司询问货物下落,被告知货物已被B公司提走。由于B公司始终没有支付货款,A公司遂以无单放货为由,诉请法院判令C公司赔偿货物损失及相关退税损失,但A公司仅向法院提供了一份正本提单。

(案例来源:自编)

请问该案例中A公司是否有权向承运人C公司索赔货物损失?

案例分析思路：

1. A 公司与 C 公司之间因提单的签发形成海上货物运输合同关系。A 公司不能提到货物，本应取得向承运人索赔货物损失的权利，但由于其仅持有一份正本提单，因此权利存在瑕疵。

2. 海上货物运输合同项下的权利可以随提单转移，A 公司仅持有一份正本提单，不能确定其在货物出运后仍是合同一方当事人，未能证明其完全具有主张货物损失赔偿的资格。

3. A 公司要保护自身的合法权益，首先必须向法院说明不能提交 3 份正本提单的原因，并提供相关证据。否则，A 公司无权向承运人 C 公司索赔货物损失。

现代网络技术和电子商务对运输企业商务管理提出新需求，本章通过对运输企业所涉及的各种商务活动，有针对性地阐述了交通运输企业商务运作过程中有关的理论，主要包括运输合同管理、运输单据管理、运输保险、运输价格管理等。

第一节　运输合同管理

一、运输合同的含义与分类

（一）运输合同的含义

货物运输合同也叫货运合同，是指承运方根据托运方的具体要求，将货物安全、及时、完整运到指定的地点，并交付给托运人指定的收货方，托运方按约定付给运输费用的协议。其订立、变更及解除应遵守《中华人民共和国合同法》的规定。

货运合同除了具有合同普遍的法律特征外还具有以下特征：

1. 明确当事人权利义务的协议

货运合同是当事人之间为了实现一定经济目的，明确相互权利义务关系而订立的协议,签订合同的当事人可以是法人,也可以是公民。

2. 标的是运送货物的行为

从表面上看,在货运合同履行中,货物从甲地转移到乙地,但是合同当事人的权利及义务关系并不是围绕货物本身产生的,而是围绕着为他人运送货物的行为而产生的。

3. 具有标准合同的性质

大多运输合同的主要条款及各方权利义务都是国家授权交通运输行政管理部门以法规的形式统一规定,双方当事人无权自行变更。因此,货运合同往往被制成标准合同。

4. 当事人的特殊性

货运合同的收货人和托运人可以是同一人,但在大多数情况下不是同一人,而是第三人。因此,收货人虽然没有直接参与合同的订立,但他的权利和义务已经按有关法律、法规的规定明确地载明在合同中。

5. 双务有偿合同

承运人与托运人各承担一定的义务,互享一定的权利。承运人有权取得托运人支付的费用,而托运人有权要求承运人将其货物运送到指定地点。

(二) 货运合同的分类

货物运输业务自身就存在很复杂的特点,这就决定了与此业务相关的运输合同具有种类多样性。

1. 按运输工具划分

货运合同按运输工具划分,可分为铁路运输合同、公路运输合同、水路运输合同、航空运输合同和多式联运合同等。

2. 按货物性质划分

货运合同按货物性质划分,可分为普通货物运输合同、特殊货物运输合同、危险货物运输合同等。

3. 按合同期限划分

货运合同按合同期限划分,货运合同按期限不同可以划分长期合同和短期合同。长期合同是指合同期限在一年以上的合同,短期合同是指合同期限在一年以下的合同,如年度、季度、月度合同。

4. 按货物数量划分

货物运输合同按货物数量不同可以划分为批量合同和运次合同。批量合同一般是一次托运货物数量较多的大宗货物运输合同;运次合同一般是托运货物较少,一个运次即可以完成的运输合同。

二、运输合同的订立

(一) 运输合同订立的原则

1. 合法性原则

所谓合法性指的是在签订运输合同的内容和程序上必须符合法律的要求,这样才具有法律效力,才能达到签订运输合同以保障当事人权益的目的。

2. 平等互利原则

不论是什么性质的企业,也不论企业规模的大小,在签订运输合同的过程中,双方的法律地位是平等的,体现在合同的内容上就是双方的权利和义务必须对等。

3. 协商一致原则

这一点强调双方必须是在经过协商并在意愿上达成一致后才能签订运输合同,不得将自己的意志强加于另一方。

4. 有偿性原则

运输合同签订后,合同的当事人都享有一样的权利和义务,每一方从对方得到某种利益时要付出相对应的代价,任何一方不能只享受权利而不承担义务。

(二) 货运合同订立的一般程序

1. 要约

要约是指一方以订立货运合同为目的,就主要条款向另一方提出建议的意思表示,发出这一表示的为要约方,受到这一表示的为受约方。要约的内容包括:希望订立运输合同的意愿、签订运输合同的主要条款、要求对方回复的期限等,要约一般由托运人提出。

2. 承诺

承诺是受约方接受要约方所发出的邀约的行为,这是一方对另一方提出的要约表示完全同意的行为,其成立必须具备以下条件:承诺必须是受约方做出的意思表示,非受约方无权做出承诺;承诺必须向要约方做出,其目的在于订立货物运输合同;承诺必须是完全同意要约的全部条件,任何一点的变更都不能称之为承诺;必须在要约规定的答复期内做出,否则不成为承诺。实际上在签订货物运输合同的过程中,当事人双方通常要经过反复协商,直至达成一致的意见,也就是要约—新要约—再要约—承诺的复杂过程。

3. 订立

货物运输合同一般是由托运人提出要约,承运人同意运输的承诺后成立。《合同法》规定,从事公共运输的承运人不得拒绝托运人通常、合理的运输要求。托运人办理托运手续后,承运人应托运人的请求应当向托运人交付提单或者其他提货凭证。

三、运输合同变更和解除

(一) 运输合同变更

1. 货运合同变更的概念

由于托运人或收货人的原因,可按批向货物所在的中途站或到站提出变更到站、变更收货人,称为货运合同变更。货物运输合同的变更包括对收货人的变更、交货地点的变更两个方面。变更合同应提交相应的文件如货物运单和变更请求书,承运人根据货物运输情况,决定是否接受变更请求。

2. 货运合同变更的限制

货运合同变更必然会给货物运输工作的正常秩序带来一定的影响,所以,对已承运货物的变更,需要进行必要的限制。

下列情况承运人不受理运输合同变更:(1)违反国家法律行政法规;(2)违反物资流向;(3)违反运输限制;(4)蜜蜂运输;(5)易腐货物变更后,新的货物运到期限大于原货物容许运输期限时;(6)变更一批货物中的一部分;(7)第二次变更到站。

3. 货运合同变更的处理

办理取消托运或变更手续时,托运人、收货人应向发站、中途站或到站提出领货凭证和货物变更要求书。不能提出领货凭证明时,应提出能证明托运人、收货人身份的有效证明文件,并在变更要求书中注明,方可办理。已经卸车的整车货物,不再变更到站。

办理变更或取消托运,托运人或收货人应向承运人支付货物变更手续费。发运前取消托运,由发站返还全部运费及押运人乘车费。发运后变更到站时,运费应按发站至处理站、处理站至新到站分别计算,并由新到站向收货人结算。对已发生的相关费用,由发站或处理站随同变更手续费一起核收。

货物运输合同变更,对运输费用要进行清算,多退少补。如果承运人有损失,请求人要赔偿损失。

(二) 运输合同解除

1. 货运合同解除的概念

货物运输合同的解除是指在承运人还没把货物发运以前,托运人可提出解除合同的要求。托运人要求解除合同时应提交的文件是各种运输单据,包括托运单、货票等。

2. 货运合同解除的条件

整车货物、大型集装箱货物发站在挂运前,零担货物和其他集装箱货物发站在装车前,托运人提出取消托运要求,经承运人同意可以取消托运手续,货物合同即告解除。

3. 货运合同解除后的责任

合同解除时,也要进行清算,该退的运输费用要退还,该收的保管费用要收取。解除合同,发站退还全部运费与押运人乘车费。但特种车使用费和冷藏车回送费不退。此外,还应按规定支付保管费等费用。

四、当事人的权利与义务

货运合同指承运人将托运人交付的货物运送到指定的地点,托运人为此支付运费的合同。货运合同往往涉及第三人,即收货人,收货人有时不是货运合同的当事人,但却是合同的利害关系人,享有规定的权利并承担合同规定的义务。

(一) 托运人的主要权利与义务

1. 托运人的主要权利

要求承运人按合同约定的时间安全运输到约定的地点;在承运人将货物交付收货人前,托运人可以请求承运人中止运输、返还货物、变更到货地点或将货物交给其他收货人,但由此给承运人造成的损失应予赔偿。

2. 托运人的主要义务

如实申报货运基本情况的义务;办理有关手续的义务;包装货物的义务;支付运费和其他有关费用的义务。

(二) 承运人的主要权利与义务

1. 承运人的主要权利

收取运费及符合规定的其他费用;对逾期提货的,承运人有权收取逾期提货的保管费,对收货人不明或收货人拒绝受领货物的,承运人可以提存货物,不适合提存货物的,可以拍卖货物提存价款;对不支付运费、保管费及其他有关费用的,承运人可以对相应的运输货物享有留置权。

2. 承运人的主要义务

按合同约定调配适当的运输工具和设备,接收承运的货物,按期将货物运到指定的地点;从接收货物时起至交付收货人之前,负有安全运输和妥善保管的义务;货物运到指定地点后,应及时通知收货人收货。

(三) 收货人的主要权利与义务

1. 收货人的主要权利

承运人将货物运到指定地点后,持凭证领取货物的权利;在发现货物短少或灭失时,有请求承运人赔偿的权利。

2. 收货人的主要义务

检验货物的义务;及时提货的义务;支付托运人少交或未交的运费或其他费用的义务。

五、货运合同的违约责任

(一) 承运人的违约责任

从货物装运时起,至货物运抵到达地交付完毕时止,承运人应对货物的灭失、短少、变质、污染、损坏负责,并按货物实际损失赔偿。但有下列情况之一者除外:不可抗力;货物的自然损耗或性质变化;包装不符合规定(无法从外部发现);包装完整无损而内装货物短损、变质;托运人的过错;有押运人且不属承运人责任的;其他经查证非承运人责任造成的损失。

(二) 托运人的违约责任

托运人在下列情况下,将对货运合同承担违约责任:第一,未按合同规定的时间和要求提供货物,应按合同规定支付给对方违约金;第二,由于托运人过错致使车辆、机具、设备损坏、腐蚀或人身伤亡以及第三者物质的损失;第三,货物包装完整无损而货物短损、变质,收货人拒收,或货物运抵到达地找不到收货人,以及由托运方负责装卸的货物,超过合同规定装卸时间所造成的损失;第四,由于托运方责任给承运部门造成损失,或因捏报而造成他人生命财产损失时,除由托运方负责赔偿外,必要时应交有关部门处理。

托运方对承运方的赔偿要求,凡起运前发现而要求赔偿的,由起运车站负责处理,其他由到达站负责处理。但行车肇事所引起的货运事故,应由事故发生地的就近车站,会同当地监理部门和有关单位作出现场记录,由责任人承担赔偿责任。

要求赔偿有效期限从货物开票之日起,不得超过 6 个月。从提出赔偿要求之起,责任人应在 2 个月内作出处理。

(三) 违约赔偿界定

货物的损坏按受损货物所减低价值或修理费赔偿。赔偿的价格由交通部国家物价局、国家工商行政管理局规定的价格计算。造成车辆、设备损坏或第三者物质损失,按损坏或损失部分的价值赔偿。承、托双方彼此之间要求赔偿的时效,从货物运抵到达地点的次日起算,不超过一百八十日。赔偿要求应以书面形式提出,对方应在收到书面赔偿要求的次日起六十日内处理。

承、托双方在履行公路货运合同中发生纠纷时,应及时协商解决。协商不成时,可以申请交通主管部门调解,或申请合同管理机关调解、仲裁,也可以直接向人民法院起诉。

第二节　运输单据管理

为了保证货物的安全交接,在整个运输过程中需要编制各种单据。这些单据各有其特定的用途,彼此之间又有相互依存的关系。它们既把买方、卖方和承运人各方联系在一起,又能分清各自的权利和义务。运输单据是承运人收到承运货物签发给托运人的证明文件,它是交接货物、处理索赔与理赔以及向银行结算货款或进行议付的重要单据。

一、运输单据的种类

广义的货运单据,包括与货物交接、运输、保险有关的单据,包括运输单据、保险单据、商业发票。

狭义的货运单据是指承运人或其代理人签发的货运单据,它是承运人收到货物的收据,也是托运人同承运人之间的运输契约,有的还是物权凭证。主要包括以下几类:

(一) 海运提单

海运提单(Ocean Bill of Lading)是承运人或其代理人收到货物后,签发给托运人的货物收据,是货物所有权的凭证,是运输契约或其证明。

(二) 海运单

海运单(Sea Way bill)的主要特点在于收货人已明确指定。收货人并不需要提交正本单据,而仅需证明自己是海运单载明的收货人即可提取货物。因此,海运单无物权,不可以转让的,它的应用范围比较窄,主要用于跨国公司成员之间的货物运输。

（三）铁路运单

铁路运单（Railway Bill）是由铁路运输承运人签发的货运单据，它是收、发货人同铁路之间的运输契约。其正本在签发后与货物同行，副本签发给托运人用于贸易双方结算货款。在货物发生损失时，还可以用于向铁路进行索赔。铁路运单不是物权凭证。

（四）空运单

空运单（Air Way bill）是由空运承运人或其代理人签发的货运单据。它是承运人收到货物的收据，也是托运人同承运人之间的运输契约，但不具有物权凭证的性质，因此空运单也是不可以转让的。

（五）装船通知

装船通知（Shipping Advice）是货物离开起运地后，由出口商发送给进口商通知后者一定数量的货物已经起运的通知文件。在 FOB 或 CFR 条件下，进口商需要根据装船通知来为进口货物办理保险，因此一般要求出口商在货物离开起运地后两个工作日内向进口商发出装船通知。

（六）承运货物收据

承运货物收据（Cargo Receipt）既是承运人出具的货物收据，也是承运人与托运人签订的运输契约的证明。中国内地通过铁路运往港、澳地区的出口货物，一般委托中国对外贸易运输公司承办。当出口货物装车发运后，对外贸易运输公司即签发承运货物收据交给托运人，作为对外办理结汇的凭证。承运货物收据只有第一联为正本，反面印有"承运简章"，载明承运人的责任范围。

（七）多式联运提单

多式联运单据（Multimodal Transport Document）是由承运人或其代理人签发，其作用与海运提单相似，既是货物收据也是运输契约的证明。在单据做成指示抬头或不记名抬头时，可作为物权凭证，经背书可以转让。

多式联运单据表面上和海运提单相仿，但海运提单承运人只对自己执行的一段负责，而多式联运承运人对全程负责。海运提单由船公司签发，包括海洋运输在内的全程运输，多式联运单据由多式联运承运人签发,也包括全程运输,但多种运输方式中,可以不包括公海洋运输。

二、运输单据的缮制

有关运输方面的单据是国际贸易单证工作中的"大户",所涉种类最多。运输方式不同,运输单据各异。较重要的有:可以作为物权凭证和结汇单据的海运提单(B/L)、承运货物收据(C/R)和多式联运单据(MTD),空运中的主单(MAWB)和分单(HAWB),陆运中的国际铁路运单(RailWay bill)和公路运单(RoadWay bill),集装箱运输中的场站收据(D/R)、设备交接单(EIR)和交货记录联单(D/O)三大单证,订舱委托书(B/N)、装货单(S/O)以及收货单(M/R)等托运单据,还有EMS、DHL、UPS、OCS、FEDEX、TNT等快递收据。

由于海运是最主要的一种运输方式,所以这里我们侧重学习海运提单的缮制和运用。其涉及的业务流程是:货主根据合同/信用证委托(接单)→(货代)订舱→订舱回单→通知客户做箱→安排拖箱、装箱→传报关资料→报关→缴清费用→提单确认和修改→提单发放→寄单→退单(核销等)→换单→凭单提货。

(一)海运提单的基本要求

海运提单从性质上讲是货物所有权凭证,通常做成正本三份,副本两份,有正反面条款。船公司根据卖方/货代的托运委托制作(有些受益人自制提单后交承运人签署),单据名称多数情况下为 Ocean/Marine Bill of Lading,各国船公司的提单格式、内容和遵循的规则基本统一,信用证或合同中常见要求为:Full set of clean on board ocean/marine bill of lading made out to order(或 to order of xxx)and blank endorsed marked "freight prepaid/collect",notify applicant。

提单内容有:提单编号、托运人、收货人、(被)通知人、装货港、目的地/卸货港、船名和航次、唛头及件号、货名及件数、重量和体积、运费到付/预付、正本提单的份数、船公司/代理人签章、承运人的批注、签发提单的时间和地点等。如是多式联运单据,会有前程运输工具名称、收货地、交付地等项目。集装箱运输时会有箱号、封号、箱型、箱数等内容出现。转让提单时涉及背书,有的提单还需要明确目的港提货代理等。

（二）提单的填写规范

根据"单单一致、单证一致"的原则，单据所记载的内容很多是相同的，所以这里主要就提单有别于其他单据的内容进行重点介绍。

1. 当事人

提单的当事人包括托运人/发货人、收货人、通知人、承运人（提单签发人）和有关代理人等。

托运人（Shipper/Consignor）可以是货主（自办托运），也可以是货主代理（代理代办托运）或货运代理（货代代办托运）。若 L/C 规定"Third Party B/Lunacceptable"，则只能以货主名义出单。如受益人是中间商，货物从产地直接出运时也可以实际卖方（第三方）为发货人。

收货人（Consignee）也叫提单的抬头，填写应与 L/C 要求完全一致。L/C 中通常是以"made out to、consigned to、issued to、in the name of"加以引导（即应填写"to"和"of"后所提到的内容）。提单抬头的填写原则是：如规定"B/L made out to our order/to order of xx bank"，制单时可填写"To xx bank's order"，转让时由开证行背书；如规定"B/L made out to order/to shipper's order/to the order of shipper"，应照抄并由托运人背书；如规定"B/L made out to order of applicant/consignee"，填写"to order of＋申请人名称"，由申请人背书转让，应尽量避免这种做法，上述几种做法都是指示抬头。如规定"B/L consigned to xxx Co."就是记名抬头，应填写"xxx Co."，不能转让，只能由"xxx Co."凭单提货，通常出现在贵重商品、展品及援外物资的运输的提单中，对美贸易也较常见。注意：承运人一般不接受一票货物有两个或两个以上的收货人；如 L/C 没有规定通知人的地址，而托运人在提单通知人栏加注详细地址，银行可以接受，但无须审核。

被通知人（Notify/Notifying party）指接收到货通知的收件人或其代理。如有明确规定则从其规定；如未明确，可在副本中填申请人名址，正本保持空白。如收货人栏目填写"Toorder"，没有指定通知人，此栏可空白；如属托运人指示的提单此栏必须详填；如是记名提单，此栏可填"（the）same as consignee"；如出现"Notify：xxx only"的要求，"only"是绝对不可省略的。注意：此栏有时可以填写预定收货人或第二收货人。

承运人(Carrier)指负责运输货物的人,通常出现在提单的右下方(提单签章人)。提单必须由承运人/船长或他们的代理人签发,代理人签发的通常会出现"as agent for"或"on behalf of"字样。

目的港提货代理(Agent for delivery)填写承运人在目的港提货点联系的代理人名、地址。

2. 港口和地点

港口和地点两者含义有所不同,主要有这几种说法。装运港应与L/C一致,填写具体港口名称。对港、澳、台地区出口时不可出现"China"字样;对同一地区的几个港口,不可混用(如 Huangpu,Guangzhou);装运港之前或之后有行政区的(如 Xingang/Tianjin)应在提单上予以显示。

目的港应具体规定,不要出现 EMP、AMP、JMP 等缩略语;重名港一定加注国家/地区名称;对 L/C 尚未确定的目的港(例:One safe Indian Port at opener's option)提单应照抄;有些 L/C 规定目的港后有 Free port/zone 的要满足;L/C 规定某港,同时又有卸货堆场/码头的也应照打;转船时一程提单上目的港填转船港,二程提单上填最终目的港;对荷兰/比利时出口时目的港规定为"Antwerp",来证目的港如为"Antwerpen",可以不修改但应按 L/C 规定填写,"Antwerpen"符合荷兰语的拼写规则。

中转/转运港:可在目的港后填写"W/T 或 With Transshipment at 转运港名称"或"via"。

收货地和交付地:只在多式联运条件下才填写,单式海运时不能填注,否则会引起误解。

提单签发地:一般在装运港所在地。

3. 单据号码

单据上的号码有提单号(同装货单号)、航次号(Voy)、集装箱号(CN)和封志号(SN)等。

4. 运输工具名称

海运的船名(Vessel)和多式联运时的前程运输工具名称应根据实

际填写。

5. 货物

品名与 L/C 或发票一致或使用统称，数量、包装、毛重和尺码与发票和箱单一致。

6. 唛头和号码

与 L/C 或合同规定一致；集装箱货物可只填写集装箱号；如有两个以上部分内容相同的唛头，相同部分可用 DO 或 ID（同上）代替；唛头也可简单显示为"As per Inv No. xxx"。

7. 运费支付

除非 L/C 有特别要求，提单只需要显示运费支付状况，表示的方法有：Freight Paid/Prepaid（运费已付/预付），Freight （to） Collect/Freight Payable at Destination/Freight to be Collected（运费待付/到付/未付）等；C 组术语成交千万不要遗漏运费已支付的表述，如运费由收货人支付，在 FOB、FCA 或 EXW 条件下标明"Freight Prepaid"的提单也可接受；如 L/C 规定接受租船提单，可在提单上注明"Freight as per charter party"，如卖方知道运费金额或船公司不愿意暴露运费费率时，提单可注"Freight paid as arranged"或"Freight as arranged"；舱面货、冷藏货、活牲畜和鲜货等的运输单据必须标明预付运费。

8. 提单上的图章

一份提单上可能会出现的图章有：签发提单的公司印章（最多出现两处）；提单更正章（一般不应超过三处）；日期文字章（标明已装船）；电放章（电放货物时使用）等。

9. 提单上的批注

有正常和不清洁批注两类。常见正常批注有：

"Said To Contain（简称 STC，据称）""SBS（Said by shipper 据发货人称）""SLAC（Shipper's load & count 发货人装箱、计数）""Shipper's load count & seal（简称 SLCAS）"以及与集装箱运输有关的 CY（场）、CFS（站）、GP/DC（普箱）、HQ（高箱）等。银行不接受载有明确声明货物和/或包装状况有缺陷批注的提单。注意：提单印有"intended vessel/port of loading/port of discharge"及/或其他含"intended ..."等

不肯定的描述字样者，则必须加注"装船批注"，并把实际装货的船名、装货港口、卸货港口等项目打明，即使预期的船名和装卸港口并无变动，也需重复打出；在提单上批注："The goodsare/will be on deck"是不允许的，而标明"The goods may be on deck"则是可以接受的。

10. 提单上的日期

每份提单都可能有"Issuing Date"（签单日）、"On Board Date"（装船日）和"Sailing Date"（开航日期）等日期，实务中一般将三者打成同一天；提单的签发日期应在 L/C 或合同规定的最迟装运期之内，且是装船完毕或货物已经接受船方、船代的有关方面监管的时间；收妥备运提单以"On Board"日期为准。

第三节　运　输　保　险

货物运输保险最初只限于水上运输，所以一般把它归属于水险的范围，但随着贸易和交通事业的不断发展，运输保险业从水险扩大到陆运、空运在内的各种货物运输保险。所以货运保险可以从不同的角度来划分其种类。例如，按照运输工具的不同可分为三类：海上货物运输保险；陆上货物运输保险；航空运输货物保险。按照使用范围的不同又可以划分为国内货物运输保险和涉外货物运输保险两类。

一、运输保险的特征

货物运输保险简称货运险，是针对流通中的商品而提供的一种保险保障，是以运输过程中的货物作为保险标的，当保险标的在运输过程中由于灾难事故造成被保险的损失时，由保险公司提供经济补偿的一种保险业务。开办这种保险，是为了使运输中的货物在水路、铁路、公路和联合运输过程中，因遭受保险责任范围内的自然灾害或意外事故所造成的损失能够得到经济补偿，并加强货物运输的安全防损工作，以利于商品的生产和商品的流通。

货物运输是财产保险的一种。同一般财产保险相比具有以下几个方面的特点：

（一）被保险人的多变性

承保的运输货物在运送保险期限内可能会经过多次转卖，因此最终保险合同保障受益人不是保险单注明的被保险人，而是保单持有人（Policy Holder）。

（二）保险利益的转移性

当保险标的物的所有权发生转移时，所负载的保险利益也随之转移。

（三）保险标的的流动性

货物运输保险所承保的标的，通常是具有商品性质的动产，并不是固定在一个地方，也没有严格的地域限制。

（四）承保风险的广泛性

由于运输工具和方式的不同，标的物在运输过程中不断移动，既有运输过程，也有储藏、存仓等待的过程，涉及的风险自然更多，所以货物运输保险的范围较广，既包括海上、陆上和空中风险，自然灾害和意外事故风险，还包括动态和静态风险等。

（五）承保价值的定值性

承保货物在各个不同地点可能出现的价格有差异，因此货物的保险金额可由保险双方按约定的保险价值来确定。

（六）保险合同的可转让性

货物运输保险的保险合同通常随着保险标的、保险利益的转移而转移，无须通知保险人，也无须征得保险人的同意。保险单可以用背书或其他习惯方式加以转让。

（七）保险利益的特殊性

普通财产保险的标的物躲在被保险人的直接照看和控制之下，然而，货物运输保险则不同，货物一般是交由承运人负责。一经起运，保险责任便开始了，且标的物完全在承运人的控制之下。

（八）合同解除的严格性

货物运输保险属于航次保险，《保险法》《海商法》规定，货物运输保险从保险责任开始后,合同当事人不得解除合同。

二、运输保险的业务

(一)保险金额的确定

保险金额是保险人承担赔偿或者承担保险责任的最高限额,是计算保险费用的基础。一般是根据货价、运费、保险费一级预期利润等保险价值确定的。

货物的保险价值是保险责任开始时,货物在起运地的发票价格或者非贸易商品在起运地的实际价格以及运费和保险费的总和。保险金额由保险人与被保险人约定,保险金额不得超过保险价值;超过保险价值的,其超过部分无效。

(二)保险险别的确定

投保险别的恰当确定可以保证标的物能够获得充分的经济保障并节省保险费开支。要做到这一点主要应该坚持两个原则:一是保障的充分性,即选择投保险别时要考虑货物在运输途中可能遇到的各种风险。二是保险费用的节约,即在选择投保险别时要考虑尽可能地节约费用,不投不必要的险别。因此,选择投保险别时要考虑货物的性质、包装、运输工具、路线、季节等很多有规律的因素。

一般在货运投保中,首先选择基本险别中的一种,然后再根据需要加保某些其他附加险。

(三)保险单据

保险单据是保险人与被保险人之间签订的保险证明文件,反映了两者之间的权利和义务关系,也是保险人的承保证明。保险单据主要有保险单、联合凭证和预约保单三种。

保险单即通常所说的大保单,也是使用最多的一种保险单据,是保险人承保一个指定运程内一批货物的运输保险单据,具有法律效力,对双方当事人均有约束力。

联合凭证也称联合发票,是保险和发票结合得比保险单更为简化的保险单证,这种单证只有我国采用并且只限于港澳等地区的少数客户。

预约保单又称预约保险合同,它是保险人和被保险人之间订立的合同,其目的是为了简化保险手续,且是货物一经起运即能获得保障。

三、运输保险的索赔

在索赔工作中,被保险人应该做好以下工作,以便于索赔工作的顺利展开。

(一)损失通知

当被保险人获悉或发现被保险的货物已遭损失,则应当立即通知保险公司或保险单上所载明的保险公司在当地的检验、理赔代理人,并申请检验。

(二)向有关方面提出索赔

被保险人或其代理人在提货时发现被保险的货物整件短少或有明显残损痕迹,除向保险公司报损外,还应立即由承运人向有关当局索取货损货差的证明。

(三)采取合理的施救、整理措施

保险货物受损后,被保险人应迅速对受损货物采取必要的合理的施救、整理措施,防止损失扩大。被保险人收到保险公司发出的有关采取防止或减少损失的合理措施的特别通知,应按照保险公司的要求处理。

(四)备妥索赔单证

被保险货物的损失经过检验,并办妥向承运人等第三者责任方的追偿手续后,应该立即向保险公司或其代理人提出赔偿要求。索赔时,除了提供检验报告外,通常还需要提供其他的单证,包括保险单或保险凭证正本、运输单据(包括货运单,货运提单等)、发票、装箱单或重量单、向运人等第三者责任方请求赔偿的函电及其他必要的单证或文件、货损货差证明、事故报告摘录、列明索赔金额和计算依据以及有关费用的项目和用途的索赔清单等单证。

四、常见的运输保险

(一)海上货物运输保险

在国际货物买卖业务中,海上保险是一个不可缺少的条件和环节。

其中业务量最大,涉及面最广的海上保险是海洋运输货物保险。海洋运输货物保险条款所承保的险别,分为基本险别和附加险别两类。

1. 基本险别

基本险别有平安险、水渍险和一切险三种。

(1)平安险。

平安险的责任范围包括:1)被保货物在运输过程中,由于自然灾害造成整批货物的全部损失或推定全损。被保货物用驳船运往或远离海轮的,每一驳船所装货物可视为一整批;2)由于运输工具遭受意外事故造成货物全部或部分损失;3)在运输工具已经发生意外事故下,货物在此前后又在海上遭受自然灾害落海造成的全部分损失;4)在装卸或转运时,由于一件或数件货物落海造成的全部或部分损失;5)被保人对遭受承保范围内的货物采取抢救、防止或减少货损的措施而支付的合理费用,但以不超过该批被救货物的保险金额为限;6)运输工具遭难后,在避难港由于卸货所引起的损失以及在中途港、避难港由于卸货、存仓以及运送货物所产生的特别费用;7)共同海损的牺牲、分摊和救助费用;8)运输合同订有"船舶互撞责任条款",根据该条款规定应由货方偿还船方的损失。

(2)水渍险。

除平安险的各项责任外,水渍险还负责被保货物由于自然灾害造成的部分损失。

(3)一切险。

除平安险和水渍险的各项责任外,一切险还负责被保货物在运输途中由于一般外来原因所造成的全部或部分损失。

2. 附加险别

附加险别是基本险别责任的扩大和补充,它不能单独投保,附加险别分为一般附加险和特别加险。

一般附加险有 11 种,它包括:偷窃、提货不着险;淡水雨淋险;短量险;渗漏险;混杂、沾污险;碰损、破碎险;串味险;受潮受热险;钩损险;包装破裂险;锈损险。

特殊附加险包括:交货不到险;进口关税险;舱面险;拒收险;黄曲

霉素险；卖方利益险。

出口货物到港九或澳门存仓火险责任扩展条款：罢工险；海运战争险等。

3. 基本险别的除外责任

除外责任指保险不予负责的损失或费用，一般都有属非意外的、非偶然性的或须特约承保的风险。为了明确保险人承保海运保险的责任范围，中国人民保险公司《海洋运输货物保险条款》中对海运基本险别的除外责任有下列五项：

（1）被保险人的故意行为或过失所造成的损失。

（2）属于发货人责任所引起的损失。

（3）在保险责任开始前，被保险货物已存在的品质不良或数量短差所造成的损失。

（4）被保险货物的自然损耗、本质缺陷、特性以及市场跌落、运输延迟所引起的损失和费用。

（5）战争险和罢工险条款规定的责任及其险外责任。

空运、陆运、邮运保险的除外责任与海运基本险别的险外责任基本相同。

4. 共同海损和单独海损

（1）共同海损。

共同海损是指载货的船舶在海上遇到灾害、事故威胁到船货等各方的共同安全，为了解除这种威胁，维护船货安全，或者使航程得以继续完成，由船方有意识地、合理地采取措施，造成某些特殊的损失或者支出的额外费用。例如船在海上航行遇到暴风雨，船身发生倾斜有翻船危险，为了解除这一危险，船长下令将部分货物抛入海中，以保持船身平衡，这部分被抛弃的货物，就属于共同海损。

共同海损的构成必须具备以下几个条件：

Ⅰ. 船方在采取紧急措施时，必须确定有危及船、货共同安全的危险存在；

Ⅱ. 船方采取的措施必须是为了解除船货共同危险、有意的和合理的；

Ⅲ．所作的牺牲是特殊的，支出是额外的；

Ⅳ．所作的牺牲和支出的费用必须是有效果的。

共同海损的牺牲和费用，由受益的船方、货方或付运费方按最后获救价值的多少共同按比例分摊。这种分摊叫共同海损的分摊。

（2）单独海损。

单独海损是指在海上运输途中因海上风险而造成的不能列入共同损失的部分损失。单独海损是意外发生的，损失的仅指保险标的物本身的毁损，并不包括由此而引起的费用。单独海损不涉及其他各方利益，由受损者单独承担。

5. 海洋货物运输保险索赔期限

海洋货物运输保险索赔时效，从被保险货物在最后卸载港全部卸离海轮后起算，最多不超过二年。

（二）陆上货物运输保险

陆上货物运输保险是货物运输保险的一种，被保险货物遭受损失时，本保险按照保险单上订明的承保险别条款规定负赔偿责任。中国人民保险公司的陆上运输货物保险条款以火车和汽车为限，其主要险别分为陆运险和陆运一切险，陆上运输货物战争险是陆上运输货物保险的附加险。

1. 陆运险

被保险货物在运输途中遭受暴风、雷电、洪水、地震自然灾害或由于运输工具遭受碰撞、倾覆、出轨或在驳运过程中因驳运工具遭受搁浅、触礁、沉没、碰撞；或由于遭受隧道坍塌、崖崩或失火、爆炸意外事故所造成的全部或部分损失。

被保险人对遭受承保责任内危险的货物采取抢救，防止或减少货损的措施而支付的合理费用，但以不超过该批被救货物的保险金额为限。

2. 陆运一切险

除包括上列陆运险的责任外，本保险还负责被保险货物在运输场中由于外来原因所致的全部或部分损失。

3. 责任起讫

本保险负"仓至仓"责任，自被保险货物运离保险单所载明的起运地仓库或储存处所开始运输时生效,包括正常运输过程中的陆上和与其有关的水上驳运在内,直至该项货物运达保险单所载目的地收货人的最后仓库或储存处所或被保险人用作分配、分派的其他储存处所为止,如未运抵上述仓库或储存处所,则以被保险货物运抵最后卸载的车站满 60 天为止。

4. 被保险人的义务

被保险人应按照以下规定的应尽义务办理有关事项,如因未履行规定的义务而影响本公司利益时,本公司对有关损失有权拒绝赔偿。

当被保险货物运抵保险单所载目的地以后,被保险人应及时提货,当发现被保险货物遭受任何损失,应即向保险单上所载明的检验、理赔代理人申请检验。如发现被保险货物整件短少或有明显残损痕迹,应即向承运人、受托人或有关当局索取货损货差证明,如果货损货差是由于承运人、受托人或其他有关方面的责任所造成,并应以书面方式向他们提出索赔,必要时还需取得延长时效的认证。

对遭受承保责任内危险的货物,应迅速采取合理的抢救措施,防止或减少货物损失。

在向保险人索赔时,必须提供下列单证:保险单正本、提单、发票、装箱单、磅码单、货损货差证明、检验报告及索赔清单。如涉及第三者责任还须提供向责任方追偿的有关函电及其他必要单证或文件。

5. 索赔期限

本保险索赔时效,从被保险货物在最后目的地车站全部卸离车辆后计算,最多不超过两年。

(三) 航空货物运输保险

航空货物运输保险是以航空运输过程中的各类货物为保险标的,当投保了航空货物保险的货物在运输途中因保险责任造成货物损失时,由保险公司提供经济补偿的一种保险业务。

1. 保险标的范围

凡在中国境内经航空运输的货物均可为本保险之标的。

下列货物非经投保人与保险人特别约定,并在保险单(凭证)上载明的,不在保险标的范围以内:金银、珠宝、钻石、玉器、首饰、古币、古玩、古书、古画、邮票、艺术品、稀有金属等珍贵财物。

蔬菜、水果、活牲畜、禽鱼类和其他动物不在航空货物保险标的范围以内。

2. 保险责任

由于下列保险事故造成保险货物的损失,保险人应该负航空货物保险赔偿责任:火灾、爆炸、雷电、冰雹、暴风、暴雨、洪水、海啸、地陷、崖崩;因飞机遭受碰撞、倾覆、坠落、失踪(在三个月以上),在危难中发生卸载以及遭受恶劣气候或其他危难事故发生抛弃行为所造成的损失;因受震动、碰撞或压力而造成破碎、弯曲、凹瘪、折断、开裂的损失;因包装破裂致使货物散失的损失;凡属液体、半流体或者需要用液体保藏的保险货物,在运输途中因受震动、碰撞或压力致使所装容器(包括封口)损坏发生渗漏而造成的损失,或用液体保藏的货物因液体渗漏而致保藏货物腐烂的损失;遭受盗窃或者提货不着的损失;在装货、卸货时和港内地面运输过程中,因遭受不可抗力的意外事故及雨淋所造成的损失。

在发生航空运输保险责任范围内的灾害事故时,因施救或保护保险货物而支付的直接合理费用,但最高以不超过保险货物的保险金额为限。

3. 保险期限

航空运输保险的保险责任是自保险货物经承运人收讫并签发保险单(凭证)时起,至该保险单(凭证)上的目的地的收货人在当地的第一个仓库或储存处所时终止。但保险货物运抵目的地后,如果收货人未及时提货,则保险责任的终止期最多延长至以收货人接到《到货通知单》以后的 15 天为限(以邮戳日期为准)。

4. 保险金额及保险费率

航空运输保险的保险价值按货价或货价加运杂费确定,保险金额按保险价值确定,也可以由保险双方协商确定。其他规定与国内水路陆路货物运输保险类似。

第四节　运输价格管理

一、运输价格的含义与分类

(一) 运输价格的含义

运输价格是运输企业对特定货物或旅客所提供的运输劳务的价格。运输价格能在一定程度内有效地调节各种运输方式的运输需求，即在总体运输能力基本上不变的情况下，运输需求会因运输价格的变动而改变。但货物运输需求在性质上属于"派生需求"，运输总需求的大小主要还是取决于社会经济活动的总体水平，运输价格的高低对其产生的影响有限。

运输价格具有以下特征：

1. 运输价格是劳务价格

运输价格是运输劳务的价格，只有销售价格一种表现形式。由于运输不可储存，因此，当运输需求发生变化时，只能调整运输能力，而运输能力的调整具有一定的滞后性，导致运输价格因供求关系而产生的波动往往较一般有形商品大。

2. 销售价格的组成部分

在外贸进出口货物中，班轮货物的运价占商品价格的 1.1% ～ 28.4%，大宗而廉价货物其比率可达 30% ～ 50%。由此可见，货物运价的高低，会直接影响商品的销售价乃至实际成交与否。

3. 受运输距离和线路的影响

运输价格具有因不同运输距离或不同航线而不同的特点。距离运价是我国沿海、内河、铁路、公路运输中普遍采用的一种运价形式，而航线运价则广泛地使用于远洋运输和航空运输中。

4. 具有复杂的比价关系

因不同运输方式或运输工具会使所运货物的时间、速度等因素上有差别，而这些差别均会影响到运输成本和供求关系，在价格上必然会有相应的反映,产生了比较复杂的比价关系。

(二) 运输价格的分类

1. 按不同运输方式划分

我国铁路货物运输价格除少数线路外均实行全路统一货物运价,并按不同货种、不同运距分别制定。我国公路货物运价由各省(市)行政区具体按不同货种、不同运输条件和不同运输距离分别制定。水路货物运输价格具体又可以划分为国际海上货物运价和国内水路货物运价。我国航空货物运价先划分为国际航线和国内航线,然后按不同航线,并考虑货物种类和批量大小等因素分别制定。我国管道货物运价按不同管道运输线输送不同货物分别制定。目前输送的货种为油类(原油或成品油)、压缩气体(天然气和燃化气体)、水浆(矿砂和煤粉)等。

货物联运运价按货物联运起、讫点不同,可分为国内货物联运和国际货物联运两大类。前者指起、讫地点均在同一国境内的运输;后者为跨越国境的运输。据此,货物联运运价可相应划分为国内货物联运运价和国际货物联运运价两大类,分别适用相应的运价规章或协议。

2. 按货物运输适用范围划分

按货物运输适用范围划分具体可分为国内货物运输价格和国际货物运输价格两类。

各种不同运输方式对此又有着不同的规定。以水路货物运输价格为例,国内货物运价又区分为交通部直属航运企业适用的货物运价和地方水运企业所适用的货物运价;国际货物运价按其适用范围主要有两种:班轮公司运价和双边运价,前者适用于所属班轮公司船舶的货运价格,如《中国对外贸易运输公司第三号运价表》是中国外运公司代表货方同船方商定的,凡经外运承办的我国进出口货物,除少数外国班轮运输的货物外,均可适用。

3. 按对货物运输价格的管理方式划分

按对货物运输价格的管理方式划分具体可分为国家定价、国家指导价和市场调节价等几种。目前我国对国有铁路货物运输、水路运、公路运输中的救灾货物运、航空运输中的救灾货物运输等均实行市场调节价。

4. 按运输货物种类及批量划分

以货物不同种类划分,可分为普通货物运价、危险货物运价、冷藏货物运价、集装箱货物运价等。其中,在普通货物运价中。按其不同的运输条件和货物本身价值高低等因素划分若干等级。例如,我国沿海、长江等航区将货物划分为 10 个等级;《铁路货物运价分类表》中将货物分为 26 类共 146 项,并规定 17 个运价号等。

以货物批量大小划分,一般将其分为整批货物运价和零担货物运价两种,并规定后者价格高于前者。如沿海、长江航区满 30 t 以整批货物计价;一次托运未满 30 t 的则以零担货物计价。后者价格高于前者 20%。铁路、公路货物的整批或零担的认定,则以一次托运量是否能装满一整车(车辆或车厢)为标准,能装满一整车的货物为整批货,否则为零担货。

二、运输价格的影响因素

形成运输价格的因素主要有运输成本、运输供求关系、运输市场的结构模式、国家有关经济政策以及各种运输方式之间的竞争等。

(一) 运输成本因素

运输成本是指运输企业在进行运输生产过程中发生的各种耗费的总和。在正常情况下,运输企业为能抵偿运输成本而不至于亏本并能扩大再生产,要求运输价格不低于运输成本。

(二) 运输市场因素

运输价格的市场影响因素主要通过不同市场类型及其竞争状况来体现。不同市场类型由市场的供求力量,即供求数量的增减对比决定。

根据市场的竞争程度,运输市场可大体分为四种类型,即完全竞争市场、完全垄断运输市场、垄断竞争运输市场和寡头垄断运输市场。不同类型的市场有不同的运行机制和特点,对运输价格的形成会产生重大影响。

1. 完全竞争运输市场

完全竞争运输市场是指运输企业和货主对运输市场价格均不能产

生任何影响的市场。在此种市场上,运输企业和货主都只能是运输价格的接受者,故运输价格完全由供求关系决定。在现实中,虽然并不存在这种市场,但基本具备该市场条件的则为海运中的不定期船市场。

2. 完全垄断运输市场

完全垄断运输市场是指某一运输市场完全被一个或少数几个运输企业所垄断和控制。在这种市场上,垄断企业有完全自由的定价权,它们可以通过垄断价格,获得高额利润。在现实中,完全垄断运输市场也并不存在。但我国铁路运输,因由国家独立经营,对铁路运输货物实行指令性价格,故铁路运输市场具有垄断运输市场的性质。然而,我国对铁路运输货物实行的所谓的"垄断价格",其出发点却并不是获得高额利润,而主要是根据运输成本、运输供求关系、国家经济政策等因素定价,故同一般定义上的以获取最大利润为目的的"垄断价格"有很大区别。

3. 垄断竞争运输市场

垄断竞争运输市场是指既有独占倾向又有竞争成分的市场。我国沿海、内河以及公路运输市场基本上属于这一类型。这种市场的主要特点是:同类运输产品在市场上有较多的生产者,市场竞争激烈;新加入运输市场比较容易;不同运输企业生产的运输产品在质量上(如加速性、货物完好性)有较大差异,而某些运输企业由于存在优势而产生了一定的垄断性。在这种情况下,运输企业已不是消极的运输价格的接受者,而是具有一定程度决策权的决策者。

4. 寡头垄断运输市场

寡头垄断运输市场是指某种运输产品的绝大部分由少数几家运输企业垄断的市场。在这种市场中,运输价格主要不是由市场供求关系决定,而是由几家大企业通过协议或某种默契规定的。海运中的班轮运输市场是较为典型的寡头垄断市场。

影响运输价格水平竞争因素有运输速度、货物的完好程度以及是否能实现"门到门"运输等。以运输速度为例,若相同起讫地的货物运输可采用两种不同运输方式进行,此时运输速度较慢的那一种运输方式只能实行较低的运价。就货主而言,它增加了流动资金的占用和因货物逾期、丧失市场机会而造成的市场销售损失。与运输速度较快的那一种运输方式相比,其理论降价幅度为上述两项费用之和。

(三)国家政策因素

国家对运输业实行的税收政策、信贷政策、投资政策等均会直接或间接地影响运输价格水平。长期以来,我国为扶植运输业,在以上诸方面均实行优惠政策。例如,目前我国对运输业所征营业税是第三产业中最低的,其税率仅为3%。从运输价格的理论构成看,包括运输成本、利润和营业税三部分。如果营业税率较低,在运输成本和利润不变的情况下,运输价格可随之降低。因此,对运输业实行的优惠税率政策有利于稳定运输价格并促进运输业的发展。

三、运输价格的结构形式

运输价格的结构形式是指按货物运输距离的差别制定的运输价格或按运输线路制定的运输价格。一般将前者称为距离运价或里程运价形式,后者称为线路运价或航线运价形式。

(一)距离运价

距离运价根据货物运输距离的远近而制定的价格。目前主要有两种制定运价的形式:均衡里程运价和递远递减运价。

1. 均衡里程运价

均衡里程运价指对同一货物而言,货物运价率(即每吨货物运价)的增加与运输距离的增加成正比关系,也即每吨千米运价不论其运输距离的长短均为一不变值。

公路货物运价之所以采用均衡里程运价形式,主要是因为公路货物运输成本的变化与运输距离的变化有其内在的联系。即其运输成本的增加(或减少)与运输距离的增加(或减少)基本成正比。因此,均衡里程运价能较好地反映成本的变化。公路货物运输按其营运过程,成本由三部分组成:始发地作业成本、途中行驶成本和终止地作业成本。由于汽车的装载量一般都较小,故始发地、终止地作业成本占全部运输成本的比例很小,在长途运输中尤其如此,而在全部运输成本中占绝部分的行驶成本,如燃料消耗、折旧费、人员工资、管理费用、保险费、税费等与运输时间的长短基本成正比关系。而同一辆汽车的运输速度是基本固定的,这样,运输距离的长短则与运输时间的多少也基本成正比关系。其结果,行驶成本的增减与运输距离的长短就有相同的正比关系。这就为采用均衡里程运价提供了理论依据。当然,在实际制定运价时,考虑到短途运输中始发地、终止地作业成本的实际支出,另加一项"吨次费",作为公路货物运价的组成部分。但它在基本运价中所占的比重很小,可以认为我国公路运输货物运价基本上采用均衡里程运价形式。

2. 递远递减运价

递远递减运价指对同一货物而言,货物运价率即每吨货物运价虽然随运输距离的增加而相应增加,但并不呈正比增加,致使每吨千米货物运价随运输距离的增加而相应逐渐降低。所谓"递远递减",是针对每吨千米运价随运输距离增加而相应减少而言的。

递远递减运价被广泛使用于我国水路运输和铁路运输中。水路和铁路运输中,由于运输工具的载重量比汽车大得多,故而在始发地、终止地发生的作业成本也较大。例如,同样在港(站)停留1小时,船舶和火车发生的折旧费较汽车大得多,因此,在分析单位运输成本运输距离的变化时,这部分费用则不能忽略,在短途运输中尤其如此。由于无论在长距离还是短距离运输中,若港(站)的作业条件一样,作为统一运输工具在始发地、终止地的作业成本没有改变,因此,随着运输距离的增加,每吨千米的停泊成本(发生在水路运输)或停驶成本(发生在铁路运输)会随之下降,最终使每吨千米运输成本也随之下降。这就是通常所说的单位运输成本的"递远递减"。为使运价能适应运输成本随运输距离的变化关系,故而在水路和铁路运输中采用"递远递减"运价。

(二) 线路运价

线路运价是指按运输线路或航线不同分别确定的货物运价。它被广泛使用于国际海运和航空货物运输中。

如前所述,我们之所以采用距离运价的形式,主要是因为它能较好地适应运输成本随运输距离变化的规律。但也应该看到距离运价有其不足的方面。第一,单位运输成本的递远递减规律,应以运输条件相同或基本相同作为前提条件,即运输具有一定的区域性,否则距离运价便丧失制定基础。第二,在市场经济条件下,货物运价的形成除运输成本外,还受运输供求关系、各种运输方式的竞争等多种因素的影响。因此,以运输成本为基础的距离运价有时在实际中无法实践。由于国际海运和航空货物运输线路一般都较长,而每条线路的自然和运输条件千差万别,即使运输距离相同,其发生的运输成本却会有很大差别,例如北大西洋航线与太平洋航线的船舶运输不能相提并论。此外,各线路的运输供求关系、竞争状况以及社会、政治环境等各不相同,因此,只有按不同线路(或航线)分别确定运价才更符合实际。

四、运输费用的核算

在运输中,人们往往很关心运输的费用。运输费用的节省对节省运输成本起重要作用,运输费用的核算和分析也对运输的作业活动起到指导性作用。

(一)公路运输费用的核算

1. 公路运输费用的核算基础

公路运输费用包括基本运费和其他运费。基本运费是公路货物运输费用的重要组成部分,是公路承运人在运输货物时考虑多方面因素综合计算得出的。其影响因素主要有:

(1)货物重量。

货物重量一般以起运地过磅为准,起运地不能或不便过磅的货物,由承运、托运双方协商确定计费重量。

对于散装货物,如砖、瓦、石、土、矿石、木材等,按体积由各省、各自治区、直辖市统一规定重量换算标准计算重量。一般货物均按毛重计算,整批货物以吨计,吨以下计至 100 公斤,尾数不足 100 公斤的四舍五入。零担货物起码计费质量为 1 公斤,1 公斤以上尾数不足 1 公斤的四舍五入。

轻泡货物指每立方米质量不足 333 公斤的货物。装运整批轻泡货物的长、宽、高,以不超过有关道路交通安全规定为限度,按车辆标记吨位计算质量。包车运输按车辆的标记吨位计算。

(2)货物等级。

货物等级根据《汽车货物运输规则》确定,货物按其性质分为普通货物和特种货物两种,普通货物分为三等,特种货物分为长大笨重货物、危险货物、贵重货物、鲜活货物四类。确定好不同的货物等级后,根据有关规定进行相应的加减。

(3)运输里程。

汽车货物计费里程以公里为单位,按装货地点至卸货地点的实际营运里程计算,不足1公里的四舍五入。货物运输的营运里程,按交通部和各省、自治区、直辖市交通行政主管部门核定、颁发的《营运里程图》执行。《营运里程图》未核定的里程由承运、托运双方共同测定或经协商按车辆实际运行里程计算。因自然灾害造成道路中断,车辆需绕道而驶的,按实际行驶里程计算。

出入境汽车货物运输的境内计费里程以交通主管部门核定的里程为准,境外里程按毗邻国(地区)交通主管部门或有权认定部门核定的里程为准。未核定里程的,由承运、托运双方协商或按车辆实际运行里程计算。

公路运输基本费用确定后,还应加上其他费用构成总运输费用。其他费用也称杂费,主要是指包括装卸费在内的公路货物运输中产生的相关费用。公路货物运输其他费用包括装卸费、调车费、装货(箱)落空损失费、道路阻塞停运费、车辆处置费、运输变更手续费、车辆通行费、货物检验费、报关手续费、集装箱租箱费及取箱、送箱费等。

2. 公路货物运输费用的计算

计算公路货物运输费用应按照运输费用的构成逐项核查,确认无误后再进行计算,公路货物运输费用计算的步骤如图5-1所示。

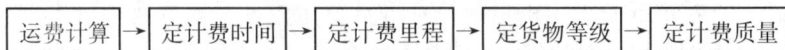

运费计算 → 定计费时间 → 定计费里程 → 定货物等级 → 定计费质量

图5-1 公路货物运输费用计算流程图

第一步:确定计费质量,按质量构成有关规定确定。

第二步:确定货物等级,按《汽车货物运输规则》规定的等级确定。

第三步:确定计费里程,按《营运里程图》规定的里程确定。

第四步:确定计费时间,按计时包车货物时间确定,无包车的不计该项。

第五步:进行运输计算,按以下运费计算公式计算。

(1) 整批货物运费计算公式。

整批货物运费＝吨次费×计费重量＋整批货物运价×计费重量
×计费里程＋其他费用

其中,吨次费是指在计算整批货物运输费用的同时,按货物重量加收的费用。

(2) 零担货物运费计算公式。

零担货物运费＝计费重量×计费里程×零担货物运价
＋货物运输其他费用

(3) 集装箱运费计算公式。

重(空)集装箱＝重(空)集装箱运价×计费箱数×计费里程
＋箱次费×计费箱数＋其他费用

其中,箱次费是指在计算汽车集装箱运输费用的同时,按不同箱型分别收取的费用。

(二)铁路运输费用的核算

1. 铁路运输费用的构成

铁路货物运输费用是对铁路运输企业所提供的各项生产服务消耗的补偿,包括以下几部分:

(1) 货物运费。

货物运费是由发到运费和运行运费两部分组成。发到基价与按《铁路货物运输规则》确定的计费重量(集装箱为箱数)相乘,计算出发到运费;运行基价与货物的运价里程相乘再与计费重量(集装箱为箱数)相乘计算运行运费。

(2) 货运杂费。

货运杂费可分为:货运营运杂费,延期使用运输设备、违约及委托服务费,租、占用铁路运输设备等三大类,共29个项目。对不同货物的不同运输要求均有各自的计算核收办法。货运杂费项目由各铁路局制定,以"运费杂费收据"核收。

（3）电气化附加费。

货物运输途经电气化铁路运行区段，加收电气化附加费。

（4）新路新价均摊运费。

货物运输途经新建铁路运行区段时，加收新路新价均摊运费。

（5）建设基金。

铁路建设基金每年从铁路货物运输费用中收取，每年约征收 400 亿元左右。

（6）特殊货物收费。

运输超限货物时，按下列规定计费：一级超限货物，按运价率加 50%；二级超限货物，按运价率加 100%；超级超限货物，按运价率加 150%；需要限速运行的货物，按运价率加 150% 计费。需要快运的货物，按货物运价率表现规定运价率并加收 30% 的快运费。

2. 铁路货物运输费用的计算

（1）确定运价里程与运价等级。

按《货物运价里程表》计算出发站至到站的运价里程。根据货物运单上填写的货物名称查找《铁路货物运输品名分类与代码表》《铁路货物运输品名检查表》，确定适用的运价号。

（2）确定货物运价率。

整车、零担货物按货物适用的运价号，集装箱货物根据箱型、冷藏车货物根据车种分别在表 5-1《铁路货物运价率表》中查出适用的运价率。

表 5-1　铁路货物运价费率表①

办理类别	运价号	基价 1		基价 2	
		单位	标准	单位	标准
整车	1	元/吨	8.50	元/吨公里	0.071
	2	元/吨	9.10	元/吨公里	0.080
	3	元/吨	11.80	元/吨公里	0.084

---

① 资料来源：国家发展改革委、中国铁路总公司 2014 年 2 月 14 日颁布。

续 表

办理类别	运价号	基价1		基价2	
		单位	标准	单位	标准
整车	4	元/吨	15.50	元/吨公里	0.089
	5	元/吨	17.30	元/吨公里	0.096
	6	元/吨	24.20	元/吨公里	0.129
	7			元/轴公里	0.483
	机械冷藏车	元/吨	18.70	元/吨公里	0.131
零担	21	元/10千克	0.188	元/10千克公里	0.001 0
	22	元/10千克	0.263	元/10千克公里	0.001 4
集装箱	20英尺箱	元/箱	449.00	元/箱公里	1.98
	40英尺箱	元/箱	610.00	元/箱公里	2.70

（3）计算货物运费。

货物适用的发到基价加上运行基价与货物的运价里程相乘之后，再与本规则确定的计费重量（集装箱为箱数）相乘，计算出运费。计算公式如表5-2。

表5-2 货物运价计算

货物类型	货 物 运 价 计 算
整车货物	整车货物每吨运价＝发到基价（基价1）+运行基价（基价2）×运价公里
零担货物	零担货物每10千克运价＝发到基价+运行基价×运价公里
集装箱货物	集装箱货物每箱运价＝发到基价+运行基价×运价公里

【例5-1】农用化肥继续享受铁路优惠运价，已知整车农用化肥为发到基价4.40元/吨，运行基价为0.030 5元/吨公里，按北京到哈尔滨铁路里程1 249公里，则：

$$整车农用化肥每吨运价＝发到基价＋运行基价×运价公里$$
$$=4.40+0.030\ 5×1\ 249=42.494\ 5\ 元$$

（4）计算货物杂费。

货物杂费计算如表 5-3。

表 5-3　货物杂费计算

货物杂费类型	货 物 杂 费 计 算
铁路建设基金	铁路建设基金＝铁路建设基金费率×计费质量（箱或轴数）×运价里程 （注：整车化肥、黄磷免征铁路建设基金）
新路新价均摊运费	新路新价均摊运费＝均摊运价率×计费质量（箱或轴数）×运价里程
电气化附加费	电气化附加费＝费率×计费质量（箱或轴数）×电气化里程
其他各项杂费	按规定项目和标准计算其他各项杂费，包括长大货车使用费、车辆设备使用费、集装箱使用费、装卸作业使用费、延期使用设备费、换装费等

（5）计算总运费。

将上述运费与杂费相加，得出货物运杂费总额：

$$铁路运杂费总额＝运费＋各项杂费$$

（三）水路运输费用的核算

1. 水路运输费用的构成

水路运输费用包括基本运费和附加运费两个部分，基本运费是对任何一种托运货物基本的运费；附加运费则是根据货物种类或不同的服务内容，视不同情况而加收的运费。附加运费可以按每计费吨加收，也可以按基本运费的一定比例计收。

（1）基本运费。

指对运输每批货物所应该收取的最基本的运费，是整个运费的主要构成部分，它根据基本运价和计费吨计算得出。基本运价按航线上基本港口之间的运价给出，是计算班轮基本运费的基础。基本运价的确定主要反映了成本定价原则，确定费率的主要因素是各种成本支出，主要包括船舶的折旧或租金、燃油、修理费港口使用费，等等。

基本运价有多种形式，如普通货物运价、个别商品运价、等级运价、协议运价、集装箱运价等，而根据货物特性等所确定的特别运价包括军工物资运价、冷藏运价、危险品运价、小包裹运价等。

（2）附加运费。

由于基本运费是根据一个平均水平制定的，具有相对的稳定性而实际上在运输中由于船舶、货物、港口及其他各种原因，会使承运人在运输中增加一定的营运支出或损失，只能采取另外收取附加费用的方法来解决，这就是附加运费。各种附加运费分类表如表 5-4，超重附加费计费标准如表 5-5，超长附加费计费标准如表 5-6。

表 5-4　附加运费分类表

附加运费类型		各 种 附 加 运 费 含 义
由货物特性产生的附加费	超重附加费	指单件货物的毛重达到或超过规定的重量时所征收的附加运费，因为此类货物在装卸操作过程中要借用额外的工具，因此需要此项费用进行弥补。
	超长附加费	指单件货物的长度达到或超过规定长度时（通常为 9 米）所加收的附加运费，因为超长货物在装卸时具有一定得困难，并且在运输和仓储过程中占据了较大的空间。通常长度越长，其附加费率越高，但计算附加费是以货物的重量来计收的，而不是长度。
	超大附加费	指单件货物的体积超过了规定的数量时所加收的附加运费。通常以 6 立方米为界。一件货物超长、超重、超大三种情形如果同时存在，则应在计算了上述三种附加费后选择较大者或是全部加总进行计收。

续　表

附加运费类型		各 种 附 加 运 费 含 义
由运输及港口原因产生的附加费	直航附加费	指托运人要求承运人将一些货物不经转船而直接从装货港运抵某非基本港口时,船公司为此而增收的附加费。
	转船附加费	指运往非基本港口的货物,必须在中途某一基本港换装另一船舶才能运至目的地而加收的附加运费。
	港口附加费	船方由于港口设备条件差、装卸效率低、速度慢或费用高而向货主收取的附加费用,此项费用随其他条件的变化而随时变化。
	临时附加费	承运人常因偶发事件的出现而临时增收附加费来弥补意外的开支,一旦意外情况消除,此项附加费也会随之取消,这样的临时性附加费如燃油附加费、货币贬值附加费、港口拥挤附加费、绕航附加费等。

表 5‐5　超重附加费计费标准

货物重量(吨)	价格(美元/重量吨)	货物重量(吨)	价格(美元/重量吨)
5～6	9	14～15	26
6～8	12	16～18	28
8～10	16	18～20	31
10～12	20	20 吨以上	另议
12～14	23		

表 5‐6　超长附加费计费标准

货物长度(米)	价格(美元/运费吨)	货物长度(米)	价格(美元/运费吨)
9～12	4	15～18	8
12～15	6	18 米以上	另议

2. 水路货物运输费用的计算

（1）集装箱运费计算。

目前，集装箱货物海上运价体系较内陆运价成熟，如表5-7，基本上分为两个大类，一类是袭用件杂货运费计算方法，即以每运费吨为单位（俗称散货价），另一类是以每个集装箱为计费单位（俗称包箱价）。

表5-7 集装箱运费计算

运费类型		计 算 方 法
散货价	基本费率加附加费	基本费率——参照传统件杂货运价，以运费吨为计算单位，多数航线上采用等级费率。
		附加费——除传统杂货所收的常规附加费外，还要加收一些与集装箱货物运输有关的附加费。
包箱价	按包箱费率即以每个集装箱为计费单位计价，常见的包箱费率有三种表现形式。	FAK包箱费率（FREIGHT FOR ALL KINDS）——即对每一集装箱不细分箱内货类，不计货量（在重要限额之内）统一收取的运价。
		FCS包箱费率（FREIGHT FOR CLASS）——按不同货物等级制定的包箱费率，集装箱普通货物的等级划分与杂货运输分法一样，仍是1—20级，但是集装箱货物的费率级差大大小于杂货费率级差，一般低级的集装箱收费高于传统运输，高价货集装箱低于传统运输；同一等级的货物，重集装箱运价高于体积货运价。可见，船公司鼓励人们把高价货和体积货装箱运输。在这种费率下，拼箱货运费计算与传统运输一样，根据货物名称查得等级，计算标准，然后去套相应的费率，乘以运费吨，即得运费。
		FCB包箱费率（FREIGHT FOR CLASS或BASIS）——是按不同货物等级或货类以及计算标准制订的费率。

（2）班轮运费计算。

运费计算标准通常有：按货物重量；按货物尺码或体积；按货物重

量或尺码,选择其中收取运费较高者计算运费。按货物 FOB 价收取一定百分比作为运费,称为从价运费。按每件为一单位计收,由船货双方临时议定价格收取运费,称为议价运费。

运费计算步骤:

第一步:选择相关的运价表;

第二步:根据货物名称,在货物分级表中查到运费计算标准和等级;

第三步:在等级费率表的基本费率部分,找到相应的航线、启运港、目的港,按等级查到基本运价;

第四步:再从附加费部分查所有应收(付)的附加费项目和数额(或百分比)及货币;

第五步:根据基本运价和附加费算出实际运价;

第六步:运费=运价×运费吨。

【例 5-2】上海运往肯尼亚蒙巴萨港口小五金件一批计 100 箱。每箱体积为 20 cm×30 cm×40 cm。每箱重量为 25 公斤。当时燃油附加费为 40%。蒙巴萨港口拥挤附加费为 10%,已知中国—东非航线的等级费率如表 5-8 所示,求班轮运费。

表 5-8　中国—东非航线等级费率表(港币:元)

货　　名	计算标准	等级(CLASS)	费率(RATE)
农业机械	W/M	9	404.00
棉布及棉织品	M	10	443.00
小五金及工具	W/M	10	443.00
玩具	M	20	1 120.00

基本港口:路易港(毛里求斯)、达累斯萨拉姆(坦桑尼亚)、蒙巴萨(肯尼亚)等

计算方法:

第一步:查阅货物分级表。门锁属于小五金类,其计收标准为 W/M,等级为 10 级。

第二步:计算货物的体积和重量。

100 箱的体积：$(20 \text{ cm} \times 30 \text{ cm} \times 40 \text{ cm}) \times 100 = 24\ 000 \text{ cm}^3 \times 100 = 2.4 \text{ m}^3$。

100 箱的重量：25 公斤$\times 100 = 2.5$ 吨。

由于 2.4 立方米的计费吨小于 2.5 吨，因此计收标准为重量。

第三步：查阅"中国—东非航线等级费率表"，10 级费率为 443 港元，则

基本运费：$443 \times 2.5 = 1\ 107.5$（港元）

附加运费：$1\ 107.5 \times (40\% + 10\%) = 553.75$（港元）

上海运往肯尼亚蒙巴萨港 100 箱门锁的运费：$1\ 107.50 + 553.75 = 1\ 661.25$（港元）

（3）租船运费计算。

凡供需双方签订运输合同的不定期船，不论是包舱运输航次租船、整船运输的程租船或期租船，通常是按照船舶的全部或一部分舱位及运费率收取一笔包租运费，亦称为整笔运费。另外，还有一种不指明特定船舶的不定期船运输，则按合同所定的货吨乘以合同所定的运费率计算运费。

凡供需双方签订租船合同的期租船，不论租船的长短，租金等于每载重吨每日租金率乘以船舶夏季总载重量再乘以合同租期。在不定期船运费构成中。除了上述的基本运费或租金以外，在合同中还应明确地写明有关费用（如装卸费）由谁承担的条款和有关佣金计算及支付办法的条款。

程租船费用主要包括程租船运费和装卸费，另外还有速遣费、滞期费等。

注意：装卸时间、滞期费和速遣费的一定是在程租船的运输方式下才采用的。在班轮运输方式下，不需要这三方面的规定；负责运输的进出口商与船方订立租船合同时，必须注意租船合同与进出口合同有关装运时间的一致性。

（四）航空运输费用的核算

1. 航空运费基础概念

（1）基本概念：货物的航空运费是指将一票货物自始发地机场运

输到目的地机场所应收取的航空运输费用，不包括其他费用。货物的航空运费主要由两个因素组成，即货物适用的运价与货物的计费重量。

（2）运价，又称费率，是指承运人对所运输的每一重量单位货物（千克或磅）（kg or lb）所收取的自始发地机场至目的地机场的航空费用。货物的航空运价一般以运输始发地的本国货币公布。

（3）计费重量。货物的计费重量或者是货物的实际毛重，或者是货物的体积重量，或者是较高重量分界点的重量。包括：① 实际毛重：包括货物包装在内的货物重量。② 体积重量：体积重量的折算，换算标准为每 6 000 立方厘米折合 1 千克。③ 计费重量：采用货物的实际毛重与货物的体积重量两者比较取高者；但当货物较高重量分界点的较低运价计算的航空运费较低时，则此较高重量分界点的货物起始重量作为货物的计费重量。

国际航协规定，国际货物的计费重量以 0.5 千克为最小单位，重量尾数不足 0.5 千克的，按 0.5 千克计算；0.5 千克以上不足 1 千克的，按 1 千克计算。

（4）最低运费。货物按其适用的航空运价与其计费重量计算所得的航空运费，应与货物最低运费相比，取高者。

2. 航空货物运价体系

（1）国内航空运价体系。

我国国内航空货物运价是以我国民航总局颁发的《关于下发国内航空货物运价的通知》为指导规则和依据所制定的货物的运输价格。我国国内航空运价体系如表 5 - 9。

表 5 - 9　国内航空运价体系

运价类型	运价代号	计 价 方 法
普通货物运价	N	基础运价：民航总局统一规定各航段货物基础运价为 45 公斤以下普通货物运价。
	Q	重量分界点运价：国内航空货物运输建立 45 公斤以上、100 公斤以上、300 公斤以上 3 级重量分界点及运价。

续 表

运价类型	运价代号	计 价 方 法
等级货物运价	S	急件、生物制品、珍贵植物和植物制品、活体动物、骨灰、灵柩、鲜活易腐物品、贵重物品、枪械、弹药、押运货物等特种货物实行等级货物运价,按照基础运价的150%计收。
指定商品运价	C	对于一些批量大、季节性强、单位价值低的货物,航空公司可申请建立指定商品运价。
最低运费	M	每票国内航空货物最低运费为人民币30元。
集装货物运价		以集装箱、集装板作为一个运输单元运输货物可申请建立集装货物运价。

(2)国际航空货物运价体系。

目前国际航空货物运价按制定的途径划分,主要分为协议运价和国际航协运价。

国际航协运价是指 IATA 在 TACT 运价资料上公布的运价。国际货物运价使用 IATA 的运价手册(TACT RATES BOOK),结合并遵守国际货物运输规则(TACT RULES)共同使用。按照 IATA 货物运价公布的形式划分,国际货物运价可分为公布直达运价和非公布直达运价。

公布直达运价包括普通货物运价(General Cargo Rate)、指定商品运价(Specific Commodity Rate)、等级货物运价(Commodity Classification Rate)、集装货物运价(Unit load Device Rate)。

非公布直达运价包括比例运价和分段相加运价。

3. 货物航空运费的计算

我国航空货物运价的规则是:直达货物运价优先于分段相加组成的运价;指定商品运价优先于等级货物运价和普通货物运价,等级货物运价优先于普通货物运价。

货物航空运费的计算步骤:

第一步:计算出航空货物的体积(Volume)及体积重量(Volume Weight)。

体积重量的折算,换算标准为每6 000立方厘米折合1千克。即:

$$体积重量(kg) = \frac{货物体积}{6\ 000\ cm^3/kg}$$

第二步:计算货物的总重量(Gross Weight)。

总重量=单个商品重量×商品总数

第三步:比较体积重量与总重量,取大者为计费重量(Chargeable Weight)。根据国际航协规定,国际货物的计费重量以0.5千克为最小单位,重量尾数不足0.5千克的,按0.5千克计算;0.5千克以上不足1千克的,按1千克计算。

第四步:根据公布运价,找出适合计费重量的适用运价(Applicable Rate)。

(1)计费重量小于45千克时,适用运价为GCR N的运价(GCR为普通货物运价,N运价表示重量在45千克以下的运价)。

(2)计费重量大于45千克时,适用运价为GCR Q45、GCR Q100、GCR Q300等与不同重量等级分界点相对应的运价(航空货运对于45千克以上的不同重量分界点的普通货物运价均用"Q"表示)。

第五步:计算航空运费(Weight Charge)。

航空运费=计费重量×适用运价

第六步:若采用较高重量分界点的较低运价计算出的运费比第五步计算出的航空运费较低时,取低者。

第七步:比较第六步计算出的航空运费与最低运费M,取高者。

第八步:航空货运单运费计算栏的填制,各栏填写内容说明如表5-10。

表5-10   航空货运单运费计算栏内容说明

序号	栏　　目	填 写 内 容 说 明
(1)	No. of Pieces RCP	填写货物的数量
(2)	Gross Weight	货物的总重量

续 表

序号	栏 目	填 写 内 容 说 明
(3)	Kg Lb	以千克为单位用代号"K",以磅为单位用代号"L"
(4)	Rate Class	若计费重量小于 45 千克,填写 N;若计费重量大于 45 千克,填写 Q;若航空运费为最低运费,则填写 M
(5)	Commodity Item No.	普通货物此栏不填
(6)	Chargeable Weight	填写计费重量
(7)	Rate/Charge	填写适用运价
(8)	Total	填写航空运费
(9)	Nature and Quantity of oods（Incl dimensions or Volume）	填写商品品名及商品的尺寸

【例 5－3】

Routing：SHA—PAR

Commodity：Tools

Gross Weight：280 kgs

Dimensions：10 boxs×40×40×40 cm

计算该票货物的航空运费并填制航空货运单的运费计算栏。

公布运价如下：

SHANGHAI Y. RENMINBI	CN CNY	SHA KGS	
		M	320.00
		N	68.34
PARIS	FR	45	51.29
		500	44.21
		1 000	41.03

解：

Volume：$10 \times 40 \times 40 \times 40 = 640\,000(\text{cm}^3)$

Volume Weight：$64\,0000 \div 6\,000 = 106.67(\text{kgs}) \approx 107.0(\text{kgs})$

Gross Weight：280 kgs

Chargeable Weight：280 kgs

Applicable Rate：GCR Q51.29 CNY/KG

Weight charge：$280 \times 51.29 = \text{CNY}14\,361.20$

航空货运单运费计算栏填制如下：

No. of Pieces RCP	Gross Weight	Kg Lb	Rate Class		Chargeable Weight	Rate/ Charge	Total	Nature and Quantity of Goods (Incl. dimensions or Volume)
			Q	Q Commodity Item No.				
10	280	K	Q		45.0	51.29	1 436.20	SAMPLE DIMS: $40 \times 40 \times$ 40 cm $\times 10$

4. 国际货物运输的其他费用

（1）货运单费。用两字代码"AW"表示，按国际航协规定，航空货运单若由航空公司销售或填制，表示为"AWC"；由航空公司的代理人销售或填制，则表示为"AWA"。

（2）垫付款和垫付费。① 垫付款仅适用于货物费用及其他费用到付。垫付款由最后一个承运人向提货人收取。在任何情况下，垫付款数额不能超过货运单上全部航空运费总额，但当货运单运费总额低于100美元时，垫付款金额可以达到100美元标准。② 垫付费，代码为"DB"。

（3）危险品处理费。代码为"PA"，自中国至 IATA 业务一区、二区、三区，每票货物的最低收费标准均为400元人民币。

（4）运费到付货物手续费，代码为 CCFee，在中国，CCFee 最低收费标准为 CNY100。

本章小结

运输单据是交接货物、处理索赔与理赔以及向银行结算货款或进行议付的重要单据,是托运人同承运人之间的运输契约,有的还是物权凭证。

货运合同指承运人将托运人交付的货物运送到指定的地点,托运人为此支付运费的合同。它一般是由托运人提出要约,承运人同意运输的承诺后成立。

货物运输保险是以运输过程中的货物作为保险标的,当保险标的在运输过程中由于灾难事故造成被保险的损失时,由保险公司提供经济补偿的一种保险业务。货物运输保险的保险责任包括基本责任、特定责任、除外责任和责任起讫。

运输价格水平的高低,对国民经济其他部门的发展影响很大。特别是货物运费的高低,直接关系到工农业产品的生产和经营费用。运输价格的结构形可以分为距离运价和线路运价两种形式。运输费用是运输企业制定调运方案时必须考虑的内容。各种运输方式运输费用的核算有所不同。运输费用的核算和分析也对运输的作业活动起到指导性作用。

本章思考题

1. 货运单据主要有哪些? 有何作用?
2. 简述货物运输合同的含义和特征。
3. 货物运输合同种类有哪些?
4. 简述货物运输合同订立的原则和程序。
5. 货物运输合同主要条款有哪些?
6. 简述货运合同变更及解除的条件。
7. 简述货运合同当事人的权利与义务。
8. 货运合同的违约责任有哪些?
9. 运输保险业务如何办理?
10. 海上货物运输保险、陆上货物运输保险和航空货物运输保险分别有哪些险别?
11. 运输价格的影响因素有哪些?
12. 运输价格的结构有哪些形式?
13. 简述公路货物运费、铁路货物运费、水路运费、航空运费的构成。

14. 理解公路货物运费、铁路货物运费、水路运费、航空运费的核算方法。

案 例 分 析

共同海损与单独海损的判别

某远洋运输公司的"顺昌"号货轮满载货物驶离上海港。开航后不久,出公海后由于风浪过大偏离航线而触礁,船底划破长 2 米的裂缝,海水不断渗入。为了船货的共同安全,船长下令抛掉 A 舱的所有钢材并及时组织人员堵塞裂缝,但无效果。为使船舶能继续航行,船长请来拯救队施救,共支出 3 万美元施救费。船修好后继续航行,不久又遇恶劣气候,入侵海水使 B 舱底层货物严重受损,甲板上的 1 000 箱货物也被风浪卷入海里。

案例思考题:

1. 共同海损与单独海损有何区别?
2. 试分析上述货物损失各属于什么性质的损失?
3. 投保何种险别的情况下保险公司给予赔偿?

参考答案:

1. 在国际贸易中海损分全部海损和部分海损。部分海损又分为单独海损和共同海损。为了相关人共同利益而产生的损失为共同海损。

2. 本案例中,A 舱钢材应为共同海损;组织船上人员堵塞产生的费用应为共同海损;请来的拯救队施救费用 3 万为共同海损,B 舱货物为单独海损,甲板上的 1 000 箱货为单独海损。

3. 本案例投保一切险保险公司给予赔偿。

附录1：货物运输合同书范本

货物运输合同书

甲方(托运人)：

乙方(承运人)：

甲、乙双方经过协商,根据合同法有关规定,订立货物运输合同,条款如下：

一、货物运输期限从年月日起到年月日为止。

二、货物运输期限内,甲方委托乙方运输货物,运输方式为运输,具体货物收货人等事项,由甲、乙双方另签运单确定,所签运单作为本协议的附件与本协议具有同等的法律效力。

三、甲方须按照货物买卖合同约定的标准对货物进行包装。

四、乙方须按照运单的要求,在约定的期限内,将货物运到甲方指定的地点,交给甲方指定的收货人。

五、甲方支付给乙方的运输费用为：元,乙方将货物交给甲方指定的收货人及开具全额运输费用之日起日内甲方支付全部运输费用。

六、乙方在将货物交给收货人时,同时应协助收货人亲笔签收货物以作为完成运输义务的证明。如乙方联系不上收货人时,应及时通知甲方,甲方有责任协助乙方及时通知收货人提货。

七、甲方交付乙方承运的货物乙方对此应予以高度重视,避免暴晒、雨淋,确保包装及内容物均完好按期运达指定地。运输过程中如发生货物灭失、短少、损坏、变质、污染等问题,乙方应确认数量并按照甲方购进或卖出时价格全额赔偿。

八、因发生自然灾害等不可抗力造成货物无法按期运达目的地时,乙方应将情况及时通知甲方并取得相关证明,以便甲方与客户协调;非因自然灾害等不可抗力造成货物无法按时到达,乙方须在最短时间内运至甲方指定的收货地点并交给收货人,且赔偿逾期承运给甲方造成的全部经济损失。

九、本协议未尽事宜,由双方协商解决,协商不成,可向甲方住所地法院提起诉讼。

十、本协议一式两份,双方各持一份,双方签字盖章后生效。

甲方：   乙方：

　年　月　日   　年　月　日

附录 2:

海运提单样单

托运人 Shipper	B/L NO.： 中国对外贸易运输总公司 CHINA NATIONAL FOREIGN TRADE TRANSPORT CORPORATION 联运提单 COMBINED TRANSPORT BILL OF LADING
收货人或指示 Consignee or order	
被通知人 Notify party	

前段运输 Pre-carriage by	收货地点 Place of receipt	
海运船只 Ocean vessel	装货港 Port of loading	

卸货港 Port of discharge	交货地点 Place of delivery	运费支付地 Freight payable at	正本提单份数 Number of original Bs/L

标志和号码 Marks and No	件数和包装种类 Number and kind of packages	货名 Description of goods	毛重(公斤) Gross weight (kgs.)	尺码(立方米) Measurement(m3)

以上细目由托运人提供
　　　　ABOVE PARTICCLARS FURNSHED BY SHIPER

运费和费用 Freight and charges	IN WITNESS whereof, the number of original Bill of Lading stated above have been signed, one of which being accomplished, the other(s) to be void.
	签单地点和日期 Place and date of issue
	代表承运人签字 Signed for or on behalf of the Carrier 代理 as Agents

第六章

运输信息管理

学习目标

◇ 掌握信息的概念,能明确信息的定义和作用

◇ 理解运输信息的定义和分类

◇ 了解运输信息管理的内容和相关行业政策

◇ 掌握各种运输信息技术

◇ 理解"互联网＋"时代下运输信息管理的特点

引导案例

中国公路运输物流业的困局

我国物流业虽然发展很快,但集约化程度比较低,技术手段相对落后,物流网络没有真正形成。对于物流运输效率低的问题,有做配货业务的老板表示,由于没有一个集中运作和交付的区域,会造成城市拥堵。另一个更重要原因是信息沟通交流不畅,很多都是货到门口货主才知道,货主就会考虑准备配送车大还是小。如果大了,空载率高,就要换小型车。但换小型车又会影响时效,所以很多物流乱象的产生,都是由于信息化程度不高、服务协同度不够造成的。

据中国道路运输协会对70万家货运企业最新调查显示,平均每家货运企业仅拥有1.6辆车,每辆车的平均吨位只有5吨。从公路物流行业整体格局来看,"多、散、小、乱"现象长期存在,行业前十家企业的

市场份额占比不足 2%。行业集中度低、组织化水平不高直接带来货车运营效率低。由于缺乏整合和信息共享,大量车辆为尽快配到返程的货物,空车来回奔波于货运市场,真正在运营的车辆只有约 60%,空驶率达 40%以上,车辆停车配货的间隔时间平均长达 72 小时左右,造成资源浪费和尾气排放。同时,大量运营车辆因为信息不对称在路上空跑,也加重高速公路和城市道路的压力。

在 2015 年全国两会的政府工作报告中提到"互联网+"概念,首次提出制定"互联网+"行动计划。有物流运输企业建立货运平台,利用网络信息技术将线上线下有效对接,这将对物流业产生深刻影响。在互联网时代,每辆汽车都可能成为移动终端系统。作为运输工具的商用车,也要用"互联网+"适应物流用户的需求。有政协委员提出,搭建专业物流平台,改变货运行业信息不对称的现状,提高效率,降低物流成本,借助网络信息谋求现代物流业深度转型。

（案例来源：自编。）

问：通过以上案例,请思考破解中国公路运输物流业困局的关键是什么?

案例分析思路：

传统的物流行业,是一个碎片化及其明显的市场,中间环节过多,物流交易成本比重畸高。而另一方面物流全过程不透明,也导致资源利用率的低下。在物流业运输效率不高,集约化程度低的状况下,可以考虑建立货运平台,用互联网,大数据武装,线上线下融合互动,是提高运营效率、降低空驶率的一个有效途径。

第一节　信息与运输信息

一、信息概述

（一）数据

数据是对客观事物属性及其关系的抽象表示。通过对客观事物的数据化抽象处理,人们可以方便地对事物进行记忆、识别、保存、存储和加工处理。比如一个人体重 60 公斤、身高 170 cm 等,通过这些数据的描述,可以形成对这个人的清晰印象。像字母、数字、文字、图像、声音等都是对客观事物的数据表示,它们也是客观存在的。因此数据是对现实世界事物的客观反映,是形成信息和知识的源泉。

(二) 信息

1. 定义

由于观察事物视角的不同,不同的学科对信息有不同的定义。比较经典的有:

信息论的创始人香农在《通信的数学理论》中指出:"凡是在一种情况下能减少不确定性的任何事物都叫做信息(information)。"这是从通信科学的角度论述信息的概念。

我国国家标准 GB489885《情报与文献工作词汇基本术语》中,关于"信息"的解释是:"Information 是物质存在的一种方式、形态或运动状态,也是事物的一种普遍属性,一般指数据、消息中所包含的意义,可以使消息中所描述事件的不定性减少。"

信息是将从自然现象和社会现象中搜集的原始材料,根据使用目的按一定的形式加以处理,对决策有价值的数据,即信息 = 数据 + 处理。

从以上定义可以看出:

第一,信息的本质是物质的属性,事物的运动变化是产生信息的基础;第二,信息不是事物本身,而是由事物发出的数据、消息中所包含的意义;第三,信息具有认知知识的功能,即减少不确定性的能力。

2. 作用

(1) 信息是系统内部及系统之间联系的纽带。

对企业来讲,企业内部各个子系统之间,企业生产过程中的物流、资金流和商流正是由于信息流的纽带作用才能够比较协调地运作。

(2) 信息是系统运作的外部表现。

系统是动态变化的,只有通过信息才能够了解系统的运作情况。企业的生产经营状况就是通过对企业的产量、销售量、库存量、利润等表现出来的。

（3）信息是系统管理与控制的依据。

以企业来说，企业领导要实现其管理决策职能必须首先了解生产经营的有关信息，在此基础上对这些信息进行分析处理判断，从而做出决策。

总之，数据与信息是对客观事物反映的不同层次，其中数据层次最低，是对客观事物的最基本反映，信息基于数据，是对数据进行分析处理后所得出的，知识是对信息进行深层次分析并与原有的知识体系相结合产生的。

二、运输信息

（一）定义

在运输的五种方式中，每种运输方式的作业流程和信息系统有较大区别，但总体来看，在各运输作业环节上所发生的主要基础信息是产生并证明运输活动发生、完成的各种单据，包括订货通知单、提单、运费清单和货运清单等。

（二）运输信息的分类

运输信息可分为宏观运输信息和微观运输信息两类。

1. 宏观运输信息

宏观运输信息是指运输活动所发生的地理空间和人文环境中的特征、规定等，包括各国、各地的交通法律和规则、路况信息、地理状况和信息（包括陆路、水路和航空）。

2. 微观运输信息

微观运输信息分为户外运输信息和仓库内运输信息。

户外运输信息包括：运输品信息，包括源地、目的地、特殊要求等；货源信息，包括货物名称、运费价格、装卸地点等；运输载体信息，包括空车信息、可用运输工具情况（额定能力、容积、载重）；替代性信息，包括社会可替代的运力、替代物品信息；其他信息，如可混装运输的物品信息、在途物品信息、额外费用需求信息等。

仓库内运输信息是指货物入库出库时的自动配车和人工配车，出库分拣,在库内的运输路线设计,按照库位优化等物流管理原则自动分配货物储位,自动进行运输线路的优化。

第二节　运输信息管理

当前经济全球化趋势深入发展,网络信息技术革命带动新技术、新业态不断涌现,物流业发展面临的机遇与挑战并存。伴随全面深化改革,工业化、信息化、新型城镇化和农业现代化进程持续推进,产业结构调整和居民消费升级步伐不断加快,我国物流业发展空间越来越广阔。

新技术、新管理不断出现。信息技术和供应链管理不断发展并在物流业得到广泛运用,为广大生产流通企业提供了越来越低成本、高效率、多样化、精益化的物流服务,推动制造业专注核心业务和商贸业优化内部分工,以新技术、新管理为核心的现代物流体系日益形成。随着城乡居民消费能力的增强和消费方式的逐步转变,全社会物流服务能力和效率持续提升,物流成本进一步降低、流通效率明显提高,物流业市场竞争加剧。

一、物流运输标准化

(一) 标准化

标准化是指为了实现行业或专业领域各相关部门间的有效沟通与协作,提高行业或专业领域的发展水平,行业或专业领域组织在其内部制订质量、技术、生产和服务等方面统一的标准或规则。标准化是行业发展和社会分工的必然结果。

(二) 物流运输信息的标准化

运输活动涉及铁路、公路、航空、海运等多种模式,涉及药品、汽车、电子、日用消费品等众多行业,需要运输信息系统把供应链上下游的各个企业、各个环节联结成一个整体。因此,运输信息就必须在编码、文件格式、数据接口、EDI(电子数据交换)、GPS(全球卫星定位系统)等相关方面实现标准化,制定不同运输系统间的信息交流与处理的标准或规则,以消除不同企业之间的信息沟通障碍,最终达到运输系统的集成与资源整合。

(三) 物流运输信息标准化建设现状

目前国家重点推进物流技术、信息、服务、运输、货代、仓储、粮食等农产品及加工食品、医药、汽车、家电、电子商务、邮政(含快递)、冷链、应急等物流标准的制修订工作,积极着手开展钢铁、机械、煤炭、铁矿石、石油石化、建材、棉花等大宗产品物流标准的研究制订工作。支持仓储和转运设施、运输工具、停靠和卸货站点的标准化建设和改造,制定公路货运标准化电子货单,推广托盘、集装箱、集装袋等标准化设施设备,建立全国托盘共用体系,推进管理软件接口标准化,全面推广甩挂运输试点经验。开展物流服务认证试点工作,推进物流领域检验检测体系建设,支持物流企业开展质量、环境和职业健康安全管理体系认证。

根据"全国物流信息管理标准化技术委员会"的有关信息,目前,国际上在运输信息编码、运输信息采集、运输信息交换等方面已经建立了一套比较实用的标准,为企业运输信息系统的建设创造了良好的环境。而我国由于关键的运输信息标准尚未制定或普及,不同信息系统的接口成为制约信息化发展的瓶颈,运输企业在处理订单时,有时数据交换要面向七八种不同的模式。

二、运输信息管理

信息管理就是利用现代信息技术对信息资料和信息活动进行管理,以实现信息资源的有效配置和有效利用。信息管理的过程就是信息收集、输入、存储、加工处理和输出的过程,通过对收集的信息及处理过程的管理,达到有效利用信息资源的目的。

(一) 运输信息管理的概念

运输信息管理就是对运输信息和运输信息流动进行管理的过程,将信息管理思想、手段应用到运输信息管理中,收集运输信息,对其进行有计划的存储、加工处理,输出有价值的处理信息。

运输管理的过程在某种程度上来说就是运输信息管理的过程。通过对整个运输过程各个环节的信息进行收集、存储,使得运输企业及时了解运输的运作情况,提高运输管理水平,改进运输服务质量。同时对存储的运输信息进行分析处理,发现其中的问题,挖掘其中包含的规律,对于运输活动的管理决策提供强大的支持。

(二) 行业政策

我国交通部 2001 年 5 月颁布的《2001～2010 年公路水路交通行业政策及产业发展序列目录》中明确表示,要加快各运输领域的信息化建设,实现运输规划、运输控制、运输管理、企业管理、系统集成等关键领域的技术创新,面向社会服务的信息系统工程必须抓住五大重点:第一,从以公路运政信息网络为龙头的全国公路管理信息网络工程,逐步扩展到公路工程建设、公路路政等管理信息网络并实现互联;第二,从以水路运政管理信息系统为龙头的全国水运管理信息网络工程,逐步扩展到水运工程建设、港政管理等信息系统网络并实现互联;第三,进行安全监督信息网建设,建成联结全国海事系统、覆盖主要海事业务的互联网;第四,加强政府可公开信息网上发布;第五,完善交通科技信息网。

(三) 运输信息管理内容

1. 货物跟踪管理

货物跟踪管理是指物流运输企业利用物流条码和 EDI 技术及时获取有关货物运输状态的信息(如货物品种、数量、货物在途情况、交货期限、发货地、到达地、货主、送货车辆、送货负责人等),提高物流运输服务质量的方法。

2. 车辆运行管理

车辆运行管理是指针对运输作业中的运输车辆处于分散状态而进行的对在途运输车辆管理。通过定位系统,确定车辆在路网中的位置,可及时调配车辆,快速满足用户需求,避免车辆完成运输任务后放空。

3. 实时跟踪管理

无论是货物追踪管理或是车辆运行管理,仅能提供简单的追踪、查询和调配功能。实时跟踪管理不仅综合了上述两种管理的功能,通过对物流作业中各种实时信息的采集、存储、传输、分析和处理,提供增值性运输服务,满足现代运输需求。

三、运输信息管理的方法

(一) 信息技术方法

信息技术方法就是利用现代信息技术对运输信息进行管理,是运输信息管理最基本的方法,是应用运输信息的基础。利用信息技术不仅可以收集运输信息,对信息进行分析处理,而且可以通过技术创新提高信息管理的水平,改进运输管理的效率。

运输信息管理中常用的技术有:信息存储技术、信息处理技术、信息传递技术、识别技术、运输跟踪技术以及信息智能技术等。这些技术的应用,提高了运输信息收集和传输的准确性和及时性,改善了运输活动管理决策的科学性,增强了运输系统的运作效率。

(二) 经济方法

信息与社会经济活动密切相关,单纯地利用信息技术并不能够完全满足管理要求。因此,需要从经济的角度加强运输信息的管理,运用经济学的相关原理、方法,从管理的角度去研究运输信息,从而在信息技术管理的基础上能够对运输信息进行更科学合理的规划、组织、协调和控制。

要达到对运输信息的有效管理,除了信息技术的方法和经济方法之外,还可以适当利用一些社会管理的知识对其进行管理。通过不同方法的结合,能够有效对运输信息进行管理,满足管理决策对运输信息管理的要求。

四、运输信息管理的重要性

国务院关于《物流业发展中长期规划(2014—2020)》中谈到,整合现有物流信息服务平台资源,形成跨行业和区域的智能物流信息公共服务平台。加强综合运输信息、物流资源交易、电子口岸和大宗商品交易等平台建设,促进各类平台之间的互联互通和信息共享。鼓励龙头物流企业搭建面向中小物流企业的物流信息服务平台,促进货源、车源和物流服务等信息的高效匹配,有效降低货车空驶率。以统一物品编码体系为依托,建设衔接企业、消费者与政府部门的第三方公共服务平台,提供物流信息标准查询、对接服务。建设智能物流信息平台,形成集物流信息发布、在线交易、数据交换、跟踪追溯、智能分析等功能为一体的物流信息服务中心。加快推进国家交通运输物流公共信息平台建设,依托东北亚物流信息服务网络等已有平台,开展物流信息化国际合作。

运输管理是通过运输信息管理来实现的,运输信息管理水平的高低会反映和影响运输管理的效率与质量。加强运输信息管理对于运输活动的运作至关重要,具体体现在以下几方面。

(一)决定信息流与运输的同步

运输信息管理能力决定了信息流与运输的同步性。信息流是运输活动管理的核心,要完成运输的管理活动,必须能够及时了解运输的相关运作情况,而对运输运作情况的了解只有通过对信息流的了解才能够实现。只有建立良好的运输信息管理能力才能够保证信息流与运输的同步性,从而帮助管理者及时了解相关的运输信息,实现运输活动的有效管理。

(二)决定运输管理水平和质量

运输信息管理能力决定了运输管理的水平和质量。由于运输的管理是依靠运输信息管理来进行的,没有良好的运输信息管理能力,运输管理的水平和质量自然也无法提高。在运输信息管理能够保证信息流与运输同步的基础上,还需要进一步提高运输信息管理水平,以满足运输管理的需要。

(三)决定与客户之间的协作性

运输信息管理能力决定了与客户之间的协作性。运输活动不只是单个企业的活动,而是企业内部及企业之间的协作活动,因此有效的运输信息管理不仅方便了内部的运输管理,而且也加强了与客户的协作性,使双方都能够方便而及时地沟通,提高双方的合作水平。

(四)决定运输信息的作用程度

运输信息管理能力决定了运输信息对不同管理决策层次的作用程度。运输信息在满足基础的运输管理活动之后,还能够对高层次的管理活动提供帮助。目前国内的运输信息化程度不高,导致了目前国内的运输信息仍主要是对基层的运输管理服务,只有当运输信息管理能力有了足够进步以后,其对高层管理决策的支持才能够体现出来。

第三节 智能运输信息技术

一、信息技术

(一)信息技术的概念

信息技术广义地讲就是能够扩展人的信息器官功能的一类技术。每一次信息革命都与人类社会信息技术的变革密切相关。

第一次信息革命是人类交流和传播信息的工具——语言的使用。

第二次信息革命是人类记录和存储信息的载体——文字的使用。

第三次信息革命是人类生产、存储、复制和传送信息的媒介——造纸和印刷术的使用。

第四次信息革命是人类传播文字、声音、图像信息的多种媒体——电报、电话、广播和电视的使用。

第五次信息革命就是现代信息革命,始于20世纪60年代,是计算机、通信、网络等现代信息技术的综合使用,使人类有了大量存储、高速传递、精确处理、普遍共享信息的手段。

狭义的信息技术是指能够完成信息的获取、传递、加工处理、再生和利用等功能的技术,它由计算机技术、通信技术、信息处理技术和控制技术等构成,是目前各种高新技术的基础和核心。具体来说,信息技术主要有信息基础和支撑技术、信息主体技术和信息应用技术。

(二)信息技术的意义

当今时代是知识经济时代,也是信息时代。谁能获取信息技术的优势,谁就能在全球性激烈的竞争中占据主动;与此相反,则会被远远地抛在后面。

基于此,各国纷纷把发展信息技术作为社会经济发展的一项重大战略目标。在信息化的社会里,信息成为政治、经济、军事以及社会一切领域的基础。在这场信息革命中,以知识为基础的经济迅猛发展,知识在生产和经济发展中起了决定性的推动作用。

二、运输信息技术

(一) 运输信息技术的概念

运输信息技术是现代信息技术在运输各作业环节的应用,主要由信息采集和识别技术、信息存储与处理技术、信息交换技术等组成,包括数据库技术、各种通信技术、网络技术、条形码与射频技术、GPS 与 GIS(地理信息系统)技术、EDI 技术等。

将信息技术引入到运输业务过程中,形成了需求管理、订单管理、运输管理、配送管理客户关系管理等一体化的现代运输管理。运输信息技术的运用和发展不仅可以提高运输管理水平,而且可以改变企业运输业务运作方式,改善运输管理、决策手段。

(二) 运输信息技术的类型

目前,我国运输信息技术仍然在不断推进过程中,政府正在大力支持货物跟踪定位、无线射频识别、可视化技术、移动信息服务、智能交通和位置服务等关键技术攻关,研发推广高性能货物搬运设备和快速分拣技术,加强沿海和内河船型、商用车运输等重要运输技术的研发应用。完善物品编码体系,推动条码和智能标签等标识技术、自动识别技术以及电子数据交换技术的广泛应用。推广物流信息编码、物流信息采集、物流载体跟踪、自动化控制、管理决策支持、信息交换与共享等领域的物流信息技术。鼓励新一代移动通信、道路交通信息通讯系统、自动导引车辆、不停车收费系统以及托盘等集装单元化技术普及。推动北斗导航、物联网、云计算、大数据、移动互联等技术在产品可追溯、在线调度管理、全自动物流配送、智能配货等领域的应用。

1. 数据库与数据挖掘技术

数据库技术是进行数据管理的技术,主要通过对数据库的管理来实现数据管理的功能。数据库技术是信息系统的核心和基础。

运输活动过程中会产生大量的数据,运输管理与决策也需要大量的数据,这些数据只有利用数据库技术才能够实现收集、存储、交换、加工处理和使用。数据库技术既可以满足日常运输管理的需要,也可以通过对数据库中大量数据的分析发现其中的规律,实现运输数据更有效的利用。

数据挖掘是从大量的、不完全的、有噪声的、模糊的及随机的实际应用数据中,挖掘出隐含的、未知的、对决策有潜在价值的知识和规则的过程。一般分为描述型数据挖掘和预测型数据挖掘两种。描述型数据挖掘包括数据总结、聚类及关联分析等,预测型数据挖掘包括分类、回归及时间序列分析等。其目的是通过对数据的统计、分析、综合、归纳和推理,揭示事件间的相互关系,预测未来的发展趋势,为企业的决策者提供决策依据。

2. 通信网络技术和移动互联网

通信技术是以现代的声、光、电技术为硬件基础,辅以相应软件技术来实现信息传递的技术。通信主要包括数字通信、移动通信以及光通信等。

网络就是通过电缆、电话线或无线通讯等互联的计算机的集合。它是现代通信技术与计算机技术相结合的产物。计算机网络就是把分布在不同地理区域的计算机与专门的外部设备用通信线路互联成一个规模大、功能强的网络系统,从而实现网络之间硬件、软件、数据信息的共享和信息的传递。

网络与通信技术和数据库技术一起作为信息系统的基础。特别是对物流信息系统而言,正是由于网络与通信技术的应用,才保证了物流信息的采集和传递。

在我国互联网的发展过程中,PC 互联网已日趋饱和,移动互联网却呈现井喷式发展。前瞻产业研究院发布的《中国移动互联网行业市场前瞻与投资战略规划分析报告前瞻》数据显示,截至 2013 年年底,中国手机网民超过 5 亿,占比达 81%。伴随着移动终端价格的下降及wifi 的广泛铺设,移动网民呈现爆发趋势。截至 2014 年 4 月,我国移动互联网用户总数达 8.48 亿户,在移动电话用户中的渗透率达67.8%;手机网民规模达 5 亿,占总网民数的八成多,手机保持第一大上网终端地位。我国移动互联网发展进入全民时代。

移动互联网（Mobile Internet，简称 MI）是一种通过智能移动终端，采用移动无线通信方式获取业务和服务的新兴业务，包含终端、软件和应用三个层面。终端层包括智能手机、平板电脑、电子书、MID 等；软件包括操作系统、中间件、数据库和安全软件等。应用层包括休闲娱乐类、工具媒体类、商务财经类等不同应用与服务。随着技术和产业的发展，未来，LTE（长期演进，4G 通信技术标准之一）和 NFC（近场通信，移动支付的支撑技术）等网络传输层关键技术也将被纳入移动互联网的范畴之内。

3. 自动识别技术

自动识别技术是以计算机、光、机、电、通信等技术的发展为基础的一种高度自动化的数据采集技术。它通过应用一定的识别装置，自动地获取被识别物体的相关信息，并提供给后台的处理系统来完成相关后续处理的一种技术。它能够帮助人们快速而又准确地进行海量数据的自动采集和输入，目前在运输、仓储、配送等方面已得到广泛的应用。自动识别技术在 20 世纪 70 年代初步形成规模，经过近 30 年的发展，自动识别技术已经发展成为由条码识别技术、智能卡识别技术、光字符识别技术、射频识别技术、生物识别技术等组成的综合技术，并正在向集成应用的方向发展。

（1）条形码技术。

条码是指由一组规则排列的条、空及其对应字符组成的标记，用以表示一定的信息。条码采用二进制数的概念，用 1 和 0 的特定组合来表示某种字符。如图 6-1 所示，字符"5"由 7 个模块组成，每个模块的宽度为 0.33 mm，"1"就是条，"0"就是空，从而不同的 1 和 0 组合形成对应的数据编码。

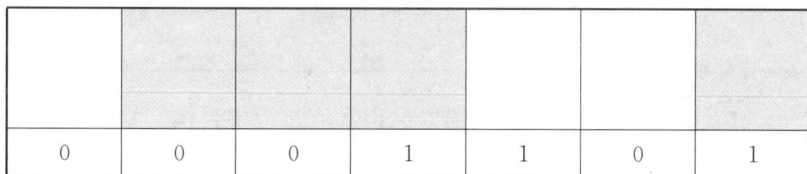

0	0	0	1	1	0	1

图 6-1 条码模块示意图

从美国标准码委员会于 1973 年建立了 UPC(Universal Product Code)条码系统,经过几十年的演变,出现了密度更高的一维条码,如 EAN128 码和 93 码。一些行业也纷纷选择条码符号,建立行业标准和本行业内的条码应用系统。而二维条码的出现,使得条码的作用从充当机器识读的物品代码扩展到能携带一定量信息的数据包,使得信息系统能够通过条码对信息自动识别和数据采集。(一维条码和二维条码的特点如图 6-2,表 6-1 所示)

图 6-2 一维条码(左)与二维条码(右)

表 6-1 一维条码与二维条码特点

条码类型	信息密度	信息内容	纠错能力	数据库	本质
一维条码	低	数字、英文	只能校验,不能纠错	必须依赖数据库或通讯网络的存在	对物品进行代号标识
二维条码	高	数字、英文、中文、图片、声音	有很强的错误纠正能力,并可根据需要设置不同的纠错等级	可不依赖数据库或通讯网络而单独存在	对物品进行细节描述

物流条码,是物流活动中用以标识物流过程中具体实物的一种特殊代码,是从制造厂家到运输、仓储、配送、销售等整个物流活动中的共享数据,如图 6-3 所示。

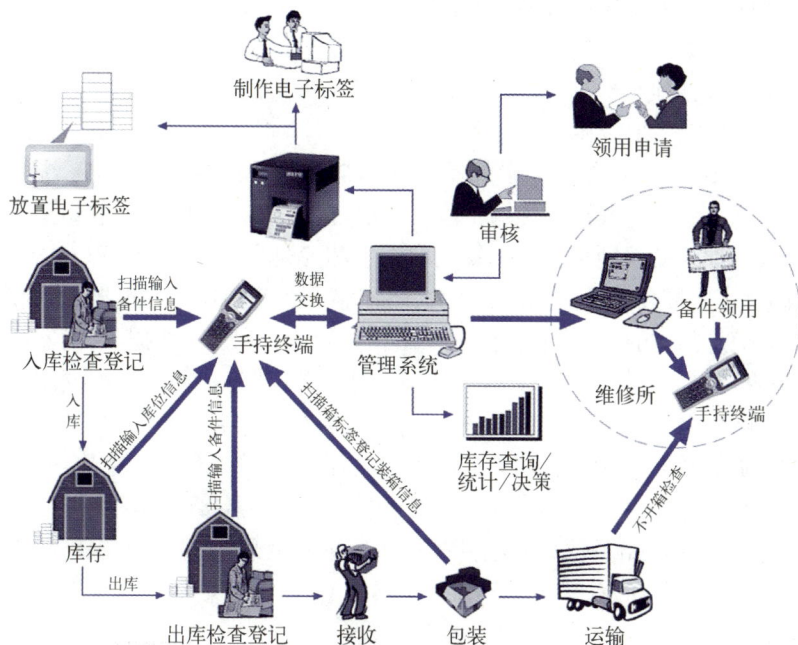

图 6 - 3 物流条码在供应链中的应用

物流条码贯穿整个贸易过程,并通过物流条码数据的采集、反馈,提高整个物流系统的经济效益。物流条码标识的内容主要有项目标识(货运包装箱代码 SCC - 14)、动态项目标识(系列货运包装箱代码 SSCC - 18)、日期、数量、参考项目(客户购货订单代码)、位置码、特殊应用(医疗保健业等)及内部使用,具体规定见相关国家标准。

(2) 射频技术。

射频识别(RFID)技术是基于电磁感应、无线电波或微波进行非接触双向通信,从而达到识别和交换数据的目的的技术。其优点在于非接触、无须光学可视,完成识别工作时无须人工干预,可识别高速运动物体,并可同时识别多个射频卡,操作快捷方便等方面。

射频识别技术作为一种快速、实时、准确采集与处理的信息技术,应用于运输管理领域,能够完成物料跟踪、运载工具和货架识别等要求非接触的数据采集和交换,同时射频标签具有可读写能力,对于需要频繁改变数据内容的场合尤为适用。总体看来,射频识别技术的应用提高了运输管理水平、提高了运输作业效率,成为增强运输企业核心竞争能力不可缺少的技术工具和手段。

RFID 系统主要由电子标签和阅读器两部分组成。RFID 系统是利用感应无线电波作为传输手段,完成非接触式双向通信,获取相关数据的一种自动识别技术。标签上的感应芯片是非接触式 R/W 辨别集成电路,连接到芯片上的内置天线线圈,被视为集成电路的电源驱动和双向信息的沟通接口,芯片内部存储相应的信息和相关数据,阅读器和标签按照约定的通信协议相互传递信息,阅读器将加密的数据调制后不间断地向外发出电磁波,当电子标签进入这个电磁场中时,自动将感应电磁能量驱动射频识别卡工作,把存储在芯片中的信息加密后调制,变成高频加密载波信号并由天线发射出去,阅读器接收到该载波信号进行解码后将相关数据送至计算机系统进行处理,完成自动识别和管理,如图 6 - 4 所示。

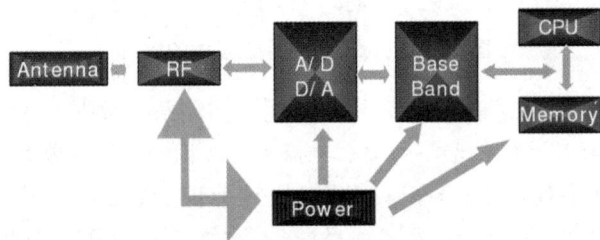

图 6 - 4 射频技术工作原理

随着人们经济水平的提高带来车辆的不断增加及自动识别技术的日趋成熟,对车辆实现自动化管理也是必须。目前射频技术已经广泛运用于道路交通运输领域,高速公路 ETC(不停车收费系统)系统已经开始在全国范围内普及。射频识别(电子收费或管理)主要针对的是极高频 5.8 GHz 频段,可以感应几十米内的一项无线射频识别技术,主要应用在小区车库不停车自动收费和管理、高速公路不停车自动收费系统中。交通运输部数据显示,预计 2020 年年底,全国汽车保有量达到 2 亿辆,高速公路通车里程达到 16 万公里,预计将建收费站约 7 500 个,按照每个收费站两进两出 4 个收费车道规划,需要建设 ETC 车道 3 万条。我国建设 5 000 条 ETC 车道,就可以少建 15 000 条人工收费车道,可节约大量土地并节省收费设备约 150 亿元。

4. GPS、GIS 与遥感技术

(1) GPS 技术。

全球卫星定位系统(GPS)是美军 70 年代初在"子午仪卫星导航定位"技术上发展起来的具有全球性、全能性(陆地、海洋、航空与航天)、全天候优势的导航定位、定时、测速系统。全球卫星定位系统由空间卫星系统、地面监控系统、用户接收系统三大子系统构成,GPS 定位技术具有精度高、速度快、成本低等优点,GPS 导航系统与电子地图、无线电通信网络及计算机车辆管理信息系统相结合,可以实现车辆跟踪、交通管理和物流运输等许多功能。

(2) 中国北斗卫星导航系统的运用。

中国北斗卫星导航系统(BeiDou Navigation Satellite System, BDS)是中国自行研制的全球卫星导航系统,是继美国全球定位系统(GPS)、俄罗斯格洛纳斯卫星导航系统(GLONASS)之后第三个成熟的卫星导航系统。北斗卫星导航系统(BDS)和美国 GPS、俄罗斯 GLONASS、欧盟 GALILEO,是联合国卫星导航委员会已认定的供应商。北斗卫星导航系统如图 6-5 所示:

目前,北斗卫星导航系统已经对我们的道路交通管理、铁路智能交通、水路运输和航空运输的安全运行和高效管理都起到了积极的推动作用。

道路交通管理:卫星导航将有利于减缓交通阻塞,提升道路交通管理水平。通过在车辆上安装卫星导航接收机和数据发射机,车辆的位置信息就能在几秒钟内自动转发到中心站。这些位置信息可用于道路交通管理。

铁路智能交通:卫星导航将促进传统运输方式实现升级与转型。例如,在铁路运输领域,通过安装卫星导航终端设备,可极大缩短列车行驶间隔时间,降低运输成本,有效提高运输效率。未来,北斗卫星导

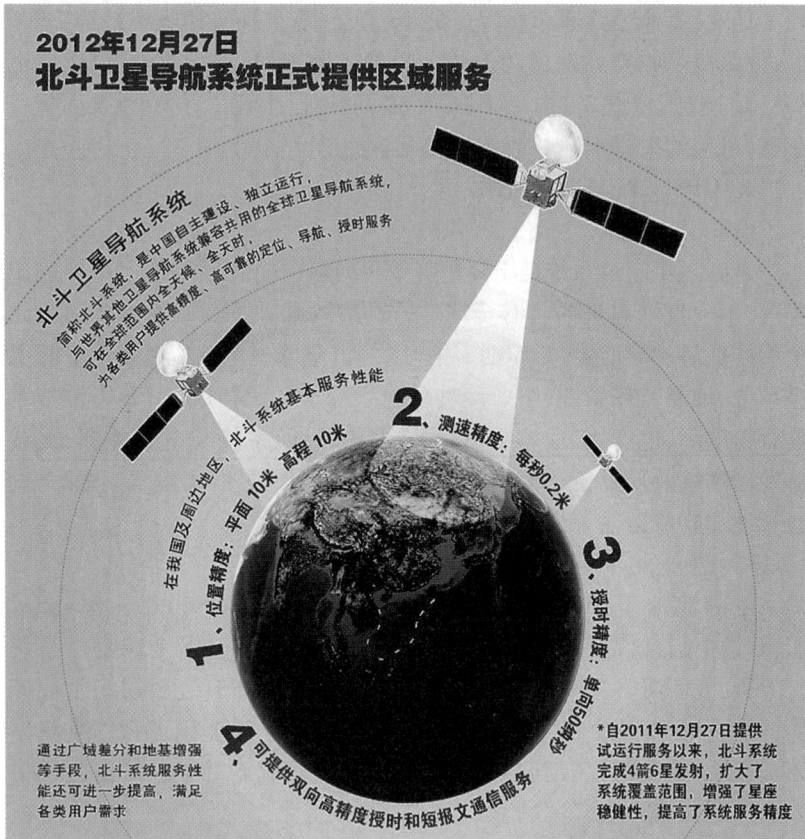

图 6 - 5　北斗卫星导航示意图

航系统将提供高可靠、高精度的定位、测速、授时服务,促进铁路交通的现代化,实现传统调度向智能交通管理的转型。

　　水路运输:海运和水运是全世界最广泛的运输方式之一,也是卫星导航最早应用的领域之一。在世界各大洋和江河湖泊行驶的各类船舶大多都安装了卫星导航终端设备,使海上和水路运输更为高效和安全。北斗卫星导航系统将在任何天气条件下,为水上航行船舶提供导航定位和安全保障。同时,北斗卫星导航系统特有的短报文通信功能将支持各种新型服务的开发。

　　航空运输：当飞机在机场跑道着陆时，最基本的要求是确保飞机相互间的安全距离。利用卫星导航精确定位与测速的优势，可实时确定飞机的瞬时位置，有效减小飞机之间的安全距离，甚至在大雾天气情况下，可以协助飞机自身仪表着落系统（ILS）实现自动盲降，极大提高飞行安全和机场运营效率。通过将北斗卫星导航系统与其他系统的有效结合，将为航空运输提供更多的安全保障。

　　（3）GIS 技术。

　　地理信息系统（Geographic Information System，GIS）是能够收集、管理、查询、分析、操作以及表现与地理相关的数据信息的计算机信息系统，能够为分析、决策提供重要的支持平台。目前大量基于 GIS 技术的数字地图软件都可以方便用来查询地理信息位置、最佳运输路线，如图 6-6 所示。

图 6-6　基于 GIS 的数字化三维电子地图

　　GIS 是地理学、地图学、计算机科学、遥感等涉及空间数据采集、处理和分析的多种学科与技术共同发展的结果，它将这些技术与学科有机地融合在一起，并与不同数据源的空间与非空间数据相结合，通过操作和模型分析,能够提供对运输规划、管理和决策有用的信息产品。

（4）遥感技术

遥感技术(remote sensing,RS)是指从地面到高空各种非接触的、远距离的对地球、天体综合性探测技术的总称。在运输信息管理中,遥感技术与 GPS 和 GIS 形成"3S"技术。其中遥感技术主要是进行信息的采集,GPS 是对采集的信息进行定位,GIS 则是负责信息管理的全过程。"3S"技术以 GIS 为核心,完成空间信息的采集、处理以及动态分析,帮助运输系统对商品完成动态控制与管理工作。

5. EDI 技术

电子数据交换(EDI)是将商业信息按照某种标准格式。供应商、零售商、制造商和客户等在其各自的应用系统之间利用 EDI 技术,将商业信息自动转换成标准格式,并通过公共 EDI 网络进行交换和处理。

EDI 技术的实质是交易双方按照国际通用的标准或对方能识别并接受的标准,以计算机可读的方式将订单、发票、提货单、海关申报单、进出口许可证和回执等日常往来的商务信息,进行标准化处理,通过网络传道,接收方接收后通过信息管理系统(MIS)、支持作业管理和决策支持系统,对报文进行处理,完成综合的互换和处理。这样原来由人工进行的单据、票证的核计、结算和收发等处理,全部由计算机完成。

EDI 技术应用在运输领域,使得交易各方可以基于标准化的信息格式和处理方法实现信息沟通,提高了运输效率、节约时间、降低成本、提高运输管理和服务质量。

第四节　运输信息管理应用实例

一、运满满:"互联网＋"时代的"滴滴卡车"

沉浸在几乎每天都在被互联网改变的传统行业,很难想象还有哪个行业如此的"老派":利用实体的地点来交换信息,你可以把这个实体地点认为是一个市场,一个个握有信息的小中介来到这个市场,将信息写在黑板上,另外需要这些信息的人则用肉眼找寻有用的信息,然后再与中介进行进一步交易。再先进一点的,把小黑板换成液晶屏,如此而已,就连把这些信息放在网上变成 BBS 都显得极为高端。当然了,这些市场是需要入场费的,每一个信息中介也是需要费用才会卖信息给你,更不用提涉及的部分黑色势力等了。是的,我说的是货运市场。

　　根据国家统计数据,全国货运交易市场交易额达到 4 万亿,是全国房地产交易额的一半。这其中大约有 3 000 万名货运司机,95% 都是个体司机。长久以来他们一直用这样的方式获取物流信息:由物主联系中介,中介将信息放出,再由货运司机去寻找自己需要的信息,然后与中介达成交易,再去物主的货物地点取货送货。而信息交易市场成为长久以来中介与司机交易的场所,最多的进化也只是将小黑板换成了液晶屏,将市场门口现金支付换成了刷卡机。运满满的出发点就是解决存在的这些问题。如图 6-7 所示。

图 6-7　运满满客户端页面

这其中其实存在很多的问题,第一是信息市场地点的问题,举个例子,一个货运司机拉了一批货到浙江某个城市,当货物运到地点之后,他需要开车几十甚至上百公里到最近的信息交易市场寻找信息,由于不能空驶回北京,所以他要选择一个最理想的线路,但当天如果没有合适的路线那么就只能睡在市场,第二天再找。第二是交易过程,司机与信息中介有多重的交易:司机要获取信息,先要付入场费,然后还有中介的佣金、押金,中介还需要在运动货物完成之后付给司机运送费,这之间很多时候是异地付款,很难直接用现金交易。根据内部人士介绍,大部分司机不使用支付宝、微信这种电商支付平台,甚至网上银行都没有,让他们去银行转账汇款又存在异地汇款、无法实时到账的问题。第三是监控,与快递物流不同,个体司机与中介之间不存在合同关系,中介也就无法监控实时卡车的所在位置,在公路运输的过程中,安检、管制、事故甚至是车匪路霸都很难避免,只能靠着电话方式与货运司机沟通。

运满满的 APP 的形式并不复杂,所做的功能相对也比较简单:用户先注册自己的手机号,然后选择是货主还是司机,之后就可以使用了。对于货主来讲,他可以将信息发送到平台之中,标注所有相关内容,等待司机抢单,也可以看到地理位置或者货运线路合适的司机,不用每天蹲点等候。对司机来说,首先可以根据自己的需求搜索货主信息,然后进行抢单,抢单之后与货主联系,就可以直接向发货地点出发,省去了到信息市场的过程。司机还能设置自己当前的线路,以便中介直接找到合适的人选。除此之外,运满满还可以再应用当中进行支付流程,虽然以往的经验告诉我们用户依然有可能采取传统的交易方式,但是至少将功能集中在一起会是一个好的解决方案。

作为一款以车货匹配为主的 APP,运满满能够提供给车主和货源更为便利和快捷的对接平台,并通过一整套系统成为这一对接的信誉保障,从而提高物流效率,降低车货匹配的成本。在"信息交互价值"的基础之上,运满满还能带来更为深度的"资源整合价值",这对于目前物流行业普遍存在的"空驶率"过高的问题将带来极大的助益。在物流行业中,空驶率始终是众多物流企业和车主不得不面临的问题,在干线运输中,一些车辆的空驶率可能会达到40％左右,特别是在近两年经济增长放缓的背景下,更进一步地增加了车辆的空驶率。

运满满将降低车辆空驶率的方法寄予了大数据,在运满满平台上的车辆形成规模化效应之后,运满满可以通过大数据和系统的计算,降低车辆的空驶率,降低运输中产生的额外成本。

在运满满建立之初,只有一支10人的地推团队,他们负责在南京周边的物流园区进行地推。在地推团队的努力下,几个月以来已经有了10万个交易记录。所有的卡车司机都进行了信息认证,留下了信用档案并且可以进行实时监控。运满满创始人张辉来自阿里巴巴的中供部门,用他的话说,运满满最难做的并不是这些功能上的方案解决,而是地推。面对常年被传统方式包围的行业,改变是最为困难的。你可以想象一下滴滴打车,同样是出手传统模式的行业,同样是平衡"货物"与"司机"之间的信息,抛开数量、占有率等问题,或许能从滴滴打车上看到运满满的一些未来和场景。

与一般O2O产品的地推方式截然不同的是,车货匹配APP的地推团队面临着更大的挑战。他们不可能只在人流密集的地方发放传单或进行推广,他们需要深入到每一个物流园区,出现在每一个卡车司机可能出现的地方,并说服他们使用自己的产品。

尽管面临巨大的困难,运满满的地推团队依然帮助这款软件走出了第一步,经过长期的锻炼和发展,运满满已经形成了一支人数达到1 500人的地推团队,他们覆盖了全国超过200家物流园区,让运满满的模式从互联网走向了配货场。

2014年9月,河北省内一区域下大雨,整个物流园区出现大量积水,运满满的地推团队卷起裤管帮助司机、园区卸货,同时帮忙背着一些工作人员转移到地势高的地区。

同时,通过这种"接地气"的方法,为运满满这样的移动互联网企业在物流行业所扮演的角色找到了更为清晰的定位,更能清晰地了解到物流行业到底需要什么样的APP。目前的运满满已经建立了全套的评价体系,通过这一体系的互动,运满满可以对司机形成有效的约束,使得这个非标化的行业能够提供更为标准的服务。同时,运满满还建立了安全保障体系,给予货源方更为放心的运输中介服务,并利用定位系统让货主实时的掌握货物的具体运行区位。

案例思考题:

1. 结合案例及日常生活中的见闻,谈谈"互联网＋"时代下物流运输发展方向?
2. 运满满的创新点在哪里?

案例分析思路:

互联网技术,特别是移动互联网技术的应用,促进了物流信息的透明化和物流流程的标准化,可以有效地降低整体物流成本。而资本的推波助澜和强势介入,也促进整个产业的技术革新。制定"互联网＋"行动计划,把物流企业、社会车辆和货主企业有机衔接起来,与其他运输方式对接,实现物流供需高效匹配,降低物流成本,可有效促进物流信息化发展。

二、顺丰的快递之旅

1993 年,顺丰速运诞生于广东顺德。自成立以来,顺丰始终专注于服务质量的提升,不断满足市场的需求,在中国大陆、香港、澳门、台湾建立了庞大的信息采集、市场开发、物流配送、快件收派等业务机构及服务网络。与此同时,顺丰积极拓展国际件服务,目前已开通美国、日本、韩国、新加坡、马来西亚、泰国、越南、澳大利亚、蒙古等国家的快递服务。截至 2015 年 7 月,顺丰已拥有近 34 万名员工,1.6 万台运输车辆,19 架自有全货机及遍布中国大陆、海外的 12 260 多个营业网点。

二十二年来,顺丰持续加强基础建设,积极研发和引进具有高科技含量的信息技术与设备,不断提升作业自动化水平,不断优化网络建设,实现了对快件产品流转全过程、全环节的信息监控、跟踪、查询及资源调度工作,确保了服务质量的稳步提升。

但哪怕是最了解顺丰的人,也难以定义顺丰。有人说,"顺丰本质上是一个 IT 公司,一个大数据公司"。

每天,数以百万票的快递、14万多员工,在庞大的信息系统中高效运转。顺丰也将呼叫中心和信息系统定为最高商业机密和核心竞争力之一。

当你拨打顺丰客服电话4008-111-111时,你的订单数据信息已开始进入顺丰庞大的数据库,并将经过至少10道程序到达收件人手中,用时可能只有12小时。

支持快速的秘密武器是其自主研发的数据中心系统。

这个数据中心的开发和运营,有着多达2 000多人的精英团队。顺丰遍布全国的5 000多个网点的工作人员,每天都会对快递包裹信息进行实时监控及管理,实现了物流、信息流、人流、现金流无缝对接,快速周转。

这个数据服务中心,位于顺丰深圳总部万基商务大厦3楼,是整栋楼管理最为严格的地方,也是整个顺丰的大脑中枢所在。

黑灰色制服、黑色背包、巴枪是顺丰快递员的标志。某种意义上,顺丰更愿意把自己定义为一个技术公司,而非劳动力密集型快递公司。

当你下单时,顺丰的呼叫中心客服人员就已经将你的订单需求录入信息系统。这个指令将会发送到快递员的巴枪上,一个小时内,穿着黑色工作服的顺丰收派员就会手握巴枪出现在你面前。

快递单经过巴枪扫描后会形成条形码,这将成为该快递单的身份证。业内人士介绍,这个长得像POS机的机器最早是顺丰开始使用的,目前价值大约在2 000~3 000元。巴枪主要有三个功能:打印凭条,运单,发票,它成了每个顺丰快递员的标配。每名快递员都对应着其专属的巴枪,可以说它是带有业务员个人ID的信息入口。

收派员将你填好的订单信息录入进巴枪中,而该地区的分部以及深圳总部的系统中都将同步收到关于该订单的详细信息寄件人、收件人、寄件地址、收件地址、收件员、价格等所有信息,随即系统会生产一个运单,并自动传入快递信息系统。

当你将包裹交给该快递员时,你不必担心你的包裹是否被哪位快递员给私藏了,因为该系统存在一个严格的内控系统。如果快递员在收件时不扫描该快递单号的话,当它到达下一站分拨中心时,它是不能被接受的。如果下一环节的快递员发现该包裹破损,会提前报备,公司将追究上一环节负责人的责任,一环一环都紧密衔接。

之后,你的快递将被带到分站点进行分拣。从早上 7 点到晚上 11 点,全国各地 1 万多台顺丰货车,在听候巴枪的发车指令。顺丰目前的分拣系统,主要是"全自动"加"半自动"。全自动的分拣,机器会自动识别出目的地代码,流水线送到指定的区域,这个区域都是到同一个地方。打包后快递件将通过汽车、飞机等送到目的地的中转场,目的地中转场再细分下去。大城市只是粗略分流,包括华南、华东、华北、东南、华西、华中。

顺丰的分拣主要有四个步骤组成。

步骤一,就是在分拣作业开始前,首先要处理拣货信息,快递分拣作业应当依据订单处理系统输出的分拣单形成拣货资料,然后进行分拣作业。也就是指把客户的订单分类,这样有利于下一步骤的实施。

步骤二,通过步骤一的完成,再将有关货物及分类信息通过自动分类及的信息输入装置,输入自动控制系统。这样一来,可以确保物件的随之跟踪,这不仅方便了顺丰员工的工作,也让消费者清楚地知道自己物件的所在地。

步骤三,自动分拣系统利用计算机控制中心技术,将货物及分类信息进行自动化处理并形成数据指令传输至分拣作业机械。

步骤四,通过分拣机利用条码技术、射频识别技术等自动识别装置,对货物进行自动化分类拣取,当货物通过移栽装置移至输送机上时由输送系统移至分类系统,再有分类道口排出装置按预先设置的分类要求将快递货件推出分类及,完成分拣作业。

以上四个步骤是顺丰快递主要要完成的作业流程。也就是说,其实每一次的物件寄送都不是收与发这么简单的事,这需要的是走一个非常庞大的系统才能实现的事情。而由于快件数量的增加,寄送难度也会随之而加大。

在顺丰大大小小的中转场,装有密密麻麻的摄像头,360 度监控。如果发现分拣员分拣时扔件的距离超过 30 厘米,就会扣分,牵涉到每个月的考核分,牵涉到年终奖和工资,一次扣分是 50 块。这也是为什么市场上公认顺丰的毁坏件最少的原因。

紧接着被打包好的包裹将发往分拨中心。深圳的分拨中心一共有四个,其中最大的是宝安机场的黄田分拨中心。

在深圳龙华分拨中心,在这个占地 4 000 平方米的厂房门口的柱子上,一个标牌上面赫然写着:你已经进入摄像监控范围。工作人员指着吊灯旁边的摄像头说:"我们包裹邮件在这里都有监督的,你看挂在上面的摄像头,我们就有 80 个。"几乎屋顶上每个横梁的节点上都安装有一个摄像头,正对着运动着的传送带和一旁的分拣员。

一位年轻的分拣员告诉记者,这里的分拨中心一般都是 24 小时营业的,员工实行两班倒,白班是从上午 10 点到晚上 6 点 40。这里工作人员主要是分拣员和运作员。分拣员在这里一共有 60 多名,进行收件和发件的分拣。而运作员就是负责装车和卸货。

图 6-8 顺丰速运波音 757 全货机

接着这个快递单将发往目的地。负责顺丰信息录入的工作人员称,一般顺丰分为陆运和航运,除了省内和一些不能航运的物品如化妆品等,其他物品都采取航运的形式。现在顺丰主要是四条航线,包括西南、北京、杭州、山东,几乎覆盖全国的大部分区域。

当司机拉着满车的货物送往目的地时,也是逃不过总部信息系统的监控。车辆上的 GPS 系统通过数据对接器连着分拨中心和深圳总部,车辆是否安全,中间是否有偷盗行为完全都在系统的掌握之中。

在顺丰深圳总部最大的调度中心,所有中转场、人员、车辆、快件运行情况,都可以从快递信息运作系统中实时调出查看。任何一个投诉电话,都可以实时找到问题所在。

最后,这封快递件到达目的地分拨中心后,再分拨到具体的某个站点,而该站点的快递员一定会在两个小时之内将快递件送到客户手里。

案例思考题:

1. 根据案例中所涉及的一些物流信息技术,谈谈它们是如何来提高运输服务质量的。

2. 顺丰速运的核心竞争力是什么?

案例分析思路:

结合物品标识技术、GPS 技术、大数据等信息技术来综合分析顺丰速运的运输服务。顺丰的核心竞争力也是基于强大的信息系统来获得的。

本章小结

信息是管理的基础,信息来自数据,是客观的,具有认知知识的能力。

运输信息是在物流活动过程中产生的,记录物流活动详细过程、实现物流管理并提高物流管理水平的一系列数据,在物流系统中起着核心作用。

信息管理就是利用现代信息技术对信息资料和信息活动进行管理,以实现信息资源的有效配置和有效利用。信息管理的过程就是信息收集、输入、存储、加工处理和输出的过程,通过运输信息技术主要由信息采集和识别技术、信息存储与处理技术、信息交换技术等组成,包括数据库和数据挖掘技术、各种通信技术、互动互联网技术、条形码与射频技术、GPS 与 GIS(地理信息系统)技术、EDI 技术等。

本章思考题

1. 简单阐述信息的概念。

2. 为什么说运输信息管理很重要？

3. 常见的运输信息技术有哪些？

4. 简单阐述公路运输信息系统的功能结构。

第七章

运输相关法规

学习目标

◇ 理解不同运输方式下,运输合同的含义、合同当事人的义务与责任

◇ 了解国际多式联运合同的含义、国际多式联运合同当事人的义务与责任

◇ 了解国内、国际危险货物运输法规

引导案例

集装箱货轮火灾事件

2015 年 5 月 1 日凌晨 2 点 30 分左右,一艘英国籍的超大型集装箱船"Hanjin Green Earth"在苏伊士运河南部航行时发生火灾。该船建造于 2013 年,载重吨为 140 700 吨,载箱量为 13 100 TEU。事发当时,该船正在从远东开往欧洲的航程中,她的上一个挂靠港是沙特阿拉伯的吉达(Jeddah)。火灾发生部位是靠近船尾的集装箱区域。火灾发生后,船舶在埃及的塞得港(Port Said)锚地漂航。至 5 月 3 日,超过 50 个集装箱有不同程度的损毁,至少 4 艘救助船和拖轮以及埃及海军在现场参与灭火。

（案例来源：http://www.eworldship.com/html/2015/
OperatingShip_0505/101660.html）

请问：该起事件应适用哪些法律或哪个国家的法律？船东是否可

以以不可抗力为由逃避货主的索赔？如果要认定为不可抗力,必须具备哪些条件？

案例分析要点:

1. 从船公司提单背面对货损适用法律的规定进行分析。
2. 从不可抗力的定义进行分析。
3. 从货物的保险条款进行分析。

现代市场经济是法治经济,各种经济活动和政府对经济的管理行为均应被纳入法治的轨道,企业的货物运输活动和政府对货物运输业的管理行为也不例外。对货运企业和货运从业人员来说,运输法规的重要作用是促进、保障货运活动的正常进行及维护有关当事人的合法利益;对政府管理来说,通过运输法规,规范各种运输行为,建立起健康有序的现代运输业。

本章所称的运输相关法规是在非严格意义上使用的,在此加以澄清。首先,这里的法规与行政法规、地方性法规中的“法规”不同。本章的运输法规应被理解为广义上的法律,即有关运输活动相关的各种法律,包括全国人民代表大会及其常务委员会、国务院、国务院所属部委、地方人民代表大会及其常务委员会、地方政府等制定的规范运输活动的各种形式的法律、法规。其次,由于国际运输中经常要涉及国际公约,我国又是一些国际公约的缔约国,这些公约是我国法律的一种形式、一个组成部分,而且当国内立法与国际公约精神发生冲突时,应当以国际公约优先。所以,本章的运输法规也包括相关国际公约。

根据不同的运输方式,本章主要是为读者搭建一个总体的法律框架,分为铁路运输法规、公路运输法规、水路运输法规、航空运输法规、国际多式联运法规、危险货物运输法规6节,前4节及第6节又根据运输是否跨越国界,进一步分为国内运输和国际运输两部分。因为货物运输服务提供者与接受者之间需要通过运输合同来确定双方的权利义务,所以前5节均以运输合同作为切入点,并通过合同当事人的主要义务及违约责任进行阐述。

第一节　铁路运输法规

一、国内铁路运输法规

我国铁路运输法规的具体表现形式包括法律、行政法规、法规性文件、交通运输部规章等,见表 7-1。

表 7-1　国内主要铁路运输法规

法的外在表现形式	施行及修正日期
中华人民共和国铁路法	1991 年 5 月 1 日施行 2009 年 8 月 27 日第 1 次修正 2015 年 4 月 24 日第 2 次修正
铁路安全管理条例	2014 年 1 月 1 日施行
违反《铁路安全管理条例》行政处罚实施办法	2014 年 1 月 1 日施行
铁路危险货物运输安全监督管理规定	2015 年 5 月 1 日施行
铁路运输企业准入许可办法	2015 年 1 月 1 日施行
铁路运输企业准入许可实施细则	2015 年 5 月 8 日施行
铁路运输基础设备生产企业审批办法	2014 年 1 月 1 日施行

我国《铁路法》于 1991 年 5 月 1 日起施行,历经 2009 年 8 月 27 日和 2015 年 4 月 24 日两次修正,该法共有 6 章 74 条,对于铁路货物运输的规定主要集中在第 2 章。按照《铁路法》的规定,铁路货物的托运人与作为承运人的铁路运输企业应订立运输合同,双方按运输合同履行各自的义务,享有平等的权利。以下以《铁路法》作为侧重点,结合其他法律表现形式,对铁路运输合同的含义、合同当事人的义务及违约责任加以说明。

(一)铁路运输合同当事人的法定义务

铁路货物运输合同是指铁路承运人根据托运人的要求,按期将托运人的货物运至目的地,交与收货人的合同。合同最为重要的作用是界定各当事人的法定义务。

1. 托运人的义务

(1) 应当按照合同的约定向铁路承运人提供运输的货物。

(2) 要如实申报货物的品名、重量和性质。

(3) 对货物进行包装,以适应运输安全的需要。对于包装不良的,铁路承运人有权要求其加以改善。如果拒不改善,或者改善后仍不符合运输包装要求,承运人有权拒绝承运。

(4) 托运零担货物,应在每一件货物两端各粘贴或钉固一个用坚韧材料制作的清晰明显的标记(货签),还应该根据货物的性质,按照国家标准,在货物包装上做好储运图示标志。

(5) 要按照规定支付运费。双方可以约定由托运人在货物发运前支付运费,也可以约定在到站后由收货人支付运费。但铁路运费通常都是由托运人在发运站承运货物当日支付。如果托运人不支付运费,铁路承运人可以不予承运。

2. 承运人的义务

(1) 及时运送货物。铁路承运人应当按照铁路运输的要求,及时组织调度车辆,做到列车正点到达。铁路承运人应当按照全国约定的期限或者国务院铁路主管部门规定的期限将货物运到目的站。

(2) 保证货物运输的安全,对承运的货物妥善处理。铁路承运人对于承运的容易腐烂的货物和活动物,应当按照国务院铁路主管部门的规定和双方的约定,采取有效的保护措施。

(3) 货物运抵到站后,及时通知收货人领取货物,并将货物交付收货人。

(二) 违约责任

1. 托运人的责任

(1) 由于托运人错报或匿报货物品名、重量、数量、性质而导致承运人财产损失的,要承担赔偿责任。

(2) 由于物流企业对货物的真实情况申报不实,而使承运人少收取了运费,要补齐运费,并按规定另行支付一定的费用。

（3）承担由于货物包装上的从外表无法发现的缺陷，或者由于未按规定标明储运图示而造成的损失。

（4）在托运人负责装车的情况下，由于加固材料的不合格或在交接时无法发现的对装载规定的违反而造成的损失，由托运人承担责任。

（5）由于押运人的过错而造成的损失，由托运人承担责任。

2. 承运人的责任

（1）货损责任。

铁路承运人应当对承运的货物自接受承运时起到交付时止发生的灭失、短少、变质、污染或者损坏，承担赔偿责任。如果物流企业办理了保价运输，按照实际损失赔偿，但最高不超过保价额。如果未办理保价运输，按照实际损失赔偿，但最高不超过国务院铁路主管部门规定的赔偿限额；如果损失是由于承运人的故意或者重大过失造成的，则不适用赔偿限额的规定，而是按照实际损失赔偿。

（2）延迟交付的责任。

承运人应当按照合同约定的期限或者国务院铁路主管部门规定的期限，将货物运到目的站；逾期运到的，承运人应当支付违约金。违约金的计算以运费为基础，按比例退还。对于超限货物、限速运行的货物、免费运输的货物以及货物全部灭失的情况，则承运人不支付违约金。如果迟延交付货物造成收货人或托运人的经济损失，承运人应当赔偿所造成的经济损失。承运人逾期 30 日仍未将货物交付收货人的，托运人、收货人有权按货物灭失向承运人要求赔偿。

3. 免责事项

由于下列原因造成的货物损失，铁路承运人不承担赔偿责任：

（1）不可抗力。

小贴士

不 可 抗 力

不可抗力是一项免责条款，是指买卖合同签订后，不是由于合同当事人的过失或疏忽，而是由于发生了合同当事人无法预见、无法预防、无法避免和无法控制的事件,以致不能履行或不能如期履行合同,发生意外事件的一方可以免除履行合同的责任或者推迟履行合同,在我国《民法通则》上是指"不能预见、不能避免和不能克服的客观情况"。

(2) 货物本身的自然属性,或者合理损耗。

(3) 托运人或者收货人的过错。

二、国际铁路运输法规

(一) 国际铁路运输的国际公约

与我国有关的国际铁路运输公约主要是《国际铁路货物联运协定》,简称《国际货协》,1951 年由前苏联、罗马尼亚、匈牙利、波兰等 8 个国家签订,我国于 1954 年 1 月加入《国际货协》。《国际货协》共 8 章 40 条,是参加国际铁路货物联运协定的各国铁路和发货人、收货人办理货物联运必须遵守的基本规则。它规定了货物运送组织、运送条件、运送费用计收办法和铁路与发、收货人之间的权利、义务等问题,因此对铁路、发货人、收货人均有约束力。因为该公约与国内铁路货物运输相比,有很多不同之处,所以以下择要点加以说明。

小贴士

国际铁路运输相关国际公约

国际铁路运输相关国际公约有:

(1)《国际铁路货物运送公约》(简称《国际货约》),于 1938 年 10 月 1 日生效。

(2)《国际铁路货物联运协定》(简称《国际货协》),我国是该公约的缔约国之一。

(3)《统一过境运价规程》(简称《统一货价》)和《关于统一过境运价规程的协约》,规定了参加统一货价的铁路,我国铁路于 1991 年 9 月 1 日起施行。

(4)《国境铁路协定》,是两相邻国家铁路部门签订的,规定办理联运货物交接出国境站、车辆及货物的交接条件和方法,交换列车和机车运行办法及服务方法等。

(二) 国际铁路运输合同当事人的义务

与国内铁路货物运输不同,《国际货协》对运单的法律性质作了明确的规定。该公约规定,运单就是国际铁路货物联运的运输合同,其对各当事人的义务规定如下:

1. 托运人的义务

根据《国际货协》的规定,作为托运人除了要遵守国内铁路运输中托运人须遵守的义务以外,还有一项非常重要的义务,那就是必须把在货物运送全程中为履行海关和其他规章所需要的随附文件附在运单上,必要时,还须附有证明书和明细书。这些文件只限与运单中所记载的货物有关。如果托运人不履行这项义务,承运人应拒绝承运。这项义务是由国际铁路货物运输须跨越国境的特点决定的,这也是在国内铁路运输中所不会遇到的。

2. 承运人的义务

(1) 及时运送货物。铁路承运人应当按照铁路运输的要求,及时组织调度车辆,做到列车正点到达。

(2) 保证货物运输的安全,对承运的货物妥善处理。

(3) 货物运抵到站后,及时通知收货人领取货物,并将货物交付收货人。

(三) 赔偿责任

依据《国际货协》对承运人所应承担责任的规定,承运人对货物的灭失、损坏和迟延交付负赔偿责任。对赔偿的范围和金额的计算规定有:对于货物全部或部分灭失,铁路的赔偿金额应按外国出口方在账单上所开列的价格计算;如发货人对货物的价格另有声明时,铁路应按声明的价格予以赔偿。如果货物遭受损毁,铁路应赔偿相当于货物减损金额的款项,不赔偿其他损失。声明价格的货物毁损时,铁路应按照货物由于毁损而减低价格的百分数,支付声明价格的部分赔偿。如果货物逾期运到,铁路应以所收运费为基础,按逾期的长短,向收货人支付规定的逾期罚款。如果货物在某一条铁路逾期,而在其他条铁路都早于规定的期限运到,则确定逾期的同时,应将上述期限相互抵消。对货物全部灭失予以赔偿时,不得要求逾期罚款。如逾期运到的货物部分灭失,则只对货物的未灭失部分,支付逾期罚款。如逾期运到的货物毁损时,除货物毁损的赔偿款额外,还应加上逾期运到罚款。铁路对货物赔偿损失的金额,在任何情况下,都不得超过货物全部灭失时的金额。

第二节　公路运输法规

一、国内公路运输法规

我国公路运输法规的具体表现形式包括法律、行政法规、交通运输部规章、地方性法规、地方政府规章等,见表7-2。

表7-2　国内主要公路运输法规

法的外在表现形式	施行及修正日期
中华人民共和国公路法	1998 年 1 月 1 日施行 1999 年 10 月 31 日第 1 次修正 2004 年 8 月 28 日第 2 次修正 2009 年 8 月 27 日第 3 次修正
中华人民共和国道路运输条例	2004 年 7 月 1 日施行 2012 年 11 月 9 日修正
道路货物运输及站场管理规定	2005 年 8 月 1 日施行 2008 年 7 月 23 日第 1 次修正 2009 年 4 月 20 日第 2 次修正 2012 年 3 月 14 日第 3 次修正
汽车货物运输规则	2000 年 1 月 1 日施行
道路危险货物运输管理规定	2013 年 7 月 1 日施行

　　我国规范公路货运的法规主要是由交通运输部颁布并于 2000 年 1 月 1 日起施行的《汽车货物运输规则》,该规则共有 8 章 92 条,是为明确汽车货物运输当事人的权利、义务,维护正常的道路货物运输秩序,依据国家有关法律、法规而制定的。以下以《汽车货物运输规则》作为侧重点,结合其他法律表现形式,对汽车运输合同的含义、合同当事人的义务及违约责任加以说明。

(一) 汽车运输合同当事人的义务

　　《汽车货物运输规则》规定,汽车货物运输合同有定期运输合同、一次性运输合同和道路货物运单(以下简称运单)。定期运输合同适用于承运人与托运人之间在商定的期间内的批量货物运输。一次性运输合同适用于每次货物运输。承运人、托运人签订定期运输合同、一次性运输合同时,运单视为货物运输合同成立的凭证。但运单不是一种独立的合同形式,定期运输合同和一次性运输合同都可通过运单记载所运送货物及运输的具体内容和当事人的权利义务。

1. 托运人的义务

　　(1) 托运的货物名称、性质、件数、质量、体积、包装方式等,应与运单记载的内容相符。

　　(2) 按照国家有关部门规定须办理准运或审批、检验等手续的货物,托运时应将准运证或审批文件提交承运人,并随货同行。如果委托承运人向收货人代递有关文件,应在运单中注明文件名称和份数。

　　(3) 在托运的货物中,不得夹带危险货物、贵重货物、鲜活货物和其他易腐货物、易污染货物、货币、有价证券以及政府禁止或限制运输的货物。

　　(4) 托运货物应按约定的方式进行包装。没有约定或者约定不明确的,可协议补充;不能达成补充协议的,按照通用的方式包装;没有通用方式的,应在足以保证运输、搬运装卸作业安全和货物完好的原则下进行包装。依法应当执行特殊包装标准的,按照规定执行。

　　(5) 应根据货物性质和运输要求,按照国家规定,正确使用运输标志和包装储运图示标志。

　　(6) 托运特种货物(如冷藏货物、鲜活货物等)时,应按要求在运单中注明运输条件和特约事项。

（7）货物包含需要照料的生物、植物、尖端精密产品、稀有珍贵物品、文物、军械弹药、有价证券、重量票证和货币时，必须派人押运。并且，应在运单上注明押运人员姓名及必要的情况。押运人员须遵守运输和安全规定，并在运输过程中负责货物的照料、保管和交接；如发现货物出现异常情况，应及时做出处理，并告知车辆驾驶人员。

（8）托运人应该按照合同的约定支付运费。

2. 承运人的义务

（1）根据货物的需要和特性，提供适宜的车辆。该义务要求承运人提供的车辆应当技术状况良好、经济适用，对特种货物运输的，还应为特种货物提供配备了符合运输条件的特殊装置或专用设备的车辆。

（2）承运人应按运送货物的情况，合理安排运输车辆。货物装载重量以车辆额定吨位为限，轻泡货物以折算重量装载，不得超过车辆额定吨位和有关长、宽、高的规定。

（3）按照约定的运输路线进行运输。如果在起运前要改变运输路线，承运人应将此情况通知托运人，并按最终的路线运输。

（4）在约定运输期限内将货物运达。零担货物应按批准的班期时限运达，快件货物应按规定期限运达。

（5）对货物的运输安全负责，保证货物在运输过程中不受损害。

（二）违约责任

1. 托运人的责任

（1）托运人未按合同规定的时间和要求备好货物，以及货物运达后无人收货或拒绝收货，使得承运人车辆放空、延滞或造成其他损失的，托运人应负赔偿责任。

（2）由于托运人的下列过错，造成承运人、站场经营人、搬运装卸经营人的车辆、机械、设备等损坏、污染或人身伤亡以及因此而引起的第三方的损失，应负赔偿责任。

第一，在托运的货物中故意夹带危险货物或其他易腐蚀、易污染货物以及禁、限运货物等；错报、匿报货物的重量、规格、性质。

第二，货物包装不符合标准，包装、容器不良，而从外部无法发现。

第三,错用包装、储运图示标志。

(3) 不如实填写运单,错报、误填货物名称或装卸地点,造成承运人错送、装货落空以及由此引起的其他损失,应负赔偿责任。

2. 承运人的责任

(1) 如果承运人未按运输期限将货物运达,应当承担违约责任;因承运人责任将货物错送或错交,可以要求其将货物无偿运到指定的地点,交给指定的收货人。运输期限,是由双方共同约定的货物起运、到达目的地的具体时间。未约定运输期限的,从起运日起,按200千米为1日运距,用运输里程除以每日运距,计算运输期限。

(2) 如果承运人未遵守双方商定的运输条件或特约事项,由此造成托运人损失,可要求其负赔偿责任。

(3) 货物在承运责任期间内,发生毁损或灭失,承运人应负赔偿责任。承运责任期间,是指承运人自接受货物起至将货物交付收货人止,货物处于承运人掌管之下的全部时间。托运人还可以与承运人就货物在装车前和卸车后对承担的责任另外达成协议。

3. 免责事项

如果有下列情况之一,承运人举证后可不负赔偿责任:

(1) 不可抗力;

(2) 货物本身的自然性质变化或者合理损耗;

(3) 包装内在缺陷,造成货物受损;

(4) 包装体外表面完好,而内装货物毁损或灭失;

(5) 托运人违反国家有关法令,致使货物被有关部门查扣、弃置或做其他处理;

(6) 归责于押运人的货物毁损或灭失;归责于托运人或收货人过错的货物毁损或灭失。

二、国际公路运输法规

涉及国际公路运输的公约主要有《国际公路货物运输合同公约》,该公约是由联合国所属的欧洲经济委员会负责草拟,1956年5月19日于日内瓦通过并生效。该公约的基本目的是规范国际公路货物运输合同,特别是统一有关公路运输所使用的单证和承运人责任的条件。因为我国至今未加入该公约,所以以下择该公约的一些精要加以说明。

(一)国际公路运输合同当事人的义务

《国际公路货物运输合同公约》规定,运输合同应以签发运单来确认。无运单、运单不正规或丢失不影响运输合同的成立或有效性,也不影响公约的适用。运单应是运输合同成立、合同条件和承运人收到货物的初步证据。如运单中未包含承运人的特殊保留条件,除非有相反证明,应认为当承运人接管货物时,货物和包装外表状况良好,件数、标志和号码与在运单中的说明相符。

1. 托运人的义务

为了在交付货物前办妥海关或其他手续,发货人应在运单后随附必需单证或将其交承运人支配并提供承运人所需的全部情况。承运人无责任调查这些单证和情况是否准确或适当。除非是由于承运人的错误行为或过失,对由于这些单证和情况的短缺或不正规所引起的损坏,发货人应向承运人负责。

2. 承运人的义务

承运人应对自货物接管之时起到交付时止发生的全部或部分灭失和损坏以及货物交付中的任何延迟负责。

(二)免责事项

如果货物灭失、损坏或延迟是由于索赔人的错误行为或过失,或索赔人的错误指示,或货物的固有缺陷,或承运人不能避免的情况和承运人不能防止的结果所造成的,承运人应免除责任。由于运输车辆的状况不良,或由于车辆的出租人,或承运人的代理人、受雇人的错误行为或过失造成的货物损失,承运人不能免除责任。

如果货物的灭失或损坏是由下述一种或几种情况产生的特殊风险所致,承运人应予免责:

(1)已在运单中明确约定和规定使用无盖敞车。

(2)如货物根据其性质,在无包装或未予妥善包装时易于损耗或损坏的情况下,无包装或包装不良。

(3)由发货人、收货人或代表发货人或收货人所从事的货物搬运、装载、积载和卸载。

(4) 特别是由于断裂、生锈、腐烂、干燥、渗漏、正常损耗或虫蛀造成全部灭失或部分灭失或损坏的某些货物的性质。

(5) 包装上标志或号码不足或不当。

(6) 承运活动物。

(三) 赔偿责任及限额

承运人承担赔偿责任的基本规则是:

(1) 如果承运人负责赔偿货物的全部和部分灭失,这种赔偿应参照接运地和接运当时的货物的价值进行计算。

(2) 货物的价值应根据商品交易所价格,如果无这种价格,则根据现行市价,或如无商品交易所价格或现行市价,则参照同类、同品质货物的通常货价决定。

(3) 货物毛重每千克的赔偿不超过 8.33 SDR。

小贴士

特别提款权(Special Drawing Right, SDR)

特别提款权,是指国际货币基金组织(IMF)所制定的货币计算单位,它是由美元、英镑、欧元和日元 4 种货币,通过加权方式计算出来的,可以折合成某个特定国家的货币。

---

(4) 如果货物全部灭失,运输费用、关税和有关货物运输发生的其他费用应全部偿还。如货物部分灭失,则按遭受灭失部分的比例偿还,但不付另外的损坏费用。

(5) 如果货物延迟送达,并且索赔人能够证明损坏是由此引起的,承运人应支付该损坏不超过运输费用的赔偿。

(6) 只有申报货物的价值并支付了附加运费的情况下,才能得到较高的赔偿。

第三节　水路运输法规

一、国内水路运输法规

我国水路运输法规的具体表现形式包括法律、行政法规、交通运输部规章、地方性法规、地方政府规章等,见表7-3。

表7-3　国内主要水路运输法规

法的外在表现形式	施行及修正日期
国内水路运输管理条例	2013 年 1 月 1 日施行
国内水路货物运输规则	2001 年 1 月 1 日施行
水路危险货物运输规则	1996 年 12 月 1 日施行
国内水路运输管理规定	2014 年 3 月 1 日施行 2015 年 5 月 12 日修正

我国规范内河航运、沿海航运的主要法规是《国内水路运输管理条例》和《国内水路货物运输规则》。《国内水路运输管理条例》由国务院颁布并于 2013 年 1 月 1 日起施行,该条例共有 6 章 46 条。《国内水路货物运输规则》由交通运输部颁布并于 2001 年 1 月 1 日起施行,该规则共有 7 章 96 条,主要是对水路货物运输合同当事人权利和义务的规定。接下来以这两部法规作为侧重点,结合其他法律表现形式,对水路运输合同的含义、合同当事人的义务及违约责任加以说明。

(一) 水路运输合同规定的义务

水路货物运输合同是承运人收取运输费用,负责将托运人托运的货物经水路由一港(站、点)运到另一港(站、点)的合同。其对各当事人的法定义务规定如下:

1. 托运人的义务

(1) 及时办理港口、海关、检疫、公安和其他货物运输所需的各项手续,并将已办理各项手续的单证送交承运人,预付运费,另有约定除外。

(2) 所托运货物的名称、件数、重量、体积、包装方式、识别标志,应当与运输合同的约定相符。

(3) 妥善包装货物,保证货物的包装符合国家规定的包装标准;没有包装标准的,货物的包装应当保证运输安全和货物质量。需要随附备用包装的货物,应提供足够数量的备用包装,交给承运人随货免费运输。

(4) 在货物外包装或表面正确制作识别标志和储运指示标志。识别标志和储运指示标志应字迹清楚、牢固。

(5) 托运危险货物时,应当按照有关危险货物运输的规定,妥善包装,制作危险品标志和标签,并将其正式名称和危险性质以及必要时应当采取的预防措施书面通知承运人。未通知承运人或者通知有误的,承运人可以在任何时间、任何地点根据情况需要将危险货物卸下、销毁或者使之不能为害,而不承担赔偿责任。承运人知道危险品货物的性质并已同意装运的,仍然可以在该项货物对于船舶、人员或者其他货物构成实际危险时,将货物卸下、销毁或使之不能为害,而不承担赔偿责任,但这不影响共同海损的分摊。

(6) 除另有约定外,运输过程中需要饲养、照料的活动物、植物,以及尖端保密物品、稀有珍贵物品和文物、有价证券、货币等,托运人需要申报并随船押运,并在运单内注明押运人员的姓名和证件。但是,押运其他货物须经承运人同意。

(7) 负责笨重、长大货物和舱面货物所需要的特殊加固、捆扎、烧焊、衬垫、苫盖物料和人工,卸船时要拆除和收回相关物料;需要改变船上装置的,货物卸船后应当负责恢复原状。

(8) 托运易腐货物和活动物、植物时,应当与承运人约定运到期限和运输要求;使用冷藏船(舱)装运易腐货物的,应当在订立运输合同时确定冷藏温度。

(9) 托运木(竹)排应当按照与承运人约定的数量、规格和技术要求进行编扎。在船舶或者其他水上浮物上加载货物,应当经承运人同意,并支付运输费用。航行中,木(竹)排、船舶或者其他水上浮物上的人员(包括船员、排工及押运人员)应当听从承运人的指挥,配合承运人保证航行安全。

(10) 承担由于下列原因发生的洗舱费用:提出变更合同约定的液体货物品种;装运特殊液体货物(如航空汽油、煤油、变压器油、植物油等)需要的特殊洗舱;装运特殊污秽油类(如煤焦油等),卸后需要的洗刷船舱。在承运人已履行船舶适货义务的情况下,因货物的性质或者携带虫害等情况,需要对船舱或者货物进行检疫、洗刷、熏蒸、消毒的,应当由托运人或者收货人负责,并承担船舶滞期费等有关费用。

2. 承运人的义务

(1) 使船舶处于适航状态,妥善配备船员、装备船舶和配给供应品,并使干货舱、冷藏舱、冷气舱和其他载货处所适于并能安全收受、载运和保管货物。

(2) 按照运输合同的约定接收货物。

(3) 妥善地装载、搬移、积载、运输、保管、照料和卸载所运货物。

(4) 按照约定、习惯或者地理上的航线将货物运送到约定的目的港。承运人为救助或者企图救助人命或者财产而发生的绕航或者其他合理绕航,不属于违反上述规定的行为。

(5) 在约定期间或者在没有这种约定时在合理期间内将货物安全运送到指定地点。

(6) 货物运抵目的港后,向收货人发出到货通知,并将货物交给指定的收货人。

(二) 违约责任

1. 托运人的责任

(1) 未按合同约定提供货物,应承担违约责任。

(2) 因办理各项手续和有关单证不及时、不完备或者不正确,造成承运人损失的,应当承担赔偿责任。

(3) 因托运货物的名称、件数、重量、体积、包装方式、识别标志与运输合同的约定不相符,造成承运人损失的,应当承担赔偿责任。

(4) 因未按约定托运危险货物给承运人造成损失的,应当承担赔偿责任。物流企业因不可抗力不能履行合同的,根据不可抗力的影响,部分或者全部免除责任。迟延履行后发生不可抗力的,不能免除责任。

2. 承运人的责任

(1) 承运人对运输合同履行过程中货物的损坏、灭失或者迟延交付承担损害赔偿责任。

(2) 如果物流企业在托运货物时办理了保价运输,货物发生损坏、灭失,承运人应当按照货物的声明价值进行赔偿。但是,如果承运人证明货物的实际价值低于声明价值,则按照货物的实际价值赔偿。

(3) 货物未能在约定或者合理期间内在约定地点交付的,为延迟交付。对由此造成的损失,承运人应当承担赔偿责任。承运人未能在上述期间届满的次日起 60 日内交付货物,可以认定货物已经灭失,承运人应承担损害赔偿责任。

3. 免责事项

承运人对运输合同履行过程中货物的损坏、灭失或者延迟交付承担损害赔偿责任,但承运人证明货物的损坏、灭失或者延迟交付是由于下列原因引起的除外:

(1) 不可抗力;

(2) 货物的自然属性和潜在缺陷;

(3) 货物的自然减量和合理损耗;

(4) 包装不符合要求;

(5) 包装完好,但货物与运单记载内容不符;

(6) 识别标志、储运指示标志不符合规定;

(7) 托运人申报的货物重量不准确;

(8) 托运人押运过程中的过错;

(9) 普通货物中夹带危险、流质、易腐货物;

(10) 托运人、收货人的其他过错。

货物在运输过程中因不可抗力灭失,未收取运费的,承运人不得要求支付运费;已收取运费的,托运人可要求返还。货物在运输过程中因不可抗力部分灭失的,承运人按照实际交付的货物比例收取运费。

二、国际海上运输法规

国际海上货物运输主要适用我国《海商法》第 4 章"海上货物运输合同"的规定。由《海商法》所调整的海上运输主要是国际间的海上运输，并且限于商业行为。鉴于海上运输在国际运输各种方式中居于最重要的地位，以下采取与相关法条相对照的方式，对《海商法》第 4 章中有关国际海上运输合同、合同当事人的权利义务和责任等主要内容进行详述。

（一）国际海上运输合同的义务

根据我国《海商法》第 41 条，海上货物运输合同是指承运人收取运费，负责将托运人托运的货物经海路由一港运至另一港的合同。

根据我国《海商法》第 71 条，提单是指用以证明海上货物运输合同和货物已经由承运人接收或者装船，以及承运人保证据以交付货物的单证。提单中载明的向记名人交付货物，或者按照指示人的指示交付货物，或者向提单持有人交付货物的条款，构成承运人据以交付货物的保证。

以上规定概括了海运提单的本质属性，即提单是海上货物运输合同的证明，它证明了承运人已接管货物或货物已装船和保证据以交付货物。

在海上货物运输合同中，承运人是一方当事人，通常称为船方，是指本人或者委托他人以本人名义与托运人订立海上货物运输合同的人。托运人是另一方当事人，称为货方，是指：1) 本人或者委托他人以本人名义或者委托他人为本人与承运人订立海上货物运输合同的人；2) 本人或者委托他人以本人名义或者委托他人为本人将货物交给与海上货物运输合同有关的承运人的人。海上货物运输合同的标的物是海上货物，包括活动物和由托运人提供的用于集装货物的集装箱、托盘或者类似的装运器具。

1. 承运人的主要义务

（1）提供船舶并保证适航的义务。

我国《海商法》第 47 条所做的具体规定是："承运人在船舶开航前

和开航时,应当谨慎处理,使船舶处于适航状态,妥善配备船员、装备船舶和配备供应品,并使货舱、冷藏舱、冷气舱和其他载货处所适于并能安全收受、载运和保管货物。"承运人在这方面的义务又称为"适航义务",具有法定义务的性质。

(2) 装卸、运送和交付货物的义务。

我国《海商法》第 48 条和第 49 条第 1 款分别规定:"承运人应当妥善地、谨慎地装载、搬移、积载、运输、保管、照料和卸载所运货物。"《海商法》第 48 条规定的义务,又称"管货义务",也属于法定义务。对管货义务的时间界限没有加以限制,应解释为适用于整个航程的存续期间,即该法第 46 条关于承运人责任期间的规定。

(3) 合理速遣的义务。

我国《海商法》第 49 条规定:"承运人应当按约定的或者习惯的或者地理上的航线将货物运往卸货港。"该条所规定的义务又称"合理速遣义务",也属于法定义务,它包括按顺序选择航线和不得非合理绕航两方面的内容。据此,在班轮运输的情况下,承运人应当按照船期表的规定,使船舶按时在装货港停泊,并将托运人早已备好的货物装船积载。货物装载妥当后,船舶应按船期表的规定,准时起航。船舶起航后,应按约定的或者习惯的或者地理上的航线航行,除了为救助或者企图救助人命或者财产而绕航或者其他合理绕航外,不得发生不合理的绕航。同时,在航行过程中,承运人还应妥善保管和照料所载货物。货到目的港后,承运人应将船舶停泊在适于卸货的地点,并将货物卸下交付给提单载明的收货人、提单受让人或其代理人。

2. 托运人的主要义务

(1) 提供约定货物和运输所需各项单证的义务。

提供约定的货物和单证,是托运人的首要义务。根据我国《海商法》第 66 条,托运人托运货物,应当妥善包装,并向承运人保证,货物装船时所提供的货物的品名、标志、包数或者件数、重量或者体积的正确性;由于包装不良或者上述资料不正确,对承运人造成损失的,托运人应当负赔偿责任。第 67 条规定,托运人应当及时向港口、海关、检疫、检验和其他主管机关办理货物运输所需的各项手续,并将已办理各项手续的单证送交承运人;因办理各项手续的有关单证送交不及时、不完备或者不正确,使承运人的利益受到损害的,托运人应当负赔偿责任。

第68条规定,托运人托运危险货物,应当依照有关海上危险货物运输的规定,妥善包装,作出危险品标志和标签,并将其正式名称和性质以及应当采取的预防危害措施书面通知承运人;托运人未通知或者通知有误的,承运人可以在任何时间、任何地点根据情况需要将货物卸下、销毁或者使之不能为害,而不负赔偿责任。托运人对承运人因运输此类货物所受到的损害,应当负赔偿责任。承运人知道危险货物的性质并已同意装运的,仍然可以在该项货物对于船舶、人员或者其他货物构成实际危险时,将货物卸下、销毁或者使之不能为害,而不负赔偿责任。

（2）支付运费及其他费用的义务。

根据我国《海商法》第69条,托运人应当按照约定向承运人支付运费。托运人与承运人可以约定运费由收货人支付;但是,此项约定应当在运输单证中载明。

在班轮运输的情况下,托运人支付运费通常有预付和到付两种方式。在预付方式下,托运人应在货物装船后,承运人及其代理人或船长签发提单之前付清;在到付方式下,则在货物安全抵达目的港由收货人提取货物之前支付。

（3）收受货物的义务。

在货物运抵目的港后,收受货物既是托运人的一项义务,同时又是托运人的一项重要权利。

（二）国际海上运输合同的责任

同任何其他合同一样,海上货物运输合同中规定的双方当事人的权利、义务固然重要,但是由于义务本身不具有强制性,它们是通过法律规定或合同约定的违约责任获得强制性的保证的,因此,如果缺少关于违约责任的规定,整个合同将难以约束当事人。从这个意义上讲,当事人的违约赔偿责任是合同的核心内容之一。

1. 承运人的责任期间

承运人的责任期间是指承运人对货物运送负责的期间。根据我国

《海商法》第 46 条，承运人对集装箱装运的货物的责任期间，是指从装货港接收货物时起至卸货港交付货物时止，货物处于承运人掌管之下的全部期间。承运人对非集装箱装运的货物的责任期间，是指从货物装上船时起至卸下船时止，货物处于承运人掌管之下的全部期间。在承运人的责任期间，货物发生灭失或者损坏，除本节另有规定外，承运人应当负赔偿责任。前述规定，不影响承运人就非集装箱装运的货物，在装船前和卸船后所承担的责任，达成任何协议。

上述规定表明，我国《海商法》以承运人掌管之下的全部期间作为确定承运人责任期间的基本原则，同时又根据是否使用集装箱的装运方式对这一期间做了具体的不同规定。并且在原则规定之外，就非集装箱装运的货物，又允许当事人就这一责任期间之外的责任达成协议。

2. 承运人的免责范围和赔偿责任原则

根据我国《海商法》第 51 条，在责任期间货物发生的灭失或者损坏是由于下列原因之一造成的，承运人不负赔偿责任：

1) 船长、船员、引航员或者承运人的其他受雇人在驾驶船舶或者管理船舶中的过失；

2) 火灾，但是由于承运人本人的过失所造成的除外；

3) 天灾，海上或者其他可航水域的危险或者意外事故；

4) 战争或者武装冲突；

5) 政府或者主管部门的行为、检疫限制或者司法扣押；

6) 罢工、停工或者劳动受到限制；

7) 在海上救助或者企图救助人命或者财产；

8) 托运人、货物所有人或者他们的代理人的行为；

9) 货物的自然特性或者固有缺陷；

10) 货物包装不良或者标志欠缺、不清；

11) 经谨慎处理仍未发现的船舶潜在缺陷；

12) 非由于承运人或者承运人的受雇人、代理人的过失造成的其他原因。

上述 12 项内容，说明我国《海商法》规定的承运人的赔偿责任原则是不完全的过失责任制，即没有彻底坚持过失责任原则。

3. 承运人赔偿责任范围及赔偿责任限制

1) 承运人赔偿责任范围。承运人赔偿责任范围是指赔偿责任所包括的具体内容,或者说是承运人赔偿额的大小。根据我国《海商法》第55条,货物灭失的赔偿额,按照货物的实际价值计算;货物损坏的赔偿额,按照货物受损前后实际价值的差额或者货物的修复费用计算。货物的实际价值,按照货物装船时的价值加保险费加运费计算。前述规定的货物实际价值,赔偿时应当减去因货物灭失或者损坏而少付或者免付的有关费用。

由此可见,承运人的赔偿责任范围仅限于直接损失,而不包括间接损失,这是与海上运输风险的特殊性有密切关系的。

2) 承运人赔偿责任限制。承运人赔偿责任限制,又称"单位责任限制",是指承运人应承担的赔偿责任,按计算单位计算,限制在一定范围之内的责任限制制度,即法律规定一个单位最高赔偿额,超过限额的部分承运人不负赔偿责任。单位责任限制的主体是承运人、实际承运人及其代理人等;其限制的债权仅为根据海上货物运输合同而产生的"对货物的灭失或者损坏"的赔偿责任,以及对"货物因迟延交付造成经济损失"的赔偿责任;其适用的责任限额制是"货物件数或重量金额制""运费金额制"等。这些均不同于海事赔偿责任限制制度,因而后者被称为"综合责任限制"。在赔偿责任限制实际发挥作用的情况下,它实际上是对承运人赔偿责任的一种部分免除。

根据我国《海商法》第56条,承运人对货物的灭失或者损坏的赔偿限额,按照货物件数或者其他货运单位数计算,每件或者每个其他货运单位为666.67计算单位,或者按照货物毛重计算,每公斤为2计算单位,以二者中赔偿限额较高的为准。但是,托运人在货物装运前已经申报其性质和价值,并在提单中载明的,或者承运人与托运人已经另行约定高于本条规定的赔偿限额的除外。第57条规定,承运人对货物因迟延交付造成经济损失的赔偿限额,为所迟延交付的货物的运费数额。货物的灭失或者损坏和迟延交付同时发生的,承运人的赔偿责任限额适用前述规定的限额。

上述规定中货物件数或者其他货运单位的计算、计算单位系数的确定及确定赔偿限额的两种计算方式的适用都在保护承运人利益的同时,兼顾了托运人的利益,并尽量避免出现显失公平的结果。特别是,为了防止承运人赔偿责任限制的滥用,避免出现不合理的结果,该法第59条还特意做出下列限制性规定:"经证明,货物的灭失、损坏或者迟延交付是由于承运人的故意或者明知可能造成损失而轻率地作为或不作为造成的,承运人不得援用本法第56条或者第57条限制赔偿责任的规定。""经证明,货物的灭失、损坏或者迟延交付是由于承运人的受雇人、代理人的故意或者明知可能造成损失而轻率地作为或者不作为造成的,承运人的受雇人或者代理人不得援用本法第56条或者第57条限制赔偿责任的规定。"

4. 承运人赔偿责任的承担和分担

承运人赔偿责任的承担和分担是承运人赔偿责任的一个重要方面,它同上述其他内容一样,都直接关系着海上运输合同当事人和关系人的利益平衡。

根据我国《海商法》第60条,承运人将货物运输或者部分运输委托给实际承运人履行的,承运人仍然应当依照本章规定对全部运输负责。对实际承运人承担的运输,承运人应当对实际承运人的行为或者实际承运人的受雇人、代理人在受雇或者受委托的范围内的行为负责。虽有前述规定,在海上运输合同中明确约定合同所包括的特定的部分运输由承运人以外的指定的实际承运人履行的,合同可以同时约定,货物在指定的实际承运人掌管期间发生的灭失、损坏或者迟延交付,承运人不负赔偿责任。第63条规定,承运人与实际承运人都负有赔偿责任的,应当在此项责任范围内负连带责任。在此种场合中,实际承担了赔偿责任的一方,在承担赔偿责任后有权向应当承担责任的另一方追偿。

(三) 国际海上运输合同的权利

1. 承运人的主要权利

(1) 运费、共同海损分摊、损害赔偿的请求权。

此项权利是承运人最重要的权利,它与托运人支付运费的义务是对应的。

（2）留置权。

此留置权是指货物留置权，是法律为保障承运人的上一项主权利而规定的一种从权利。根据我国《海商法》第 87 条，应当向承运人支付的运费、共同海损分摊、滞期费和承运人为货物垫付的必要费用以及应当向承运人支付的其他费用没有付清，又没有提供适当担保的，承运人可以在合理的限度内留置其货物。

（3）损害赔偿责任的免除和赔偿责任限制的权利。

如前所述，承运人享有损害赔偿责任免除和赔偿责任限制的权利，但承运人同时应按照法律规定承担一定的举证义务。

2. 托运人的主要权利

（1）在目的港提取货物的权利。

在班轮运输的情况下，托运人在货物装船后取得提单，凭此在目的港提货。货物抵达目的港后，托运人或收货人有权并应及时在船边或承运人指定的码头仓库提取货物。根据我国《海商法》第 86 条，在卸货港无人提取货物或者收货人迟延、拒绝提取货物的，船长可以将货物卸在仓库或者其他适当场所，由此产生的费用和风险由收货人承担。

（2）损害赔偿请求权。

在承运人违反合同及法律规定的义务并给托运人造成损失时，托运人有权请求损害赔偿。承运人可能给托运人造成损失的情形主要有：承运人单方面解除海上货物运输合同；违反适航义务、管货义务，或合理速遣等法定义务使货物遭到损害或灭失；违反合同约定使货物遭到损害或灭失；因货物的迟延交付使托运人或收货人遭受经济损失等。

小贴士

有关海运提单的国际公约

1.《海牙规则》

《海牙规则》全称《统一提单的若干法律规定的国际公约》，于 1931

年 6 月正式生效,现已有缔约国近 80 个。《海牙规则》共 16 条,除第 11—16 条是有关公约的批准、加入和修改的程序性条款外,其余均为实质性条款。其主要内容涉及承运人最低限度的义务,应享受的免责范围,以及对货物灭失或损坏的索赔通知、诉讼时效、赔偿限额等问题。

2.《维斯比规则》

鉴于《海牙规则》的缺陷,特别是现代海运技术的发展带来的新问题,国际海事委员会于 1959 年召集会议考虑对《海牙规则》进行修改。1963 年,该委员会草拟了一份修改《海牙规则》的议定草案,经过斯德哥尔摩外交会议,通过了《修改统一提单的若干法律规则的国际公约的议定书》。为借用中古时期维斯比海法的名声,该议定书简称《维斯比规则》或称为《海牙—维斯比规则》。它是我国制定《海商法》的最重要参考依据。

3.《汉堡规则》

1978 年在汉堡通过的《1978 年联合国海上货物运输公约》简称《汉堡规则》。全文共 34 条,其主要特点是扩大了承运人的义务和责任,更多地保护货方利益。它已于 1992 年 11 月 1 日生效。

4.《鹿特丹规则》

2008 年 12 月 11 日,联合国大会通过了《联合国全程或部分海上国际货物运输合同公约》,并于 2009 年 9 月 23 日在荷兰鹿特丹举行签字仪式,因此该公约简称《鹿特丹规则》。尽管该公约尚未生效,但它的出现代表了国际海上运输立法的趋势和发展方向。《鹿特丹规则》作为调整"门到门"国际运输合同的全面性公约,如果各国在立法中能够结合该公约的一些新内容,则会使国际运输的立法更适应当代贸易发展的需要。更为重要的是,《鹿特丹规则》实现了与现有的单一方式运输的国际公约(如航空运输、公路运输、铁路运输和内河水运)的并存。这将为贸易方和国际货物运输中各方从可预见、透明的贸易和法律环境中受益,从而改善国际贸易条件,提高商业交易效率,并从总体上降低国际贸易成本。

第四节 航空运输法规

一、国内航空运输法规

我国航空运输法规的具体表现形式包括法律、行政法规、民用航空局规章等,见表7-4。

表7-4 国内主要航空运输法规

法规的外在表现形式	施行及修正日期
中华人民共和国民用航空法	1996年3月1日施行 2009年8月27日修正
中国民用航空货物国内运输规则	1996年3月1日施行
中国民用航空货物国际运输规则	2000年8月1日施行

我国规范航空运输的主要法规是《民用航空法》,该法于1996年3月1日起施行并于2009年8月27日修正。该法是为了维护国家的领空主权和民用航空权利,保障民用航空活动安全和有序进行,保护民用航空活动当事人各方的合法权益,促进民用航空事业的发展而制定的。《民用航空法》共有16章214条,涉及航空货物运输的内容主要集中在第9章公共航空运输中。以下以《民用航空法》作为侧重点,结合其他法律表现形式,对航空运输合同的含义、合同当事人的义务及违约责任加以说明。

(一) 航空运输合同当事人的义务

航空货物运输合同是指航空承运人与托运人签订的,由航空承运人通过空运的方式将货物运至托运人指定的航空港,交付给托运人指定的收货人,由托运人支付运费的合同。

1. 托运人的义务

(1) 应当按照航空货物运输合同的约定提供货物。

（2）应对货物按照国家主管部门规定的包装标准进行包装；如果没有上述包装标准，则应按照货物的性质和承载飞机的条件，根据保证运输安全的原则，对货物进行包装。如果不符合上述包装要求，承运人有权拒绝承运。托运人必须在托运的货件上标明出发站、到达站和托运人、收货人的单位、姓名和地址，并按照国家规定标明包装储运指示标志。

（3）要及时支付运费。除非托运人与承运人有不同约定，运费应当在承运人开具航空货运单时一次付清。

（4）如实申报货物的品名、重量和数量。

（5）要遵守国家有关货物安全的规定，妥善托运危险货物，并按国家关于危险货物的规定对其进行包装。不得以普通货物的名义托运危险货物，也不得在普通货物中夹带危险品。

（6）应当提供必须的资料和文件，以便在货物交付收货人前完成法律、行政法规规定的有关手续。

2. 承运人的义务

（1）按照航空货运单上填明的地点，在约定的期限内将货物运抵目的地。

（2）按照合理或经济的原则选择运输路线，避免货物的迂回运输。

（3）对承运的货物应当精心组织装卸作业，轻拿轻放，严格按照货物包装上的储运指示标志作业，防止货物损坏。

（4）保证货物运输安全。

（5）按货运单向收货人交付货物。

（二）违约责任

1. 托运人的责任

（1）因在托运货物内夹带、匿报危险物品，错报笨重货物重量，或违反包装标准和规定，而造成承运人或第三人的损失，须承担赔偿责任。

（2）因没有提供必需的资料、文件，或者提供的资料、文件不充足或者不符合规定而造成的损失，除由于承运人或者其受雇人、代理人的过错造成的外，应当对承运人承担责任。

（3）未按时缴纳运输费用的,应承担违约责任。

2. 承运人的责任

（1）航空运输期间,是指在机场内、民用航空器上或者机场外降落的任何地点,托运行李、货物处于承运人掌管之下的全部期间,其中不包括机场外的任何陆路运输、海上运输、内河运输过程;但是,如果此种陆路运输、海上运输、内河运输是为了履行航空运输合同而进行装载、交付或者转运,在没有相反证据的情况下,所发生的损失视为在航空运输期间发生的损失。

（2）在货物运输中,经承运人证明,损失是由索赔人或者代行权利人的过错造成或者促成的,应当根据造成或者促成此种损失的过错程度,相应免除或者减轻承运人的责任。

（3）货物在航空运输中因延误造成的损失,承运人应当承担责任;但是,承运人证明本人或者其受雇人、代理人为了避免损失的发生,已经采取一切必要措施或者不可能采取任何措施的,不承担责任。

3. 免责事项

承运人证明货物的毁灭、遗失或者损失是由于下列原因之一造成的,不承担责任:

（1）货物本身的自然属性、质量或者缺陷。

（2）承运人或者其受雇人、代理人以外的人包装货物的,货物包装不良。

（3）战争或者武装冲突。

（4）政府有关部门实施的与货物入境、出境或者过境有关的行为。

4. 责任限额

《中国民用航空货物国内运输规则》规定:"货物没有办理声明价值的,承运人按照实际损失的价值进行赔偿,但赔偿最高限额为毛重每公斤人民币20元。"托运人在交运货物时,特别声明在目的地交付时的利益,并在必要时支付附加费的,除承运人证明托运人声明的金额高于货物在目的地交付时的实际利益外,承运人应当在声明金额范围内承担责任。

任何旨在免除承运人责任或者降低承运人赔偿责任限额的条款,

均属无效。但是,此种条款的无效,并不影响整个航空运输合同的效力。

二、国际航空运输法规

在国际航空货物运输方面,我国加入了《统一国际航空运输规则的公约》(通称《华沙公约》)及《海牙议定书》。我国《民用航空法》对国际航空货物运输的部分事项也做了特别规定。我国民用航空局还于2000年颁布并施行了《中国民用航空货物国际运输规则》,专门对国际航空货物运输中的相关问题做出了特殊规定。在承运人的责任方面,国际航空货物运输与国内航空货物运输有所不同,主要表现在承运人的免责事项和责任限额,以下对这两方面加以说明。

(一) 免责事项

《民用航空法》虽然没有对承运人的免责事项做出特别规定,但《华沙公约》和《海牙议定书》规定,在下列情况下,承运人可以免除或减轻责任。

(1) 如果承运人证明自己及其代理人为了避免损失的发生,已经采取了一切必要的措施,或者不可能采取这种措施时,即可免责。

(2) 如果承运人能证明损失是由受损方引起或促成的,则可视情况免除或减轻责任。

(二) 责任限额

与国内航空货物运输的责任限额不同,《民用航空法》规定,国际航空货物运输承运人的赔偿责任限额是每公斤17计算单位(即特别提款权)。托运人在交运货物时,特别声明在目的地交付时的利益,并在必要时支付附加费的,除承运人证明托运人声明的金额高于货物在目的地交付时的实际利益外,承运人在声明金额范围内承担责任。货物的一部分或者货物中的任何物件毁灭、遗失、损坏或者延误的,用以确定承运人赔偿责任限额的重量,仅为该一包件的总重量。但是,因货物的一部分或者货物中的任何物件的毁损、遗失、损坏或者延误,影响同一航空货运单所列其他包件的价值的,确定承运人的赔偿责任限额时,此种包件的总重量也应当考虑在内。

《民用航空法》规定,在国际航空运输中,承运人同意未经填具航空货运单而载运货物的,或者航空货运单上未依照所适用的国际航空运输公约的规定而在首要条款中做出此项运输适用该公约的声明的,承运人无权援用《民用航空法》第129条有关赔偿责任限制的规定。

《华沙公约》规定,货物的灭失、毁损或迟延交付,承运人的最高赔偿限额为每公斤250金法郎。但是,托运人在向承运人交货时,特别声明货物运到后的价值,并已缴付必要的附加费,则不在此限。在这种情况下,承运人的赔偿以声明的金额为限,除非承运人证明该金额高于货物运到的实际价值。同时,《海牙议定书》还规定,如经证明损失系由承运人、其雇用人或代理人故意或明知可能造成损失而漠不关心的行为或不行为造成的,并证明他是在执行其受雇职务范围内的行为时造成的,则不适用公约的责任限额。

第五节 国际多式联运法规

一、国际多式联运合同当事人的义务

根据《联合国国际货物多式联运公约》对国际多式联运的定义,可以把国际多式联运合同定义为"多式联运经营人与托运人签订的,由多式联运经营人以两种或者两种以上不同的运输方式将货物从一国境内接管货物的地点运至另一国境内指定交付货物的地点,并收取全程费用的合同"。

国际多式联运中通常采用的运输单据是国际多式联运运单。当国际多式联运的运输方式之一是海运,尤其是以海运作为第一种运输方式时,国际多式联运单据多表现为国际多式联运提单。

国际多式联运经营人收到托运人交付的货物时,应当签发国际多式联运单据。

(一) 托运人的义务

(1) 按照合同约定的货物种类、数量、时间、地点提供货物,并交付给国际多式联运经营人。

（2）认真填写国际多式联运单据的基本内容，并对其正确性负责。

（3）按照货物运输的要求妥善包装货物。

（4）按照约定支付各项运输费用。

（二）国际多式联运经营人的义务

（1）及时提供适合装载货物的运输工具。

（2）按照规定的运达期间，及时将货物运至目的地。

（3）在货物运输的责任期间内安全运输。

（4）在托运人或收货人按约定缴付了各项费用后，向收货人交付货物。

二、国际多式联运经营人的责任

（一）责任期间

国际多式联运经营人的责任期间是指国际多式联运经营人对所运输保管的货物负责的期间。托运人可以要求国际多式联运经营人对在其责任期间内发生的货物灭失、损坏和延迟交付负赔偿责任。

（二）责任形式

国际多式联运经营人的责任形式决定了托运人可以要求国际多式联运经营人对哪些损失负责以及负什么样的责任，因而，托运人应熟悉国际多式联运经营人的责任制类型。

（三）责任制类型

国际多式联运责任制类型主要有以下 4 种。

1. 责任分担制

在这种责任制下，多式联运经营人和各区段承运人在合同中事先划分运输区段。多式联运经营人和各区段承运人都仅对自己完成的运输区段负责，并按各区段所应适用的法律来确定各区段承运人的责任。这种责任制实际上是单一运输方式损害赔偿责任制度的简单叠加，并没有真正发挥多式联运的优越性，不能适应多式联运的要求，故目前很少采用。

2. 网状责任制

在这种责任制下,由多式联运经营人就全程运输向货主负责,各区段承运人对且仅对自己完成的运输区段负责。无论货物损害发生在哪个运输区段,托运人或收货人既可以向多式联运经营人索赔,也可以向该区段的区段承运人索赔。但是,各区段适用的责任原则和赔偿方法仍根据调整该区段的法律予以确定。多式联运经营人赔偿后有权就各区段承运人的过失所造成的损失向区段承运人进行追偿。

网状责任制是介于统一责任制和责任分担制之间的一种制度,故又称为混合责任制。目前,国际上大多采用的是网状责任制。1973 年《联合运输单证统一规则》、1991 年《多式联运单证规则》均采纳了该责任制。

3. 统一责任制

在这种责任制下,多式联运经营人对全程运输负责,各区段承运人对且仅对自己完成的运输区段负责。它是不论损害发生在哪一区段,均按照统一责任进行赔偿的一种制度,多式联运经营人和各区段承运人均承担相同的赔偿责任或按国内法的规定限额进行赔偿。很明显,这种责任制度利于货主而不利于多式联运经营人。因此,目前尚没有多式联运经营人愿意采用这种责任制。

4. 经修正的统一责任制

在这种责任制下,多式联运经营人对全程运输负责,不管是否能够确定货运事故发生的实际运输区段,都适用公约规定。但是,若货运事故发生的区段适用的国际公约或强制性国家法律规定的赔偿责任限额高于公约规定的赔偿责任限额,则应按照该国际公约或国内法的规定限额进行赔偿。此种责任制在最大程度上保留了统一责任制的优点,同时通过对其加以修正,缓和统一责任制下各区段运输方式责任体制之间存在的差异和矛盾,使国际多式联运中的运输风险在承托双方间得到较为合理的分配。《联合国多式联运公约》采用了此种责任制,但该公约至今未生效。

(四) 我国采用的责任制类型

我国的相关法律在多式联运经营人的责任制类型方面一致采用了网状责任制。

  我国《海商法》第 4 章"海上货物运输合同"第 8 节"多式联运合同的特别规定"规定,多式联运经营人负责履行或者组织履行多式联运合同,并对全程运输负责。多式联运经营人与参加多式联运的各区段承运人,可以就多式联运合同的各区段运输,另以合同约定相互之间的责任。但是,此项合同不得影响多式联运经营人对全程运输所承担的责任。货物的灭失或者损坏发生于多式联运的某一运输区段的,多式联运经营人的赔偿责任和责任限额,适用调整该区段运输方式的有关法律法规;货物的灭失或者损坏发生的运输区段不能确定的,多式联运经营人应当依照《海商法》第 4 章第 2 节"承运人的责任"中有关承运人赔偿责任和责任限额的规定负赔偿责任。我国《合同法》第 17 章"运输合同"第 4 节"多式联运合同"也做了类似规定。

小贴士

承运人的赔偿责任限额

  在现有的国际货运各大公约或规则中,对承运人的赔偿责任限制所采用的赔偿标准不尽相同,见表 7-5 所示。

表 7-5 国际货运公约或规则对承运人的赔偿责任限额比较表

公约或规则名称	适用运输方式	每件或每货运单位责任限额(SDR)	毛重每千克责任限额(SDR)	备 注
《海牙规则》	海运	100 英镑	/	/
《海牙—维斯比规则》	海运	666.67	2	两项限额择高
《汉堡规则》	海运	835	2.5	两项限额择高
《华沙公约》	空运	/	17	/
《国际公路货物运输合同公约》	公路运输	/	8.33	/

续　表

公约或 规则名称	适用运输方式		每件或每货 运单位责任 限额（SDR）	毛重每千克 责任限额 （SDR）	备　注
《国际铁路货物运 输公约》	铁路运输		/	16.66	/
《联合运输单证统 一规则》	多式 联运	确定区段	适用该区段公约 或规则的规定		/
		非确定区段		2	
《多式联运单证规 则》	多式 联运	确定区段	适用该区段公约或 规则的规定		/
		非确定区段 含水运	666.67	2	两项限 额择高
		非确定区段 不含水运		8.33	/

注：除《海牙规则》外，责任限额均用特别提款权（SDR）表示

第六节　危险货物运输法规

一、国内危险货物运输法规

　　我国有关危险货物运输的法规有：(1)《中华人民共和国海上交通安全法》(1984 年 1 月 1 日施行)其中第六章为危险货物运输；(2)《中华人民共和国内河交通安全管理条例》(2002 年 8 月 1 日施行)其中第三十条对危险货物监督管理提供法律依据；(3)《民用爆炸物品安全管理条例》(2006 年 9 月 1 日施行)。

　　这里，民用爆炸物品包括：(1) 爆炸器材，包括各类炸药、雷管、导火线、起爆药和爆破剂；(2) 黑火药、烟火剂、民用信号弹和烟花爆竹；

(3) 公安部认为需要管理的其他爆炸物品。对爆炸物品的生产、储存、销售、购买、运输、使用,必须按照该条例的规定实行严格管理。

《危险化学品安全管理条例》(2011 年 12 月 1 日施行,2013 年 12 月 7 日修正)对生产、经营、储存、运输、使用危险化学品和处置废弃危险化学品有明确规定,包括:《危险货物分类和品名编号》(GB 6944 - 2012);《危险货物品名表》(GB 12268 - 2012)和《常用危险化学品的分类及标志》(GB 13690 - 2009)。

《中华人民共和国船舶载运危险货物安全监督管理规定》(2004 年 1 月 1 日施行,2012 年 3 月 14 日修正)。该规定对船舶运载危险货物的申报、船舶适装条件、人员管理、船舶进出港的航行安全和环境污染管理以及意外事故的处理都作了规定。

专门针对危险货物运输管理的行业规章包括:(1)《道路危险货物运输管理规定》(2013 年 7 月 1 日施行);(2)《铁路危险货物运输安全监督管理规定》(2015 年 5 月 1 日施行);(3)《水路危险货物运输规则》(1996 年 12 月 1 日施行)。

另外,《中国民用航空货物国内运输规则》(1996 年 3 月 1 日施行)其中第四章对有特殊要求的货物,如微生物及其制品、骨灰、灵柩、枪支弹药等的运输加以规定,以便进行管理。

二、国际危险货物运输法规

《关于危险货物运输的建议书》(橙皮书)是联合国危险货物运输专家委员会提出危险货物运输的最低标准,不仅适用于国际间的海运,也适用于空中运输和陆地运输。

《国际海运危险货物规则》(IMDG Code)是依据橙皮书制定的,用于海运包装危险货物的强制性规则,也是我国危险货物运输规则的主要参考标准。

本章小结

本章前 5 节以运输合同作为视角,根据铁路、公路、水路、航空和国际多式联运各种不同的运输方式,分国内运输和国际运输两方面,整合了运输管理中涉及的各项法律法规,阐述了合同当事人的主要义务及违约责任。第 6 节介绍了国内、国际危险货物运输法规。

❓本章思考题

1. 国内铁路运输对承运人的义务是如何规定的?
2. 国内公路运输对承运人的义务是如何规定的?
3. 根据我国《海商法》,承运人有哪几项主要义务?
4. 我国《海商法》对承运人的免责事项是如何规定的?
5. 国内航空运输对承运人赔偿责任的限额是如何规定的?
6. 国际多式联运责任制主要有哪几种类型?
7. 我国有哪些法规涉及危险货物运输?

案 例 分 析

2015 年 8 月,欧洲某时尚服装公司 A 向中国某制衣公司 B 采购 1 100 箱服装,并指定某国际货运代理公司 C 从上海港运输至意大利罗马。合同条款为 FOB,未限定承运的船公司。B 公司在完成订单后向 C 公司订舱。C 公司根据托运单向某船公司 D 订舱。订舱完成后,B 公司自行提取空集装箱、装集装箱、报关、进港,完成了起运地的所有运输工作。集装箱被运至罗马后,A 公司在拆箱时发现集装箱进水,造成约 500 箱服装过水报废,货损约 15 万美元。A 公司遂向 B 公司和 C 公司索赔。经过调查,漏水原因是集装箱顶部靠近角件处有一个孔洞,使雨水或海浪在运输过程中进入集装箱,遂使货物进水。

(案例来源:自编)

案例思考题:

(1) 制衣公司 B 是否应当承担货损的责任? B 公司需提供什么证据才能使自己免责?(提示:B 公司自行提取空集装箱、合同条款为 FOB)

（2）货代公司 C 是否应当承担货损的责任？为什么？

（3）船公司 D 是否应当承担货损的责任？为什么？

答题要点：

1. 找到事故起因，从哪些证据可以证明事故起因。（提示：集装箱可能在装卸过程中被起重机损坏）

2. 从 FOB 条款的保险界定进行分析。

附表 1 提 货 单

青岛中远集装箱船务代理有限公司
COSCO QINGDAO CONTAINER SHIPPING AGENCY CO. , LTD.
提 货 单
DELIVERY ORDER

_____地区、场、站

收货人/通知方：   _____年_____月_____日

船名	航次	起运港	目的港
提单号	交付条款	到付海运费	合同号
卸货地点	到达日期	进库场日期	第一程运输
货名		集装箱号/铅封号	
集装箱数			
件数			
重量			
体积			
标志			

请核对放货

　　　　　　　　　　　青岛中远集装箱船务代理有限公司

凡属法定检验、检疫的进口商品,必须向有关监督机构申报。

收货人章	海关章		

附表 2 海运出口委托书

海运出口委托书(参考样本)

外运编号： Shipper(发货人) Consignee(收货人) Notify party(通知人)			康柏公司 委托你公司承运以下货物,请于出运后据此向我方(我指定方)收取费用。 委托方(盖章) 联系人： Dated on： Tel：		
Place of Delivery(目的港)		预备船名、 船期	预配箱量：	L/C 装箱	L/C 效期
Marks&Nos. (标记、号码)	No of P'KGS (件数、包装)	Description of Goods (货物)	Gross Weight (Per each P'KGS) (每件重量)	Dimension (长·高·宽)	Measurement 尺码(m³)
Total：P'KGS		KGS		M	
B/L 份数		运费方式(预付/到付)：		准/不准分批	准/不准转船
L/C 要求特别条款：					
货物存放地			货妥日期	联系人：	Tel：
自送我库/车站/码头到货		自送/货物公司派车进港	是/否 危险品	性能 国际危规号	
海运付款人			外汇账号		Tel：
中文名称及地址：					邮编：
人民币付款人名称：				账号及开户行：	
地址：				TEL：	邮编：
此我部司分填由制	实配船名：			航次：	海运费
	B/L			件数	包干费
	W：	M：	箱量：	备注：	货运拼箱

附表 3　出口货物托运单

中国外运广东公司
出口货物托运单

提单编号_____　托运日期_____　托运单位_____　编号_____

合约编号_____

船　名_____　船　期_____　运往地点_____

托运人_____

受货人_____

通　知_____

| 标记号码 | 件　数 | 货　名 | 重量/kg ||容积吨 |
			净	毛	
合计(共重)：					
特约事项					
可否转船		(托运人签章)			
可否分批		需要提单正本　份,副本　份			
货物堆存地点		装船期限		结汇期限	
运费缴付方式		运费账单开送			
信用证号码		货价			
运往香港船名		实际装船日期			
运费吨：　运费率：　运费金额：					

附表 4　集装箱货物托运单

Shipper(发货人)	D/R NO. (编号)
Consignee(收货人)	
Notify Party(通知人)	集装箱货物托运单
Pre-carriage by(前程运输)Place of receipt(收货地点)	货主留底
Ocean Vessel(船名)Voy NO.(航次)Port of Loading(装货港)	

Port of Discharge(卸货港)　Place of Delivery(交货地点)　Final Destination(目的地)				
Container NO. (集装箱号)	Seal NO. (封志号) Marks & Nos. (标记与号码)	NO. of Containers or P'kgs. (箱数或件数)	Kind of Packages; Description of Goods (包装种类 与货名)	Gross Weight (毛重/kg)	Measurement (尺码/m³)

Total Number of Containers or Packages (in Words)集装箱数或件数合计(大写)	

Freight&Charges (运费与附加费)	Revenue Tons (运费吨)	Rate (运费率)	Per (每)	Prepaid (运费预付)	Collect (到付)
ExRate (兑换率)	Prepaid at (预付地点)	Payable at (到付地点)		Place of Issue (签发地点)	
	Total Prepaid (预付总额)	NO. of Original B(S)/L (正本提单份数)			
Service Type on Receiving —CY—CFS—DOOR	Service Type on Delivery —CY—CFS—DOOR	Reefer—Temperature Required (冷藏温度)	F		C

TYPE OF GOODS (种类)	Ordinary, Reefer, Dangerous, Auto. (普通)(冷藏)(危险品)(裸装车辆)	危险品	Class: Property: IMDG Code Page: UNNo.
	Liquid, Live animal, Bulk (液体)(活动物)(散货)		

可否转船	可否分批	
装期	效期	
金额		
制单日期		

附表 5 承运货物收据(示范文本)

承运货物收据
（Cargo Receipt）
第一联(凭提货物)

运编 NO.：
发票 NO.：
合约 NO.：

委托人：	收货人： Consignee： 通知： Notify：

自 From   经由 Via   至 To

发运装车日期 Date：

标记 Marks&Nos.：	件数 Packages	货物名称 Description of Goods	附记 Remarks
全程运费在 Freight Prepaid at		付讫向下列地点接洽提货 For Delivery Apply to	

中国对外贸易运输公司上海分公司
押汇银行签收、收货人签收
Bank's Endorsement Consignee's Signature

附表 6　中国民用航空货运单

中国民用航空
货运单

3. 到达站联

出发站			到达站	
收货人名称			电话	
收货人地址				
发货人名称				
发货人地址				
空陆转运	自　　　至		运输方式	

货物品名	件数及包装	重量		价值
		计费	实际	

航空运费(每千克 ¥)	¥	储运注意事项	收运站
地面运输费(每千克 ¥)	¥		
空陆转运费(每千克 ¥)	¥		日期
其他费用：	¥		
合计	¥		经手人

(货物运费总数以角为单位,角以下四舍五入)
货物到达处理记录
到达日期：_____
通知：_____
提货日期：_____
交件人：_____
收货人：_____

附表7　汽车货物运单

××省汽车货物运单

托运人（单位）：＿＿＿＿　经办人：＿＿＿＿　电话：＿＿＿＿　地址：＿＿＿＿　运单编号：＿＿＿＿

发货人		地址		电话		装货地点			厂休日	
收货人		地址		电话		卸货地点			厂休日	
付款人		地址		电话		约定起运时间	月日	约定到站时间	月日	需要车种

货物名称及规格	包装形式	件数	体积长×宽×高(cm)	件重/kg	重量/t	保险保价价格	货物等级	计费项目	计费重量	单价
								运费		
								装卸费		
合计							计费里程			

托运记载事项		付款人银行账号		承运人记载事项		承运人银行账号	
注意事项	1. 托运人请勿填写栏内的项目。 2. 货物名称应填写具体品名，如货物品名过多，不能在运单内逐一填写需另附物品清单。 3. 保险或保价货物，在相应价格栏中填写货物声明价格。				托运人签章		承运人签章
					年　月　日		年　月　日

说明：

1. 填在一张货物运单内的货物必须是属同一托运人。对拼装分卸货物，应将每一拼装或分卸情况在运单记事栏内注明。易腐蚀、易碎货物、易溢漏的液体、危险货物与普通货物以及性质相抵触、运输条件不同的货物，不得用同一张运单托运。托运人、承运人修改运单时，须签字盖章。

2. 本运单一式两份：（1）受理存根；（2）托运回执。

附表 8　汽车货物托运计划表

汽车货物托运计划表

年　月(季度)　　　　　　　　　　　　　　　　　　　　编号：

货物名称及规格	起运地	到达地	件数	重量/吨	核定意见	备注
特约事项					托运人 签章 年 月 日	承运 签章 年 月 日

托运人：　　　　　　　电话：　　　　　　　地址：

说明：

应列入本托运计划表的主要货物是：

1. 重点工程及重点厂矿企业需运输的货物及重点港、站集散的货物；
2. 大宗货物及一级易燃、易爆、剧毒、放射性物品及长大、笨重物品；
3. 季节性货物和节日市场供应的主要商品。

本表一式三份：（1）承运人存查；（2）托运人回执；（3）调度留存。

参 考 文 献

［1］莱文森著,姜文波译.集装箱改变世界(修订版)[M].机械工业出版社,2014.1.

［2］中经未来产业研究中心编纂.中国管道运输行业发展报告,2014.

［3］池田良穗著,李侨译.船舶图析[M].哈尔滨工程大学出版社,2012.5.

［4］胡美芬,王义源.远洋运输业务(第4版)[M].人民交通出版社,2006.1.

［5］万明.交通运输概论[M].人民交通出版社,2015.3.

［6］连义平.综合交通运输概论[M].西南交通大学出版社,2009.7.

［7］郭希哲.货物运输实务[M].中国物资出版社,2012.9.

［8］齐诚等.物流运输管理[M].中国地质大学出版社,2011.6.

［9］夏洪山等.现代航空运输管理[M].科学出版社,2012.5.

［10］科伊尔.运输管理(第7版)[M].清华大学出版社,2011.6.

［11］维克托·迈尔等.大数据时代[M].浙江人民出版社,2013.1.

［12］孙瑛,韩杨.国际货物运输实务与案例[M].清华大学出版社,2009.1.

［13］王鸿鹏,许路,邓丽娟.国际集装箱运输与多式联运(第2版)[M].大连海事出版社,2010.2.

［14］林自葵.货物运输与包装(第2版)[M].林械工业出版社,2010.1.

［15］刘崇献,王茜.上海自贸区的内涵、定位及其前景探讨［J］.中国商贸,2014(18).

［16］陈定.海关取消自贸区进境货物通关单验核［J］.国际市场,2014(3).

［17］王效俐,沈四林.物流运输与配送管理［M］.清华大学出版社,2012.10.

［18］Edward J.,Bardi,John J. Coyle,Robert A. Novack 著,刘南,周蕾,李燕等译.运输管理(原书第六版)［M］,机械工业出版社,2009.5.

［19］钟雁.管理信息系统［M］.北京交通大学出版社,2013.6.

［20］倪玲霖.轴辐式与点对点及组合式的快递网络特征分析［J］.统计与决策,2010(20).

［21］王芸.物流法律法规与实务(第 2 版)［M］.电子工业出版社,2011.1.

［22］胡美芬,郏丙贵,阎萍.物流法规教程(第 2 版)［M］.电子工业出版社,2011.1.

［23］法律出版社法规中心.中华人民共和国交通运输法典(应用版)［M］.法律出版社,2015.

［24］倪玲霖,史峰,方晓平,涂茜.全连通快递网络与轴辐快递网络的比较［J］.系统工程,2009(12).

［25］中华人民共和国交通运输部网站 http：//www. mot. gov. cn

［26］中华人民共和国国家铁路局网站 http：//www. nra. gov. cn

［27］中国民用航空局网站 http：//www. caac. gov. cn

［28］中华人民共和国国家邮政局网站 http：//www. chinapost. gov. cn

图书在版编目(CIP)数据

运输管理/许淑君,尹君主编. —2 版. —上海:复旦大学出版社,2016.2(2023.8 重印)
(现代物流管理系列教材)
ISBN 978-7-309-12091-2

Ⅰ. 运…　Ⅱ. ①许…②尹…　Ⅲ. 物流-货物运输-管理-高等职业教育-教材　Ⅳ. F252

中国版本图书馆 CIP 数据核字(2016)第 020318 号

运输管理(第二版)
许淑君　尹　君　主编
责任编辑/徐惠平　谢同君
复旦大学出版社有限公司出版发行
上海市国权路 579 号　邮编:200433
网址:fupnet@fudanpress.com　http://www.fudanpress.com
门市零售:86-21-65102580　团体订购:86-21-65104505
出版部电话:86-21-65642845
上海新艺印刷有限公司

开本 787×960　1/16　印张 20.25　字数 277 千
2023 年 8 月第 2 版第 3 次印刷

ISBN 978-7-309-12091-2/F·2242
定价:58.00 元